ZIELSCHEIBE
AXEL SPRINGER

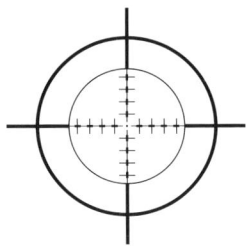

LARS-BRODER KEIL
SVEN FELIX KELLERHOFF

ZIELSCHEIBE AXEL SPRINGER

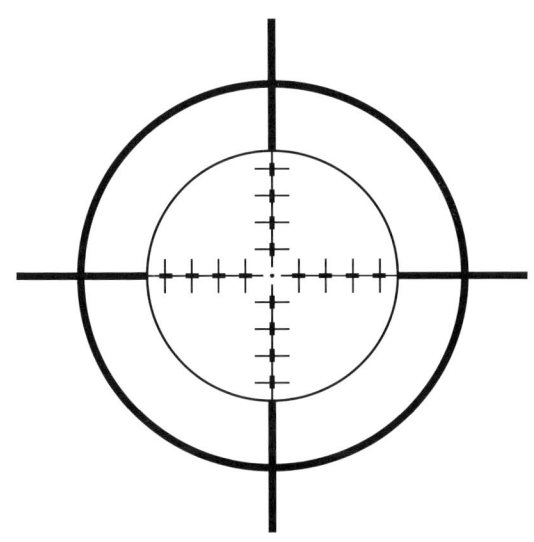

BOMBENATTENTAT AUF DEN
HAMBURGER VERLAG 1972

Ein Gesamtverzeichnis der lieferbaren Titel
schicken wir Ihnen gerne zu. Bitte senden Sie
eine E-Mail mit Ihrer Adresse an:
vertrieb@mittler-books.de
Sie finden uns auch im Internet unter:
www.mittler-books.de

Bibliografische Information der Deutschen
Nationalbibliothek. Die Deutsche Nationalbibliothek
verzeichnet diese Publikation in der Deutschen
Nationalbibliografie; detaillierte bibliografische
Daten sind im Internet über:
http://dnb.d-nb.de abrufbar.

ISBN 978-3-8132-1114-6

© 2022 by Mittler im Maximilian Verlag GmbH & Co. KG
Ein Unternehmen der TAMMMEDIA

Text: Lars-Broder Keil, Sven Felix Kellerhoff
Lektorat: Annette Krüger
Cover-Design: Fred Münzmaier
Druck und Bindung: Plump Druck & Medien GmbH

Printed in Germany

Inhalt

Nach dem Anschlag vom 19. Mai 1972 im Verlagshaus
Axel Springer in Hamburg: Feuerwehrleute bei der Spurensuche
am Explosionsort der zweiten detonierten Bombe.

Anschlag

Ein Tag wie im Bilderbuch. Milde Temperaturen versprechen am 19. Mai 1972, dem Freitag vor Pfingsten, für das verlängerte Wochenende Ausflugswetter. Einige Dutzend Abonnenten des *Hamburger Abendblatts* wollen es am Abend zünftig mit einer Party im Hafen einläuten: Auf der MS „Altenwerder" erwarten ab 20 Uhr Quetschkastenmusik und Tanz sowie ein großes kaltes Büfett, Bier vom Fass und ein Schnaps vorneweg die Leser. Getreu dem Motto „Seid nett zueinander", das Axel Springer, der Verleger, seiner Zeitung schon bei deren Gründung 1948 verordnet hat. Doch weil nett sein nicht reicht, steht auf den *Abendblatt*-Werbetafeln ebenfalls: „Vernünftig miteinander reden – Verständigung suchen".[1]

Im Hamburger Verlagshaus hat an diesem Freitag um 15 Uhr die Spätschicht begonnen, die bis kurz vor Mitternacht dauern soll. Nichts Besonderes für die Mitarbeiter, von denen viele ihre kleinen Rituale pflegen. Die Korrektoren im dritten Stock haben zum Beispiel die Angewohnheit, zu Beginn ihrer Arbeit eine Tasse Kaffee oder Tee zu trinken. Rudolf Sch. ist deshalb zur „Kaffeeklappe" im Haus gelaufen, um für seine Kollegen und sich die Heißgetränke zu holen. Nun, etwa eine halbe Stunde später, sitzen die Experten für korrekte Sprache an langen Tischen. Vor ihnen liegen die ersten Seitenabzüge der Samstagsausgaben von *BILD* und *Hamburger Abendblatt*, die sie nach Fehlern durchsuchen. Das tut auch Helmut R. Wie immer zum Spätdienst hat er nach dem Mittagessen seine Wohnung in Elmshorn verlassen, den Zug genommen und pünktlich den Verlag erreicht. Zu Arbeitsbeginn ist im Korrektorenraum eine kleine Debatte entflammt; es geht um die Jalousien an den Fenstern, vor denen sich das begehbare Vordach eines Flachbaus erstreckt. Einige Kollegen wollen an diesem schönen Maitag bei offenem Fenster arbeiten, andere bei heruntergelassenen Jalousien, um sich besser konzentrieren zu können. Schnell ist ein Kompromiss gefunden: Die Fenster bleiben zu, die Jalousien oben.[2]

In der Setzerei, von der Korrektur durch einen Flur getrennt, bereitet sich Hans G. auf anstrengende Stunden vor. Der Freitag gilt als „Hauptkampftag", denn die Wochenendausgaben umfassen zahlreiche Beilagen mit Annoncen. Der Platz des 27-Jährigen liegt direkt am Gang. Der Schriftsetzer ist zuständig für Anzeigenseiten, die er für den Druck zusammenstellt, vornehmlich für das *Abendblatt*. Bevor die Hektik beginnt, prüft er gern noch einmal die Kästen mit den Druckelementen vor sich.[3] Ganz andere Aufgaben hat an diesem Nachmittag Heinrich M.: Mit seinen Mitarbeitern sowie mit *BILD*-Kollegen soll der Leiter der Stabsabteilung Organisation in der kommenden Zeit ein neues Redaktionssystem beim Boulevardblatt einführen, das von einer US-Firma stammt. Erste Schritte sind zu beraten, und entsprechend interessiert ist die Stimmung bei den Anwesenden im kleinen Besprechungsraum, als der 38-Jährige mit seinem Vortrag beginnt.[4] Auch auf den Fluren des Verlagshauses geht es geschäftig zu. Liz H. etwa, die Chefin des Moderessorts der *BILD AM SONNTAG*, ist von ihrem Büro im sechsten Stock mit der gestalteten Seite auf dem Weg zum Layout. In der linken Hand hält sie die Druckfahne, in der rechten eine Haarbürste, weil sie sich auf dem Weg noch die Frisur in Ordnung bringen will.[5] Gerade auf den Weg machen will sich auch Einkäufer Heinz-Jörg B., der in einem Nachbargebäude des Verlages arbeitet. Er ist in den Tagen zuvor auf Dienstreise gewesen und will noch unbedingt vor dem Pfingstwochenende zur Kasse im Erdgeschoss der „Spitze", wie das Hochhaus des Verlages zwischen Kaiser-Wilhelm-Straße und Fuhlentwiete seiner Grundrissform wegen genannt wird, um sich seine Ausgaben erstatten zu lassen. Eine kurze Pause kommt Heinz-Jörg B. gerade recht.[6]

Keine Zeit zum Luftholen bleibt dagegen den Mitarbeiterinnen in der Telefonzentrale, denn ständig klingelt es. Um 15.36 Uhr meldet sich auf der Ortsleitung ein anonymer Anrufer und sagt: „In 15 Minuten geht eine Bombe bei euch hoch." Wieder so ein Spinner, denkt sich die Telefonistin Gertrud T. nach dem ersten Schrecken. Da hat der Anrufer bereits aufgelegt. Kopfschüttelnd nimmt sie den nächsten Anruf entgegen, denn Drohungen hat sie hier schon oft gehört.[7]

Der Axel Springer Verlag ist das größte Medienunternehmen der Bundesrepublik. Der Namensgeber erreicht mit seinen Zeitungen nicht nur Millionen Leser, er hat auch ein ziemlich sicheres Gespür für Innovationen. Doch der Erfolg weckt nicht nur Bewunderung. Mit der Berichterstattung in *BILD* und *WELT*, mit seinen Kontakten zur Politik, mit seinen Plädoyers für Freiheit und Unternehmertum, aber gegen Bevormundung und Totalitarismus sorgt Axel Springer neben viel Zuspruch auch für Widerspruch und Ablehnung. Dies alles hat sich immer wieder in Schmähungen und Drohungen entladen, doch gewaltsame Attacken gab es nur um Ostern 1968. Axel Springer betrachtet sein Unternehmen als offenes Haus, was wörtlich gemeint ist. Ein Zeitungsverlag soll für die Öffentlichkeit zugänglich sein, lautet seine Philosophie. Wer Wert auf Kontakt mit seinen Lesern lege, müsse ihnen auch die Möglichkeit geben, persönlich vorbeizukommen. So hat sich an beiden Verlagssitzen in Hamburg und Berlin ein reger Besucherverkehr entwickelt. Kontrollen am Eingang gibt es nicht – auch am 19. Mai 1972 nicht.

Irgendetwas an der Stimme des anonymen Anrufers ist der Telefonistin merkwürdig vorgekommen. Nicht einmal zwei Minuten später nimmt Kollegin Elisabeth R. neben ihr einen ähnlichen Anruf entgegen. Ein Mann mit süddeutschem Zungenschlag wiederholt die Drohung: „Bei Ihnen geht 'ne Bombe hoch!", und fügt rüde hinzu: „Ihr verdammten Schweine. Räumen Sie das Haus."[8] Doch wie soll das gehen? Bei knapp 3.000 Mitarbeitern in einem 13-geschossigen Hochhaus und zwei Flügelbauten mit immer noch sieben Stockwerken? Und ist diese Warnung ernst zu nehmen, oder handelt es sich um einen üblen Scherz? Verunsichert informieren die Telefonistinnen den Sicherheitsbeauftragten des Verlages, Uwe Sch. Der unterrichtet sofort die Polizei, ist aber ebenfalls unschlüssig, was er von den Anrufen zu halten hat. Schneller als erwartet gibt es Gewissheit: Um 15.41 Uhr erschüttert eine Explosion im dritten Stock den Flügel hin zur Fuhlentwiete, die im ganzen Komplex zu spüren und außerhalb fast zwei Kilometer entfernt noch zu hören ist. Uwe Sch. gibt sofort Katastrophenalarm: Die Fahrstühle bleiben stehen, und Mechaniker laufen los, um eingeschlossene Mitarbeiter zu befreien.[9]

Der Sprengkörper ist im Flur vor dem Korrekturraum detoniert; er hat im Übergang vom Haupthaus zur Setzerei auf einem Kanal der Klimaanlage in einer Höhe von etwa zwei Meter gelegen, wie man bei den Ermittlungen feststellen wird. Im Flur stürzt die Decke ein, die Zwischenwände zu einer Herrentoilette auf der einen und zum Korrektorenraum auf der anderen Seite werden auf mehreren Metern eingedrückt. In dem knapp 60 Quadratmeter großen Raum lassen der Explosionsdruck und die einstürzende Flurwand schwere Blechschränke mit Nachschlagewerken und mit den persönlichen Sachen auf die Arbeitstische kippen; die Rückwände der Schränke werden völlig zerfetzt. Mauerbrocken fliegen umher, die Deckenverkleidung wird heruntergerissen. Im Büro der beiden Oberkorrektoren, durch eine Glasscheibe von den Kollegen getrennt, fliegt die Flurtür an den Schreibtisch. Scheiben gehen zu Bruch, überall schlagen Metallsplitter ein. Kaffeetassen, halbvolle Aschenbecher und zu korrigierende Zeitungsseiten sind mit einer Staubschicht bedeckt.[10]

Nur Sekunden nach der Explosion versuchen sich die geschockten Korrektoren in dem Chaos zu orientieren, ohne begreifen zu können, was geschehen ist. Die Räume liegen durch Qualm und Staubwolken im Dunkeln. Einen der Korrektoren, der gerade noch mit einem Manuskript auf dem Gang entlanggelaufen ist, erinnert die Wucht der Detonation an den Zweiten Weltkrieg.[11] Der erste Gedanke gilt der eigenen Gesundheit, der zweite den Kollegen. Helmut R., der etwa fünf Meter von der Detonationsstelle entfernt an der Fensterfront gesessen und beim Knall reflexartig eine Hand zum Gesicht gehoben hat, scheint besinnungslos zu sein. Ein größerer Splitter hat ihm die ungeschützte Wange bis auf den Knochen aufgerissen, seine Hand blutet stark. Rudolf Sch. hat das Gefühl, kleine Splitter hätten seinen Rücken großflächig getroffen: Es brennt überall. Trotzdem kümmert er sich um seinen Kollegen Lorenz B., der auf einem Querplatz zur Detonation gearbeitet hat und nun unter einem umgestürzten Schrank eingeklemmt ist. Lorenz B. hat nur einen Gedanken: Bloß nicht ohnmächtig werden! Dann hört er einen Kollegen rufen: „Durchs Fenster!" Das scheint schnell möglich, denn die Jalousien sind zum Glück oben. Mühsam befreit er sich von der Last des Schrankes. Seine Brille hat keine Gläser mehr, bemerkt Kollege Rudolf Sch. und fürchtet, dass Splitter in die Augen von Lorenz B. eingedrungen sein könnten. Zum Fenster will auch Korrektor Georg H., der beim Knall auf seinem Platz in der dritten Tischreihe gesessen und zuerst an einen Fehler der neuen Klimaanlage gedacht hat. Am Fenster kommt ihnen einer der beiden Leiter der Korrekturabteilung entgegen. Der direkte Weg aus seinem Extraraum ist durch Trümmer versperrt. Er tastet sich mehr, als er wirklich etwas sieht, zu den teilweise stöhnenden Kollegen vor und hilft, sie herauszubringen. Zusammen klettern sie durch ein zerstörtes Fenster auf das Dach des vorgelagerten Flachbaus, denn sie fürchten weitere Explosionen. Dort angekommen, signalisieren die Korrektoren einem Mann, der am nächsten Fenster zum Hochhaus steht, es zu öffnen und sie hereinzulassen. Doch zum Entsetzen von Rudolf Sch. schüttelt der den Kopf. Erst als sie drohen, die Scheibe einzutreten, falls er das Fenster nicht öffne, reagiert der Mann. Behutsam wird Lorenz B. auf den Fußboden gelegt; seine Augen decken die Kollegen mit einem Handtuch ab. Ein weiterer Kollege bringt den schwer verletzten Helmut R. in Sicherheit. Der hat inzwischen das Bewusstsein wiedererlangt, ist aber noch viel zu benommen, um seine Umgebung wahrzunehmen. Immer wieder verlangt er nach seinen persönlichen Sachen.[12]

Andere der Korrektoren sind in die Handsetzerei nebenan gelaufen. Auch dort herrschen Chaos und Zerstörung: Fußboden, Umbruchtische und Bleikästen sind mit Staub, Steinbrocken, gesplittertem Glas und anderen Trümmern übersät. Die Kollegen wollen ebenfalls schnellstmöglich hinaus. Der Schriftsetzer Hans G. hat im Moment vor der Detonation gerade eine Seite zusammengebaut, als er merkt, dass ihm noch ein sogenannter Rubrikenkopf fehlt. Er dreht sich deshalb vom Gangfenster weg zu seinen älteren Kollegen Hans Z. und Willy A.: „Hat einer einspaltige ‚Eigentumshäuser' für mich?" In diesem Augenblick knallt es hinter ihm. Entsetzt erkennt er Sekunden später, dass die Gesichter von Z. und A. voller Blut sind. Geistesgegenwärtig hakt Hans G. seine beiden Kollegen unter, um sie mit nach draußen zu nehmen. Als er losgeht, spürt er, wie ihm etwas warm den Rücken herunterläuft. Irgendetwas steckt in seiner linken Schulter, aber Schmerzen spürt er nicht.[13]

Gustav Sch., der Leiter der Handsetzerei, denkt ebenfalls zunächst an eine Fehlfunktion der Klimaanlage. Dann läuft er zum Korrekturraum, wo sich die Detonation ereignet zu haben scheint. Auch Erich P. vom Anzeigenumbruch, der gerade im Gang zur Maschinensetzerei unterwegs gewesen und bei der Explosion hinter dem nächsten Pfeiler in Deckung gegangen ist, will den Korrektoren helfen. Doch beiden nehmen Qualm und Staub die Sicht. Nur undeutlich erkennen sie, wie sich Kollegen aus den Trümmern befreien oder nach Verletzten suchen.[14]

Der *BILD*-Polizeireporter Walter W. telefoniert einige Stockwerke höher mit der Polizei wegen eines aufgeklärten Mordfalls, als es knallt und das Haus erzittert. W. stürzt über den Flur auf die Hofseite, doch dort ist nichts zu sehen. Das Telefon klingelt, die Nachrichtenredaktion ist am Apparat: „Habt ihr gehört, wie es geknallt hat?" Er rennt die etwa 30 Meter zur Nachrichtenredaktion und schaut auch dort aus dem Fenster. Unter sich sieht er, wie die Korrektoren auf das Vordach regelrecht taumeln: Blutend lässt sich einer zu Boden sinken und wird wieder aufgehoben. Auch Joe S., der Chef vom Dienst bei *BILD*, beobachtet die Szene. „Wir sollten vielleicht hier raus", schlägt einer der Kollegen vor. Da rumst es zum zweiten Mal.[15]

Tatsächlich wiederholt sich der Horror. Um 15.42 Uhr ist ein dritter anonymer Anruf in der Telefonzentrale eingegangen; Gerda P. hat ihn entgegengenommen und gehört: „Es knallt gleich noch einmal."[16] Drei Minuten später explodiert der zweite Sprengsatz, dieses Mal im sechsten Stock, aber wieder auf der östlichen Seite des Hauses. Dort sitzen die Mitarbeiter der Stabsabteilung Organisation und der Verlagsleitung von *BILD* und *BILD AM SONNTAG* zusammen. Arnd P. ist nach der ersten Detonation zusammen mit seinem Kollegen Klaus H. in den Flur gelaufen, um zu sehen, was geschehen ist. Da er keine Ursache entdecken kann, geht der stellvertretende *BILD*-Verlagsleiter zum Büro zurück und tritt gerade wieder ein, als es erneut rumst. Arnd P. wird Richtung Fenster geschleudert. Weil die Außenwände hier aus leichterem Material bestehen, entweicht ein Großteil des Explosionsdrucks zur Fuhlentwiete und hinterlässt ein großes Loch in der Fassade. In Panik ruft Arnd P.: „Hier kommen wir nicht wieder raus." Der Weg zum Flur ist versperrt, und niemand vermag einzuschätzen, ob der Fußboden nach den Zerstörungen noch tragfähig ist. Doch seine Kollegen und er können ein Gerüst erreichen und zum Dach des Flachbaus hinunterklettern. Auch Jürgen K. von der Stabsabteilung Organisation sieht zu, dass er hinauskommt. Obwohl am Kopf verletzt, will er unter keinen Umständen in ein Krankenhaus, sondern einfach nur nach Hause zu seiner Frau, die Arzthelferin ist. Auf dem Weg nach draußen hält er Ausschau nach seinem Vorgesetzten Heinrich M., sieht ihn aber nicht.[17]

Auf der anderen Seite des Flurs sind ebenfalls Trümmer durch die Luft geflogen und Scheiben zersprungen; Staub setzt sich bei den Menschen, die in der Nähe gewesen sind, in Nase, Mund und Lunge fest. Pulvergeruch liegt in der Luft. „Das war eine Bombe", schreit jemand. Ein anderer ruft: „Raus hier, vielleicht knallt es noch einmal." Walter W. sieht die ersten Kollegen auf einem Gerüst wie Artisten nach unten klettern; einige haben offenbar wichtige Akten in der Hand. „Mein Gott", denkt der *BILD*-Journalist, „da wird es noch mehr Verletzte geben." Seinem Reporter-Instinkt folgend will er sich ein Bild vom Explosionsherd machen, doch Staubwolken und Qualm behindern ihn. Hustend läuft Walter W. zurück und fordert die verdutzten Kollegen auf, ihn zu begleiten. Alle greifen nach ihren Kameras und den Notizen des Tages, dann begeben sie sich ruhig zum Treppenhaus.[18] Zu den Flüchtenden gehören auch Ortwin B. und *BILD*-Lokalchef Ernst L., ein erfahrener Polizeireporter. Beide haben bei einem Kaffee geklönt, als der gewaltige „Rums" sie aufgeschreckt hat. L. rät, keinen Fahrstuhl oder Paternoster zu nehmen, sondern die Treppe. Draußen schauen sie fassungslos auf das beschädigte Gebäude und schimpfen auf die Täter, die sie im linken Milieu vermuten.[19]

Die zweite Bombe ist auf einem schweren Behälter in einem Nebenraum der Damentoilette abgelegt gewesen; es handelt sich um einen Fettabscheider für die Abwässer der Kantine, der übel riechen kann und deshalb in einem gesonderten Raum steht, aber durch eine Tür vom Vorraum der Toilette aus zugänglich ist. Im rechten Winkel um diesen Nebenraum herum führt der Flur; gegenüber liegen vier Büros der *BILD*-Zeitung. Hier laufen oft Mitarbeiter und Besucher entlang, denn wenige Meter weiter befinden sich die Aufzüge. Die Detonation fegt die gemauerten Wände der Damentoilette zu beiden Seiten weg. [20]

Und sie schleudert die Moderedakteurin Liz H. durch eine Schwingtür. Dabei hat sie noch Glück im Unglück: Eigentlich hätte sie gerade zum WC gehen wollen, um sich vor dem Spiegel ihr Haar zu richten. Dort hätte sie kaum überlebt, doch so wird sie nur leicht am Mittelfinger der rechten Hand verletzt. Der Redakteur Sch., der an der Tür vom Flur zum Vorraum der Toilette vorbeiläuft, als die Bombe explodiert, erleidet dagegen einen schweren Gehörschaden. Layouter Wolfgang B., der vor einem der Fahrstühle wartet, trägt nicht nur Schnittverletzungen im Gesicht und am Arm davon, sondern auch eine Brandwunde am Oberschenkel von einem heißen Metallsplitter. Die Wucht der Detonation ist auch in anderen Stockwerken zu spüren. Fred H., der stellvertretende Chefredakteur des *Abend-blatts*, gibt später zu Protokoll: „Diese Explosion war noch stärker als die erste. Von den Wänden im fünften Stock flog der Putz herunter."[21]

Im dritten Stock halten die Mitarbeiter, die noch nicht die Räume verlassen haben, entsetzt inne. So wie Werner L., Redakteur beim *Abendblatt* und Mitglied des Betriebsrates, der zufällig in der Nähe der Setzerei ist und gerade mit dem dortigen Schichtführer die Schäden begutachtet, als der zweite Sprengsatz explodiert. Durch Korrekturraum und Setzerei wirbeln erneut Staubwolken und Trümmer. Beide beschleicht ein erschreckender Gedanke: Wo zwei Bomben hochgegangen sind, und davon gehen sie aus, können weitere folgen. Die beiden heftigen Detonationen rasch nacheinander sind auch den meisten Mitarbeitern in die Knochen gefahren; nun hält es keinen mehr im Büro. Setzer Erich P. rennt zur Expedition, um die Anzeigenseiten zu retten; dann geht es raus auf die Straße.[22]

Die beiden Explosionen haben auch die Beschäftigten in den benachbarten Gebäuden aufgeschreckt. Etwa in der Einkaufsabteilung des Verlages, die rund 100 Meter vom Geschehen entfernt in der ABC-Straße sitzt. Als Dieter S. die erste Explosion hört, eilt er ans Fenster und entdeckt bald darauf den Sicherheitschef Uwe Sch., der mit einem Mitarbeiter auf die Straße gelaufen ist und die Arme über dem Kopf schwenkt, um Autos vor der Weiterfahrt zu warnen. Hans-Peter K., ein Kollege von Dieter S., ist ebenfalls zum Fenster gestürzt und sieht, wie gegenüber Menschen aus geborstenen Fenstern klettern.[23]

Auch außerhalb des Verlagsgebäudes werden Menschen verletzt. Heinz-Jörg B. hat auf dem Weg zur Kasse den Übergang erreicht, der die beiden Gebäudeteile des Verlages verbindet. Just als er unter dieser „Brücke" ist, knallt es. Glasscherben und Steine fliegen durch die Luft, im gegenüberliegenden Gebäude gehen Scheiben zu Bruch. Spontan vermutet B. eine Explosion im Farbenlager, einen technisch bedingten Unfall. Vor ihm parkt ein Jeep der Bundeswehr, dessen uniformierter Fahrer von irgendetwas getroffen scheint. Beide kauern sich in eine Nische am Gebäude, als der Soldat zu Heinz-Jörg B. sagt: „Mensch, Sie bluten ja." Offensichtlich hat er Splitter abbekommen, an seiner Stirn klafft eine Wunde. Erst einmal muss ein Pflaster aus dem Verbandskasten des Jeeps genügen. Als Heinz-Jörg B. wenig später das Hochhaus betritt, kommen ihm zahlreiche Mitarbeiter entgegen; einige von ihnen sind sichtlich aufgelöst.[24]

Binnen Minuten nach den beiden Explosionen treffen die ersten Krankenwagen der Feuerwehr ein. Die Funkeinsatzzentrale hat nach der ersten Meldung Alarm gegeben: Bombenexplosion im dritten Stock des Axel-Springer-Hochhauses. Gleich darauf folgt die nächste Meldung – nun sind es schon zwei Detonationen; es gebe mehrere Verletzte. Die Feuerwehr setzt daraufhin drei Löschzüge in Marsch und löst zugleich für die Krankenwagen-Zentrale Großalarm aus. Umgehend rasen die ersten Sanitätsfahrzeuge mit Sirenengeheul zum Verlagshaus. Polizisten aus einer nahe gelegenen Dienststelle sind ebenfalls schnell vor Ort und verschaffen sich einen ersten Überblick über die Explosionsherde. Anschließend werden sieben Einsatzgruppen gebildet, denen jeweils ein ortskundiger Verlagsangehöriger zugeordnet wird. Jede Gruppe erhält einen Bauteil des Verlages zugewiesen und die Aufgabe, dort nach weiteren verdächtigen Gegenständen zu suchen.[25] Auch das Bundeskriminalamt in Wiesbaden wird unterrichtet und schickt per Hubschrauber Sprengstoffexperten Richtung Norden; Hamburgs Innensenator Heinz Ruhnau, der auf Dienstreise in Stuttgart ist und auf seinen Rückflug wartet, hat Bundesinnenminister Hans-Dietrich Genscher telefonisch gebeten, das BKA einzuschalten.[26]

Schon nach kurzer Zeit sammeln sich viele Menschen vor dem Verlagsgebäude und in den Nebenstraßen. Das und die Absperrung der Straßen rund um den Tatort sorgen für ein Verkehrschaos in der City. Einem Fotografen des *Hamburger Abendblatts*, der gerade auf dem Weg zum Verlag ist, gelingt ein ungewöhnlicher Schnappschuss. Drei Personen kommen ihm entgegen, darunter eine Frau, während alle anderen Passanten in die Gegenrichtung zum Springer-Haus strömen. Das erscheint ihm verdächtig, zumal die drei auch lächeln und kurz lachen, was so gar nicht zur bestürzten Stimmung auf den Straßen passt.[27]

Die Polizei versucht indes, die Schaulustigen mit Ansagen über Lautsprecher zurückzudrängen: „Räumen Sie die Gefahrenzone!" Aus dem Hamburger Vorzeigeunternehmen Axel Springer Verlag ist also eine „Gefahrenzone" geworden, ein lebensbedrohlicher Ort. Mitarbeiter versuchen, ihre Angehörigen zu erreichen, um sie zu beruhigen. Vor einer Telefonzelle bildet sich eine Schlange; einige Kollegen laufen in umliegende

Geschäfte, eine Apotheke, einen Friseur oder Gaststätten, um daheim anzurufen. Obwohl viele Verlagsbeschäftigte im ersten Augenblick an einen technischen Defekt geglaubt haben, wird ihnen nun klar, dass ein Terrorakt stattgefunden hat.

Einen Anruf erhält auch Axel Springer. Der Verleger ist erst wenige Tage zuvor von einem kurzen Erholungsurlaub auf seiner Yacht „Schierensee" in der Ägäis zurückgekehrt und hat sich an diesem 19. Mai am Mittag im Berliner Privathaus auf der Havelinsel Schwanenwerder hingelegt. Als es klingelt, geht seine Lebensgefährtin Friede Riewerts ans Telefon; alle Lampen an Axel Springers Apparat leuchten. Aufgeregt berichtet ein Verlagsmitarbeiter, was in Hamburg geschehen ist. Friede Riewerts versichert, Axel Springer umgehend zu informieren, legt auf und eilt ins Schlafzimmer. Sanft rüttelt sie ihn wach: „Axel, im Verlag in Hamburg sind Bomben hochgegangen." Im Halbschlaf fragt der Verleger: „Tote?" Friede Riewerts verneint, aber es gebe Verletzte. Axel Springer ist noch nicht ganz wach, da klingelt es wieder. Seine Lebensgefährtin hört die neueste Entwicklung aus Hamburg und treibt ihn an: „Ich glaube, du musst jetzt aufstehen und dich kümmern." Axel Springer trifft sofort alle Maßnahmen für den Flug nach Hamburg.[28]

Drohungen gegen seine Person und sein Unternehmen sind für ihn nichts Neues; schon länger wird er von Personenschützern begleitet, was er lästig findet, weil ihn das in seiner Bewegungsfreiheit einschränkt und spontane Ausflüge sehr erschwert. Auch verbale Attacken ist er gewohnt, es hat schon Demonstrationen vor der Tür des Privathauses gegeben. Doch ein Bombenanschlag? Einer, der den Tod vieler seiner Angestellten in Kauf nimmt? Jetzt gilt es, den Mitarbeitern beizustehen und mit seinen Managern die Lage zu besprechen. Wer von den Führungskräften nicht im Haus ist, macht sich nach den ersten Nachrichten auf den Weg zurück in den Verlag. Claus L. etwa, Vorsitzender des Geschäftsführungsbereichs Kaufmännische Verwaltung, oder Wolfgang M., der Assistent von Alleinvorstand Peter Tamm. Dieser sitzt zum Zeitpunkt der Explosionen in einem Privatflugzeug Richtung Locarno. Er hört vom Anschlag erst, als er nach der Landung der Maschine gegen 16.30 Uhr auf dem Aeroporte cantonale di Locarno in seinem Haus ankommt. Ein Anruf beim Airport lässt ihn aufatmen: Die Maschine ist noch da. „Auftanken und sofort wieder zurück nach Hamburg", weist Tamm an; seine Familie bleibt in der Schweiz.[29]

Am Tatort haben derweil Kriminal- und Schutzpolizei das Kommando übernommen und mit dem Fotografieren der Tatorte sowie ersten Befragungen begonnen. Ein Zeuge erinnert sich an eine junge Frau, zirka 20 Jahre alt, mit schwarzem offenen Haar und sehr schlank, die gegen 15 Uhr den Nebeneingang Fuhlentwiete betreten habe. Sie habe eine etwa 60 Zentimeter tiefe dunkle bis schwarze Segeltuchtasche mit einem offensichtlich schweren Gegenstand getragen. Einem Verlagsmitarbeiter fällt ein, dass 15 Minuten vor der Detonation aus einem Spezialwagen der Firma Apfelstedt & Hornung, einem Veranstaltungs- und Ausstattungsspezialisten, der bei den bevorstehenden Olympischen Sommerspielen in München für die Beflaggung sorgen soll, etwas aus- und eingeladen worden sei. Kisten der Firma seien im Fahrstuhl transportiert worden. Ein anderer gibt zu Protokoll, dass ein Kopiergerät für das Sekretariat im dritten Stock, im Vorraum der Damentoilette, erst zwei Tage zuvor ersetzt worden ist.[30]

Mehr Aufmerksamkeit als den Zeugen gilt zunächst den Opfern. Die ersten Leichtverletzten sind versorgt, andere Kollegen werden mit Tragen auf dem Haus gebracht. „Diese Schweine", stöhnt einer. Ein anderer bricht zusammen, als er in Sicherheit ist. Feuerwehrleute laufen immer wieder nach oben, um weitere Verletzte zu bergen, doch die Trümmer in Fluren und Räumen erschweren ihre Arbeit. In aller Eile werden Notverbände angelegt. Im sechsten Stock finden die Rettungskräfte vor den Fahrstühlen drei verletzte Angestellte. Sie können keine Hinweise geben, so sehr stehen sie unter Schock. Auch der leicht verletzte *BILD*-Mitarbeiter Joe S. kann das Geschehen kaum richtig einschätzen. An die stark blutende Hand eines schwer verletzten Kollegen erinnert er sich, als sei sie von der Detonation abgerissen worden.[31]

Noch ist die Zahl der Verletzten unklar, Tote aber hat es allen Anschein nach tatsächlich nicht gegeben. Was für ein Glück. Aber allein der Anblick der Wunden ist für die Betriebsärztin Dr. Roswitha K. und Schwester Heidi eine Belastung; die beiden koordinieren die Erstversorgung und den Abtransport auf der Fuhlentwiete. Setzer Hans G., der auf seinen Transport zum Krankenhaus wartet, fällt auf, wie aufgelöst die Betriebsärztin ist: So etwas hat auch sie noch nicht erlebt. Feuerwehrleute haben inzwischen Helmut R. auf einer Trage über die Treppe nach unten gebracht, wo ein kleiner Krankenwagen wartet. Die Betriebsärztin fordert größere Autos an, da weitere Verletzte warten. Helmut R. wird eine Infusion gelegt, er ist wieder voll bei Bewusstsein. Betriebsratschef Rolf J. hilft, die Verletzten zu erfassen. Er hat mit Kollegen im Büro am anderen Ende des Verlagssitzes getagt, als die erste Bombe explodiert ist. Nach der zweiten Detonation sind sie an der großen Rotation entlang zum Eingang Fuhlentwiete geeilt, der bereits abgesperrt ist. Rolf J. wundert sich, dass Feuerwehr und Polizei schon vor Ort sind; von den anonymen Anrufen weiß er ja noch nichts. Der Betriebsrat unterstützt aktiv alle Maßnahmen und betreut die Mitarbeiter nach einem Sonderplan für den Katastrophenfall. Einige von ihnen werden vor dem Verlag von einem Fernsehteam interviewt. Blass im Gesicht berichten sie vor der Kamera über ihre Erlebnisse und sprechen von verletzten Kollegen. Immer wieder schwenken die Kameraleute zu den beschädigten Stockwerken hinauf. Andere Mitarbeiter stehen in kleinen Gruppen zusammen und reden.[32] Zu ihnen gesellen sich Kollegen aus anderen Verlagen wie Michel R. von der *Hamburger Morgenpost*, der einige *BILD*-Kollegen von seiner Arbeit als Sportreporter kennt. Er tauscht sich mit ihnen aus und schreibt ihre Erlebnisse auf, die er auch anderen Redaktionen zur Verfügung stellt, etwa der *Stuttgarter Zeitung*. Für den 23-jährigen Michel R. ist der Anblick des beschädigten Gebäudes und der mitgenommenen Kollegen ein Schock, denn so eine Gewalt ist für ihn etwas vollkommen Neues.[33]

Irgendwann am Nachmittag verlässt auch der Bundeswehr-Jeep die Fuhlentwiete. Ein Mitarbeiter beobachtet, dass ein Offizier an einer Toreinfahrt am Verlagsgebäude erscheint und mit einem kurzen Blick den Fahrer zu sich beordert. Dann winkt der Offizier fast unmerklich zur Toreinfahrt, woraufhin zwei Zivilisten – ein Mann und eine Frau, beide um die 30 – mit raschem Schritt herauskommen. Alle drei tragen Kleidungsstücke über dem Arm, der männliche Zivilist hat zudem einen Koffer bei sich. Sie steigen ein, und der Jeep fährt schnell Richtung Norden. Der Verlagsmitarbeiter wundert sich, dass niemand die drei Besucher begleitet hat und dass weder der Offizier noch sein Fahrer geholfen haben, sondern einfach verschwunden sind. Das erscheint ihm verdächtig, zumal er den Eindruck hat, dass der Jeep schon am Vortag mehrere Stunden in der Fuhlentwiete geparkt habe. Was hat die Gruppe im Verlag gewollt?[34]

Die Verletzten werden auf das Hafenkrankenhaus in der Seewartenstraße und das Universitätsklinikum Eppendorf verteilt. Die erste Klinik ist mit Helmut R.'s Verletzung überfordert. Er hat rechts am Kopf nur ein dumpfes Gefühl; dass sein Kiefer gebrochen ist und eine große offene Wunde klafft, merkt er nicht. Erst Tage später wird er Fotos seiner eigenen Wunden in der Zeitung sehen. Nach Feststellung der schweren Kieferverletzung wird der Korrektor erneut notverbunden und nach Eppendorf in eine Spezialabteilung weitertransportiert. Zuvor verspricht der Arzt Helmut R., seine Ehefrau anzurufen; sie ist jedoch bereits durch den Verlag informiert. Nicht immer allerdings geschieht die Benachrichtigung der Angehörigen mit dem nötigen Feingefühl, was der Situation geschuldet ist. Arnd P.'s Frau zum Beispiel bekommt nichtsahnend zu hören, sie solle sich keine Sorgen machen, ihr Mann lebe. Er lebe? Ja, war denn sein Leben in Gefahr? Die junge Mutter, die bis dahin noch nichts vom Anschlag gehört hat, bekommt durch die sicherlich gut gemeinte Beruhigung erst recht einen Schreck. Auch die Frau des Korrektors Lorenz B. ahnt nichts davon, was ihr Mann durchzustehen hat. Sie ist am Nachmittag mit ihren Kindern, die vier und fünf Jahre alt sind, spazieren gegangen. Als sie um 19 Uhr heimkommt, erhält sie einen Anruf aus dem Verlag. Sofort fragt sie beim Krankenhaus nach, doch dort rät man ihr, erst am nächsten Tag zu Besuch zu kommen.[35]

Im Universitätsklinikum Eppendorf wird Helmut R. geröntgt und für die nötige Operation vorbereitet. Die Patienten von Zimmer 221 sind auf den Neuzugang eingestimmt: „Einer vom Bombenattentat", wird ihnen gesagt. Lange liegt Helmut R. nicht im Zimmer, dann wird er in den OP geschoben. Ein ganzes Ärzteteam arbeitet von 20 Uhr bis vier Uhr morgens, um seine Wunden zu versorgen; man transplantiert beispielsweise Haut vom Oberschenkel in sein Gesicht. Hans G. aus der Setzerei dagegen wird im Hafenkrankenhaus behandelt, wo die Mediziner ihm einen großen Splitter aus der Schulter entfernen. Auch Heinrich M. wird dort genauer untersucht. Sein Kollege Jürgen K. ist tatsächlich trotz seiner blutenden Wunde mit dem Auto nach Hause gefahren, doch seine Ehefrau schickt ihn umgehend in die nächste Klinik. Korrektor Rudolf Sch. lässt ebenfalls vorsichtshalber Ärzte auf seinen Rücken schauen. Die Untersuchung ergibt aber zum Glück, dass ihn nur kleine Brocken von Mauersteinen getroffen haben. Wie sehr alle noch unter Schock stehen, beweist das Verhalten von Einkäufer Heinz-Jörg B.: Wie in Trance ist er schräg gegenüber vom Verlagssitz in die Sparkassenfiliale gelaufen, um Geld für Pfingsten abzuheben. Der Angestellte am Schalter schaut auf sein blutverschmiertes Gesicht mit dem Pflaster aus dem Sanitätskasten des Bundeswehr-Jeeps und stammelt: „Wie sehen Sie denn aus?" Heinz-Jörg B. will auch noch zurück ins Büro – wegen der Absperrung an der Fuhlentwiete über die Kaiser-Wilhelm-Straße. Auf dem Weg kommen ihm aber Vorgesetzte entgegen und berichten, dass es in ein Ausweichquartier in der Straße Drehbahn gehe.[36]

Nach der Erstversorgung der Verletzten haben leitende Mitarbeiter des Verlages angesichts des Ausnahmezustandes für das Unternehmen Maßnahmen eingeleitet, um das Erscheinen der Zeitungen zu gewährleisten. Auf der Liste stehen: die Bildung eines Krisenstabes, nach Abstimmung mit der Polizei notfalls die Räumung von Gebäuden, der Bezug von Ausweichquartieren. Verlagsleitung und Herstellung bleiben in der Nähe: Sie weichen ins *WELT*-Haus in der Kaiser-Wilhelm-Straße 1 sowie ins Haus des Vertriebs in der Wexstraße aus. Andere haben einen etwas weiteren Weg. Per Rundspruch hat die *BILD*-Verlagsleitung die leitenden Mitarbeiter des Blattes zum Hotel „Columbus" in der Speckstraße beordert; eine Notredaktion wird eingerichtet. Bald schleppen Redakteure Schreibmaschinen zum Hotel. Dort arbeiten bereits die Chefredaktion und Ressorts der Bundesausgabe, dazu die Redaktionsleitung und Ressorts der Stadtausgabe *BILD*-Hamburg. An die Stelle ordentlicher Konferenzen treten Stehgreifbesprechungen im „Stabsquartier Columbus". Andere Teile der *BILD*-Redaktion haben sich in der Gaststätte „Vis-à-Vis" in der Kaiser-Wilhelm-Straße einquartiert. Die Kolleginnen und Kollegen der *BILD AM SONNTAG* sammeln sich im Hinterzimmer des Restaurants „Sunya", wo sie eine Notform der Sonntagszeitung beraten; vom halbierten Umfang ist die Rede. Weitere Redakteure machen sich auf den Weg zur Nachrichtenagentur dpa im Mittelweg nahe der Außenalster. Kollegiale Hilfsangebote überbringen auch zwei Redakteure der *Hamburger Morgenpost* an die *BILD*-Chefredaktion und Verlagsleitung. Einer der beiden ist Michel R., der seinem Chefredakteur Bodo G. dieses Zeichen der Solidarität vorgeschlagen hat. In so einer Situation muss berufliche Rivalität zurückstehen, in den Hintergrund treten, denkt sich der junge Reporter, und sein Chefredakteur ist bereit, den Kollegen Arbeitsplätze anzubieten.[37] *Stern*-Herausgeber Henri Nannen meldet sich ebenfalls: „Wir hören eben von dem verabscheuungswürdigen Anschlag gegen Ihr Haus. Wenn Gruner & Jahr Ihnen irgendwelche technische oder andere Hilfe geben kann, so stehen wir zu Ihrer Verfügung." Die Angebote werden dankend abgelehnt, zumindest aber hält sich der Axel Springer Verlag die Möglichkeit offen, sie anzunehmen, denn niemand weiß, was womöglich noch passiert.[38]

Parallel zur Fortsetzung der Redaktionsarbeit in Hamburg, die mit dem Anschlag auf das eigene Haus ein neues zentrales Thema erhalten hat, wird geregelt, welche Funktionen und Aufgaben an andere Redaktions- und Druckorte abgegeben werden können. *BILD* München empfängt telefonisch Texte aus Hamburg und gibt sie per Fernschreiben weiter. Um die Produktion der knapp ein Dutzend verschiedenen *BILD*-Ausgaben zu gewährleisten, ermächtigt die Chefredaktion die Leiter der Außenredaktionen, selbstständig zu entscheiden.

Neue Aufgaben erhalten auch die Druckereien. Hannover und Essen übernehmen die Auflage des Druckortes Hamburg, allerdings wird die Seitenzahl reduziert. In Essen werden eigens angemietete Lastkraftwagen bereitgestellt, um einen Teil der in Nordrhein-Westfalen gedruckten Exemplare nach Hamburg, Schleswig-Holstein und Niedersachsen zu liefern. Doch auch hier erschweren unerwartete Ereignisse den Ablauf. Die Idee, die Ausgabe für Hamburg-Stadt in Hannover zu produzieren, wird fallengelassen, nachdem hier ebenfalls eine Bombendrohung eingegangen ist und die Druckerei für mehr als eine Stunde geräumt werden muss. Dazu kommt, dass die in Düsseldorf vorsorglich gecharterten Frachtflugzeuge keine rechtzeitige Starterlaubnis erhalten. Denn seit dem 17. Mai befinden sich viele der knapp tausend deutschen Fluglotsen im „Bummelstreik" und machen Dienst nach Vorschrift; das hat schon den Rückflug von Hamburgs Innensenator Heinz Ruhnau verzögert. Die Mitarbeiter im Berliner Springer-Haus halten sich für zusätzliche Arbeiten bereit. Vorsorglich chartert der Verlag ein Frachtflugzeug, um Zeitungen nach Norddeutschland zu fliegen, falls die volle Belieferung aus Essen nicht möglich sein sollte.

Doch der Flieger wird am Ende nicht gebraucht, ebenso wenig wie die Druckkapazitäten Berlins. Am späten Abend kann sogar wieder in Hamburg ein Teil der Auflage hergestellt werden, auch weil vorsorglich ein vierfacher Satz von Druckvorlagen aus Hannover per Auto in die Hansestadt geliefert wird.[39]

Derweil versammelt sich politische Prominenz am Tatort. Bausenator Cäsar Meister ist um 16.53 Uhr eingetroffen, als Vertreter des Innensenators Ruhnau, und informiert nun Hamburgs Ersten Bürgermeister Peter Schulz. Wenige Minuten später ruft Axel Springer von unterwegs an und lässt sich unterrichten; die Einsatzleitung bestätigt, dass es sich tatsächlich um einen Sprengstoffanschlag gehandelt hat.[40] Um 18.15 Uhr landet der erste Hubschrauber mit Sprengstoffexperten des BKA aus Wiesbaden. Vom Sportplatz Sternschanze werden sie mit Streifenwagen der Polizei die knapp zwei Kilometer zum Verlag gefahren – und kommen zur rechten Zeit. Denn gerade hat die Polizei begonnen, das Haupthaus zu durchsuchen. In der Telefonzentrale ist ein weiterer anonymer Anruf eingegangen: „Es ist noch eine Bombe im Haus. Sie geht gleich in die Luft." Der Chef der Hamburger Kriminalpolizei, Garrelt Danker, hat daher vor Ort selbst angeordnet: „Das ganze Springer-Haus muss geräumt werden. Die Gefahr ist zu groß." Nun verlassen auch die letzten Mitarbeiter den Verlag. Unter ihnen ist Moderedakteurin Liz H., die noch immer unter Schock steht: „Junge Frau, wenn Sie Pfingsten noch erleben wollen, dann rennen Sie aus dem Haus", fordert ein Polizist sie auf.[41]

Zwanzig Minuten nach Eintreffen der BKA-Sprengstoffexperten stößt die Hamburger Kripo tatsächlich auf eine dritte Bombe, in einer Mülltonne vor dem Maschinenraum der Rotation im zweiten Stock. Hier befindet sich die sogenannte Besucherbrücke, von der aus man durch eine große Glasscheibe auf die Zeitungsdruckmaschine blicken kann. In der Halle sind an einem Freitag gewöhnlich 60 bis 70 Arbeiter beschäftigt, einige von ihnen nicht weiter als fünf bis 25 Meter von dem Sprengkörper entfernt, der unter einem Putzlappen versteckt in einem weißen, mit farbigen Klebebändern umwickelten Weinkarton liegt. Über Megafon werden nun auch alle Polizeibeamten zum Verlassen des Hauses aufgefordert. Es wird entschieden, flüssigen Stickstoff von der Firma Linde heranzuschaffen, zweimal 100 Liter. Damit soll der Sprengstoff vereist werden. Die bestellte Menge deutet darauf hin, dass weitere Bombenfunde erwartet werden. Inzwischen ist noch ein Hubschrauber aus Wiesbaden eingetroffen. Für die Entschärfung der dritten Bombe werden die angrenzenden Häuser der Fuhlentwiete geräumt. Zwei Stunden nach Ankunft des ersten Teams ist der Sprengsatz aus der Tonne unschädlich gemacht. An der zündfertigen Bombe sind eine 50-Volt-Batterie der Marke Varta Pertrix 49 und ein Kurzzeitmesser befestigt. Wie die Fachleute feststellen, ist die auf 60 Minuten eingestellte Zeitzünder-Uhr abgelaufen, die durch den Uhrzeiger ausgelösten Kontakte sind auch geschlossen. Jedoch steht ein zur Sicherheit eingebauter Kippschalter mit der Bezeichnung „on/off" bei off und hat verhindert, dass der Stromkreis geschlossen und die Detonation ausgelöst wird. Der BKA-Experte Heinrich K. ist sich sofort sicher, dass die Bombe aus derselben Quelle stammt wie der Blindgänger, der wenige Tage zuvor bei einem Anschlag in Augsburg sichergestellt worden ist. Eine weitere Parallele: Dort war der Sprengsatz ebenfalls in einem Karton für sechs Weinflaschen versteckt.[42] Zeitweise ist noch von einer zweiten nicht explodierten Bombe die Rede gewesen, was sich vorläufig als Gerücht erweist.

Nach den Untersuchungen im Krankenhaus kommen einige der leichter Verletzten am Abend noch einmal zurück zum Verlag, wo inzwischen umgehend nach seiner Rückkehr Vorstand Peter Tamm die Leitung übernommen hat. Arnd P. aus der Verlagsleitung der *BILD AM SONNTAG* wird von einem Sprengmeister in sein Büro begleitet. Im Gebäude durchlebt P. den Augenblick der Explosion erneut, in ihm verstärkt sich ein sehr schlechtes Gefühl: Wäre er nur zehn Sekunden länger auf dem Flur gewesen, hätte ihn die zweite Bombe weggefegt, vielleicht sogar hinausgeschleudert. Und wäre der Zwischenbau, in dem sich seine Arbeitsgruppe getroffen hat, nicht in Leichtbauweise errichtet worden, hätte nicht so viel vom Druck der Detonation nach außen entweichen können – dann wären seine Kollegen und er jetzt wohl alle tot.

Auch der Setzer Hans G. kehrt zurück, um seine persönlichen Sachen zu holen. Er trifft einen Vorgesetzten, der ihn fragt: „Wie viele Seiten haben wir denn fertig?" Der Schichtleiter will unbedingt eine Notausgabe herstellen lassen. Auf den fertigen Druckplatten liegen noch Glassplitter, und Hans G. hilft mit, sie herunterzufegen. Bevor er nach Hause fährt, ruft er seine Frau an, doch sie weiß durch eine Nachbarin längst vom

Anschlag. Deren Mann arbeitet bei Gruner & Jahr, der Konkurrenz. Heinz-Jörg B. arrangiert sich mit der schwierigen Lage. Er will die Rechnungen für den Handel und die Versandpapiere unbedingt noch vor Pfingsten erledigen. Mit Mühe gelingt es ihm, die Daten an das Rechenzentrum im Haus zu übertragen. Dann ist der Tag für ihn gelaufen. Obwohl Einkäufer Dieter S. den Anschlag nicht unmittelbar im Gebäude miterlebt hat, fühlt er mit den Kollegen. Als er ins Pfingstwochenende aufbricht, schämt er sich fast für seinen Gedanken: „Da habe ich aber Glück gehabt." Doch so wie er empfinden auch andere Mitarbeiter.[43]

Angesichts der Verletzungen, die die Ärzte festgestellt haben, ist der Gedanke berechtigt. Diagnostiziert werden Gesichts- und Kopfverletzungen, Platz- und Schnittwunden, Rippen- und Beckenbrüche, eine Milzquetschung, Fleischwunden, Prellungen und Kreislaufschocks sowie Schäden am Gehör. Einige Verletzungen werden dauerhafte Folgen haben, andere die Betroffenen zumindest für mehrere Wochen einschränken. Nach Ansicht der Ermittler sind alle Mitarbeiterinnen und Mitarbeiter in unmittelbarer Nähe der Bomben in Lebensgefahr gewesen.[44]

Die Polizei teilt in einer Stellungnahme erste Schlüsse mit: Der Anschlag sei von langer Hand vorbereitet gewesen. Ein Indiz: Etwa 30 Minuten vor den Detonationen sind bei Polizei und Feuerwehr fingierte Notrufe sowie bei verschiedenen Firmen und Großbetrieben am Stadtrand anonyme Bombendrohungen eingegangen. „Wir vermuten, dass die Attentäter dadurch unsere Kräfte auseinanderziehen, verzetteln wollten", erläutert ein Sprecher der Polizei. Tatsächlich sind beim Alarm in der Kaiser-Wilhelm-Straße einige Polizeibeamte auf solchen Einsätzen. Zusätzlich hat es nach dem Anschlag auf das Verlagshaus bis in den Abend hinein weitere Bombendrohungen gegeben – ein anonymer Anrufer meldet sich auch bei der *BILD*-Redaktion in Bremen mit einer Warnung. Unklar ist, ob es sich Trittbrettfahrer handelt, ob die wirklichen Täter für zusätzliche Unruhe sorgen wollen oder ob es ein Irrtum ist wie beim Bauer-Verlag, wo sich eine vermeintliche Drohung als missverstandener Hinweis auf das Attentat im Springer-Verlag erweist. Manchmal sind es sicher aufgeregte Bürger: So meldet eine Putzfrau im Haus der Baubehörde an der Stadthausbrücke eine verdächtige Person mit grün-rotem Plastikbeutel. Jedenfalls erschweren solche Einsätze wie auch eine Bombendrohung gegen die Hamburger

Behörde für Wirtschaft und Verkehr die Arbeit der Polizei. Am frühen Abend wird die *WELT*-Redaktion in einem anonymen Anruf bedroht. Sicherheitshalber lösen die Behörden für das Gebäude an der Wexstraße/ Kaiser-Wilhelm-Straße Bombenalarm aus: Es wird geräumt und von Polizei und Feuerwehr durchsucht. Indessen gehen die Ermittlungen im Haupthaus weiter. Da es dunkel wird, werden alle verfügbaren Lichtquellen angefordert: Handlampen, Leuchter, Scheinwerfer. Die anstrengende Suche geht den Sicherheitskräften an die Substanz. Ihre Vorgesetzten ordern daher kurz vor 20 Uhr zwölf Kasten mit je 24 Flaschen Cola – auf Rechnung der Polizei Hamburg.[45]

Auch in anderen Städten gibt es Bombendrohungen. In Hannover muss das Haus der *Neuen Hannoverschen Presse*, in dem der Landesdienst der dpa untergebracht ist, geräumt werden. Das Münchener Pressehaus, in dem der *Münchner Merkur* und die *tz* entstehen, erreicht kurz nach 18 Uhr die Ankündigung eines Anschlages. Zwei weitere Drohungen registriert die Kölner Polizei gegen die dortige Universität und ein Kaffeegeschäft. In Braunschweig muss das Bundesligaspiel Eintracht Braunschweig gegen Rot-Weiß Oberhausen zeitweise unterbrochen werden.[46]

In Hamburg kann wegen der Dunkelheit die Tatortarbeit nicht fortgesetzt werden, Schutzpolizisten übernehmen die Sicherung. Viele Beamte sind in den Tagen zuvor bei einer Großübung auf dem Gelände des Norddeutschen Rundfunks im Einsatz gewesen; dabei ist ausgerechnet das Verhalten nach einem Bombenalarm geprobt worden. Doch erst beim Einsatz im Axel-Springer-Haus zeigt sich, woran es der Polizei fehlt: Einige verdächtige Päckchen hat im Laufe des Tages der Leiter des Hamburger Sprengstoffkommissariats mit bloßen Händen prüfen müssen. „Das ist unsere Art, wie wir vorgehen", kommentiert er sarkastisch. Offenkundig ist die Hansestadt nicht hinreichend für solche Fälle ausgerüstet. Doch auch beim Verlag zeigen sich Mängel: Polizeibeamte haben berichtet, dass mehrere Notausgänge verschlossen und die Schlüssel nicht zu finden gewesen seien.[47]

Um 22.30 Uhr werden die Umleitungen an der Fuhlentwiete und der Kaiser-Wilhelm-Straße aufgehoben. Die Durchsuchungsaktion im Verlag wird gegen 22.50 Uhr beendet. Ins Protokoll schreibt ein Beamter den Satz: „Weitere Sprengkörper wurden nicht gefunden."[48] Um 23.30 Uhr gibt die Polizei Entwarnung für das Haupthaus des Verlages wie für das *WELT*-Haus; es bleibt jedoch, wie bundesweit in Springer-Niederlassungen, bei verstärkten Sicherheitsvorkehrungen. Die Mitarbeiter der Spätschicht kehren an ihre Arbeitsplätze zurück, Drucker wie Redakteure. Doch die Explosionen belasten sie stark – wie sehr, zeigt das Verhalten einer Sekretärin in der *Abendblatt*-Redaktion, die gegen Mitternacht plötzlich sehr nervös wird. „Es tickt hier so", ruft sie erschreckt. Die alarmierten männlichen Kollegen gehen der Sache auf den Grund und finden schnell heraus, was es mit dem verdächtigen Ticken zu tun hat: Eine elektrische Schreibmaschine summt – und zwar genauso wie immer. Auch die Redakteure, die gerade wieder an ihre Schreibtische zurückgekehrt sind, müssen sich zur Konzentration zwingen. Zwar haben sie überall in den Schränken nach versteckten Sprengsätzen gesucht, trotzdem bleibt ein seltsames Gefühl. Besonders unangenehm ist es für viele, auf die Toiletten zu gehen. Obwohl noch alle unter Schock stehen, sollen die Zeitungen aus dem Hause Axel Springer weiter erscheinen.

In der Nacht zum 20. Mai wird klar, dass am kommenden Morgen überall in der Bundesrepublik die Blätter zu kaufen sein werden. Zwar bieten sie nicht den bei ihren Lesern gewohnten Umfang, einige Beilagen, der regionale Hamburg-Teil und Anzeigenseiten müssen für Norddeutschland weggelassen werden. Doch mit Ausnahme der Abonnenten in Kiel, Meppen und Cloppenburg wird zum Beispiel die gesamte *WELT*-Ausgabe ordnungsgemäß ausgeliefert. Die fehlenden Seiten sollen in der folgenden Woche nachgeliefert werden. Auch *BILD* verlässt die Druckereien mit reduziertem Umfang, dafür aber mit gesteigerter Auflage: 3,55 Millionen Exemplare sind gedruckt worden, etwa 120.000 Exemplare mehr als für einen Samstag üblich.[49]

Natürlich drängt sich die Frage auf, wer hinter dem Anschlag steckt. Noch ist kein Bekennerschreiben oder Ähnliches eingegangen. Erste Befragungen haben nur vage Indizien ergeben. So ist einigen Zeugen ein weißer Alfa Romeo in der Nähe des Verlages aufgefallen, das Kennzeichen WL-AH 2, das sich jemand notiert hat, erweist sich als falsch, denn es ist von der Zulassungsstelle Winsen/Luhe für einen Anhänger registriert. Die Rote Armee Fraktion (RAF) um Andreas Baader und Ulrike Meinhof hat schon oft Fahrzeuge vom Typ Alfa Romeo bei ihren Straftaten benutzt.

Die in Hamburg (wie in den Polizeipräsidien aller größeren Städte) gebildete Sonderkommission Baader-Meinhof soll überprüfen, ob es einen Zusammenhang zu der Terrorgruppe gibt. Meinhof, eine ehemalige Hamburger Journalistin, ist bekanntermaßen eine scharfe Gegnerin des Axel Springer Verlages. Abwegig scheint diese Vermutung daher nicht – zumal mit Datum 19. Mai 1972 eine als „vertraulich" eingestufte Information an alle Führungskräfte und Chefredakteure des Verlages gegangen ist, der zufolge die RAF einen neuen programmatischen Text herausgebracht hat; er trägt den Titel „Dem Volke dienen – Rote Armee Fraktion: Stadt-Guerilla & Klassenkampf" und ist zwei Wochen zuvor aufgetaucht. Dem Verlag liegt ein Auszug aus dem 60-seitigen Pamphlet vor, der sich mit der „Springer-Presse" befasst; es werde noch versucht, eine Kopie des ganzen Textes zu beschaffen. Dann zitiert die Hausmitteilung aus dem Abschnitt, der als klare Kampfansage zu verstehen ist. Demnach bilde „der Springerkonzern" die „propagandistische Vorhut des aggressiven Antikommunismus" und sei „der Feind der Arbeiterklasse". Seine Blätter verstümmelten „die Fähigkeit zum politischen Willensausdruck und zum solidarischen Handeln". Im selben Stil geht es weiter, anderthalb Seiten lang: „Aus dem Wunsch des Lesers nach Gerechtigkeit macht die Springer-Presse Lynchinstinkte, aus der Sehnsucht nach einer freien Gesellschaft den Hass gegen diejenigen, die sie errichten wollen. Die Springer-Presse dient der psychologischen Kriegsvorbereitung." Der Abschnitt schließt mit einem Verweis auf die im ersten Quartal 1972 geführte heftige Debatte um die Vorwürfe des Schriftstellers Heinrich Böll gegen Axel Springer persönlich und seine Zeitungen: „Böll hat das faschistisch genannt, um Missverständnissen vorzubeugen: ‚Verhetzung, Lüge, Dreck'. Er hat damit analytisch und politisch den Nagel auf den Kopf getroffen. Die Reaktionen zeigten, wie empfindlich das System geworden ist, wie labil der Status quo, wie faschistisch *BILD*, wie nervös das Klima im Springerkonzern."[50]

Nervös ist das Klima im Axel Springer Verlag tatsächlich – aber anders, als die RAF meint. Ein Anschlag wie der eben erlebte kann nicht ohne Folgen für das Haus bleiben. Ein „Weiter so" wird nicht mehr möglich sein. Zumindest, was den Alltag betrifft; das ist schon eine Frage der Verantwortung gegenüber den Tausenden Mitarbeitern. Nicht nur Peter Tamm ist klar, dass nichts weniger als ein Kulturwandel bevorsteht. Ein Wandel,

den niemand gewollt hat, der aber jedem einleuchten wird, der diesen Tag
vor Ort erlebt hat oder sich darüber informiert. Und das wird flächen-
deckend von Kiel, über Berlin bis München erfolgen, denn jede Tageszeitung in der Bundesrepublik berichtet in der Samstagsausgabe über den
Anschlag.

Bereits die Radio- und TV-Berichte über die Explosionen haben Entsetzen ausgelöst. Viele Menschen setzen noch am Abend des 19. Mai Briefe
auf, um dem Verlag und seinen Mitarbeitern ihr Erschrecken auszudrü-
cken, Mitgefühl für die Verletzten zu zeigen und Solidarität mit Axel Springer zu demonstrieren. In den ersten Statements von Politikern und Bran-
chenvertretern sind die gängigen Formulierungen wie „Empörung und
Abscheu" zu finden, ebenso der Ruf nach einem strengeren Vorgehen,
nach strengeren Gesetzen. Aber vielfach ist auch echte Erschütterung über
den Anschlag zu spüren und über die Bereitschaft der Täter, den Tod zahlreicher Menschen in Kauf zu nehmen.

Gewalt dürfe kein Mittel politischer Auseinandersetzung sein, erklärt
Bundeskanzler Willy Brandt namens des Kabinetts: „Wer feige und hinterhältig Menschen durch Sprengmittel nach dem Leben trachtet, ist ein
Feind der Demokratie und stellt sich außerhalb der Gesellschaft." Brandt
kündigt eine verstärkte Zusammenarbeit der Sicherheitsorgane des Bun-
des mit den Ländern an, „um den Terroristen das Handwerk zu legen".
Regierungssprecher Conrad Ahlers sekundiert: „Ich hoffe, dass es gelingt,
die Schuldigen aufzuspüren." Wie Ahlers versichert SPD-Vorstandsspre-
cher Jochen Schulz sein Mitgefühl für die Verletzten und verbindet damit
seine guten Wünsche für ihre Genesung. Ein Sprecher des Koalitionspart-
ners FDP betont, es gebe für Terrorakte weder eine rechtliche noch eine
politische Legitimation, ganz gleich welche Motive die Täter auch immer
gehabt hätten. Sogar die linken Jungsozialisten distanzieren sich; Akte
individuellen Terrors dienten der „demokratischen Weiterentwicklung
unserer gesellschaftlichen Verhältnisse in keiner Weise". CDU-Parteispre-
cher Willi Weiskirch nennt den Anschlag „verwerflich und alarmierend
zugleich". Demokraten müssten gegen politischen Terror zusammenste-
hen. Für CSU-Generalsekretär Gerold Tandler zeigt der Vorgang, dass
Verbrecher mit physischer und psychischer Gewalt die demokratische
Ordnung untergraben wollen; darauf müsse reagiert werden. Die Parla-

mente müssten Strafrecht und Strafverfahrensrecht verbessern und ein neues Waffengesetz schaffen, die Polizei besser ausstatten. Die Verherrlichung von Gewalt solle unter Strafe gestellt werden. Ebenfalls zu Wort meldet sich Helmut Kohl, der Ministerpräsident von Rheinland-Pfalz: „Zu dem hinterhältigen Anschlag, von dem Ihr Haus betroffen wurde, spreche ich insbesondere den Opfern und Ihren Familien meine Anteilnahme aus. Ich benutze die Gelegenheit, um noch einmal öffentlich gegen diese barbarischen Methoden von Gewalt und Terror zu protestieren."[51]

Eine eindeutige Haltung zum Anschlag vertreten die Branchenverbände. Der Deutsche Journalistenverband verurteilt das Attentat scharf, denn auch in der notwendigen Auseinandersetzung über Probleme der Presse könnten Bomben Argumente nicht ersetzen. Für den Bundesverband der Deutschen Zeitungsverleger bedrohen „politische Terrorakte (…) jetzt auch die Freiheit der Information und der Meinung und richten sich damit gegen jeden einzelnen Bürger". Der Verband fordert von der Regierung einen wirksamen Schutz der Presse vor dem Terror radikaler Gruppen. Der Landesbezirk Nordmark der Industriegewerkschaft Druck und Papier zeigt sich erschüttert: „Für Gewalttäter darf in unserer demokratischen Gesellschaft kein Platz sein." Selbst die Teilnehmer des Internationalen Verleger-Kongresses in Brüssel melden sich, sprechen ihr Mitgefühl aus und verurteilen den Anschlag, „der die ganze freie Presse und alle Bürger dieses Landes trifft".[52]

In die gleiche Richtung gehen die Urteile der Hamburger Landespolitik. Der Senat gibt um 20.45 Uhr in der Polizeiwache Hohe Bleichen neben dem Springer-Haus eine Pressekonferenz; rund 50 Journalisten, Fotografen und Kameraleute haben sich in einem kleinen Raum versammelt. Innensenator Ruhnau verliest eine Erklärung, deren zentraler Satz lautet: „Dies ist ein Ereignis, das mit Politik nichts zu tun hat, wenn es von Einzelnen auch so bemäntelt wird." Nach der Konferenz geht Ruhnau hinüber zum Tatort. Der Erste Bürgermeister Peter Schulz findet ebenfalls klare Worte. Bei dem Anschlag handele sich nicht nur um einen rücksichtslosen und brutalen Akt von Kriminalität: „Er ist ebenso sehr ein Angriff gegen die Meinungsfreiheit wie ein Mordversuch gegenüber Arbeitern, Angestellten und Journalisten des Verlages." Von einem Angriff „auf die Pressefreiheit in einer Demokratie" spricht auch die Hamburger CDU. Alle sind sich einig, dass sich Demokraten nicht zum Spielball von Umstürzlern und Verbrechern machen dürften. Die FDP bringt es auf den Punkt: „Alle Bürger sollten erkennen, dass hier die Totengräber jeder Freiheit am Werk sind."[53]

Wie es die Aufgabe des Bundespräsidenten ist, sorgt Gustav Heinemann für eine staatstragende Stimme in der Debatte. Es gelte jetzt, die Nerven zu behalten, niemand dürfe die Täter decken. „Die gesetzliche Abwehr muss hart und besonnen sein. Jeder muss dazu helfen, dass durch diese Gewalttaten unser politisches Leben nicht unheilvoll vergiftet wird, weil wir alle davon leben, dass dieser unser Staat und seine Ordnung nicht zerstört werden."[54]

Natürlich äußert sich der Verleger Axel Springer: „Meine ersten Gedanken und meine Sorge gelten mit tiefem Mitgefühl meinen verletzten Mitarbeitern. Ich bin entsetzt und schockiert." Er stellt das Attentat auf seinen Verlag in die Reihe ähnlicher Vorfälle, die seit einigen Tagen die Bundesrepublik in Unruhe versetzen, und benennt die infrage kommenden Täter: „Wenn innerhalb einer Woche im Gebäude des bayerischen Kriminalamtes München, des Polizeipräsidiums Augsburg und im Hauptquartier der Amerikaner in Frankfurt Bomben explodierten, wenn ein Attentat auf einen hohen Bundesrichter in Karlsruhe versucht wurde und nun Sprengkörper in meinem Verlagshaus in Hamburg gezündet werden, so ist das die Teufelssaat von Linksradikalen, die jetzt aufgegangen ist. Genau davor haben unsere Zeitungen seit Jahren vergeblich gewarnt."[55]

Diese Erkenntnis ist angesichts des dramatischen Geschehens wenig tröstlich. Um Trost für Springer bemüht sich in Berlin Pfarrer Jobst Schöne von der Mariengemeinde der Selbständigen Evangelisch-Lutherischen Kirche, der Seelsorger des Verlegers. Schöne schreibt noch am 19. Mai 1972: „Eben höre ich im Rundfunk von dem, was heute in Hamburg geschehen ist. Der Hass gegen Sie, der hinter diesem Anschlag steckt, der Terror gegen das freie Wort, gegen das Gewissen, das sich nicht beugt unter die Parolen des Tages – wie beschämend, wie entsetzlich ist das. Und wieder wächst die Sorge, wohin es mit uns gehen soll, wenn es schon so weit ist. Ich schreibe das, weil ich denke, Ihnen wird es gut tun zu wissen, dass heute auch solche Menschen tief getroffen worden sind, die hinter Ihnen stehen. Dass kein Menschenleben zu beklagen ist, muss man dem Schutz Gottes zuschreiben."[56]

In den Nachtstunden zum 20. Mai meldet sich ein Bote beim Pförtner des Norddeutschen Rundfunks in Hamburg, um einen Briefumschlag abzugeben. Der Umschlag liegt dort, bis ein Nachrichtenredakteur ihn mitnimmt, der zum Frühdienst kommt. Was er in dem Bekennerschreiben liest, denn nichts anderes befindet sich im Umschlag, lässt die schlimmsten Befürchtungen wahr werden.

Mitte Mai 1967 kommt die Parole „Enteignet Springer" auf,
lanciert von einem Spitzel der Stasi in West-Berlin.

Feindbild

Der Umschwung war überraschend gekommen, und er war dafür umso tiefgreifender. Bis ins Jahr 1966 hinein hatten der Verleger Axel Springer und sein Unternehmen, der mittlerweile größte und erfolgreichste Pressekonzern Westeuropas, in der breiten Öffentlichkeit der Bundesrepublik ein vorwiegend positives Image genossen. Der 54-Jährige durfte sich durchaus als „Liebling der Götter" fühlen, wie sein Biograf Hans-Peter Schwarz zugespitzt formulierte: „Beispiellos erfolgreich, beispiellos reich, beispiellos gebauchpinselt von den Häuptlingen aller politischen Parteien, beispiellos gefürchtet von der Konkurrenz und in der veröffentlichten Meinung kaum kritisiert".[1] Den Höhepunkt erreichte Axel Springer bei der glanzvollen Eröffnung des neuen Berliner Verlagshauses an der Kochstraße Anfang Oktober 1966, errichtet direkt an der innerstädtischen Sektorengrenze, zu der fast die gesamte Politprominenz der Bundesrepublik erschien.

Doch es waren bereits dunkle Wolken am Horizont aufgezogen. Auf einmal stieß die schon rituell wiederholte Hetze von DDR-Funktionären gegen Springer und seinen Verlag, die seit Jahren fast alltäglich war, auf Resonanz in Westdeutschland. Man hatte sich daran gewöhnt, in ostdeutschen Blättern von Springers angeblicher „Monopolpresse" und ihrer „Pogromhetze" zu lesen, auch von der „berüchtigten *BILD*-Zeitung".[2] Derlei Verbalinjurien waren längst nichts Ungewöhnliches mehr. Ebenso wenig wie Ratschläge aus Ost-Berlin: „Es ist notwendig, die Herren solcher Meinungsmonopole wie des Springer-Konzerns zu beseitigen", verlangte DDR-Staatsoberhaupt Walter Ulbricht am 21. April 1966 bei einer Ansprache anlässlich des 20. Jahrestags der SED-Gründung: „Solange der Springer-Konzern und ähnliche Meinungsfabriken herrschen, kann von Freiheit der Meinungsbildung keine Rede sein."[3]

Jahrelang hatte man in der Bundesrepublik solche Attacken aus dem Osten ignoriert. Doch auf einmal änderte sich das in einem Teil der Öffentlichkeit. So machte sich Rudolf Augstein, der Verleger des Magazins *Der Spiegel*, Ulbrichts Sicht zu eigen: „Springers Konzern wächst, nicht gerade wie eine Lawine, aber wie ein gefräßiger Tumor. Kein einzelner Mann in Deutschland hat vor Hitler und seit Hitler so viel Macht kumuliert, Bismarck und die beiden Kaiser ausgenommen", schrieb ausgerechnet der Eigentümer des bei weitem einflussreichsten westdeutschen Nachrichtenmagazins am 1. August 1966 über seinen ökonomischen wie publizistischen Hauptkonkurrenten: „Kein westliches Land ist bekannt, in dem ein einzelner Mann 40 Prozent der gedruckten Nachrichten und Meinungen kontrolliert, und zwar nicht als gewichtiger Minderheitsaktionär, sondern als Alleininhaber seiner Zeitungen, Zeitschriften und Druckereien, der sein Commonwealth vererben kann, wem er lustig ist." Augstein forderte eine „Lex Springer" nach britischem Vorbild – ein Gesetz, das „große Zeitungsverlage" hindern solle, „immer neue Blätter" aufzukaufen: „Wie wär's mit einer ähnlichen Regelung auch in der Bundesrepublik?"[4]

Gleich zwei Expertenkommissionen befassten sich bald nach Augsteins Attacke im Auftrag des Bundestages mit der Konzentration im Medienwesen sowie befürchteten Rückwirkungen auf die Meinungsfreiheit – und beide kamen zum Ergebnis, eine Gefahr gehe nicht vom Monopol des gebührenfinanzierten öffentlich-rechtlichen Rundfunks aus, sondern von privatwirtschaftlichen Pressekonzernen. Gemeint war damit vor allem der Springer-Verlag. Das Urteil kam nicht wirklich überraschend, hatte sich doch einer der beiden Kommissionsvorsitzenden, der Chef des Bundeskartellamtes, Eberhard Günther, schon während der laufenden Beratungen unmissverständlich geäußert: „Es gibt eine ganze Reihe von Leuten in diesem Lande, die es nicht gern sehen, dass sich so viel Macht in der Hand eines einzigen Mannes befindet. Zu den Leuten, denen das nicht gefällt, gehöre ich auch."[5]

Besonders in den eingemauerten westlichen Sektoren Berlins gäbe es ein Monopol von Blättern des Springer-Verlages, so die verbreitete Wahrnehmung. In Wirklichkeit herrschte gerade hier eine Meinungsvielfalt wie selten sonst, konkurrierten doch an den Kiosken die beiden Springer-Boulevardblätter *B.Z.* und *BILD Berlin* mit den Nachmittagszeitungen *Der Abend* und *Nacht-Depesche* (das dritte konzernunabhängige West-Berliner Boulevardblatt, *Der Kurier*, wurde Ende 1966 wegen Auflagenschwundes eingestellt) sowie bei den Abonnementtiteln Springers bürgerliche *Berliner Morgenpost* mit dem liberalen *Tagesspiegel* und dem SPD-nahen *Telegraph* sowie dem lokal vertriebenen *Spandauer Volksblatt*. Bei den überregionalen Blättern maß sich Springers *WELT*, die täglich mehrere Berlin-Seiten enthielt, mit der konservativen *Frankfurter Allgemeinen* und der linksliberalen *Süddeutschen Zeitung*. Zur gleichen Zeit erschien immerhin in einem Viertel aller bundesdeutschen Landkreise nur ein Blatt, hatte selbst in Großstädten wie Erlangen, Fürth oder Ingolstadt eine regionale Zeitung keine Konkurrenz. Trotz der Auswahl in West-Berlin machten die Springer-Titel fast zwei Drittel der verkauften Auflagen in der geteilten Stadt aus – eine Entscheidung des Publikums, wie Axel Springer betonte: „Jeden Tag findet am Kiosk und an der Haustür eine Art demokratischer Abstimmung statt, ob die Leser diese Zeitung kaufen wollen oder nicht."[6] Ohnehin wurde die These eines Meinungsmonopols Springers in West-Berlin durch die Existenz der öffentlich-rechtlichen Radiosender und vor allem des Fernsehens widerlegt.

Solche Argumente interessierten die Aktivisten des Sozialistischen Deutschen Studentenbundes (SDS) in West-Berlin nicht. Etwa fünf Jahre nach dem Schock des Mauerbaus 1961 hatte sich in einer kleinen Szene aus Studenten vor allem der Geistes- und Sozialwissenschaften sowie der Psychologie ein Klimawechsel vollzogen. Hier kursierten nun kommunistische Parolen, diskutierte man ganz selbstverständlich über das vermeintlich bevorstehende Absterben des Kapitalismus und die Segnungen des Sozialismus. Der SDS, ehemals SPD-nah, inzwischen weit nach links abgedriftet, lehnte die freiheitlich-demokratische Ordnung des Grundgesetzes mehrheitlich ab. Diese radikale Fraktion war klein; sie zählte nach eigenen Angaben rund 300 Mitglieder in West-Berlin und konnte höchstens ein paar Tausend Sympathisanten mobilisieren; an den meisten SDS-Demonstrationen nahmen nur einige Dutzend bis 2.000 Menschen teil.[7] Das war wenig, denn gleichzeitig zählte das zu öffentlichen Protesten bereite linke Milieu bundesweit bis zu 300.000 Menschen, wie sich bei den viel besuchten Ostermärschen zeigte.

Schon im März 1966 hatte Augstein einem SDS-Mitarbeiter namens Walter Barthel vertraulich zugesagt, pro Jahr bis zu eine Million Mark in eine West-Berliner Zeitung mit dem Arbeitstitel *Heute* zu investieren, um

„die starren, durch die Springer-Presse dieser Stadt geprägten Meinungs-
strukturen innerhalb der Bevölkerung" aufzulockern – und dieses Geld im
Fall des Scheiterns sogar abzuschreiben; das war ihm der Angriff auf seinen Verlegerkollegen wert.[8] Nach fast einem Jahr Vorbereitungen gab der
Spiegel-Eigentümer das Projekt jedoch auf – das publizistische Risiko schien
ihm nun doch zu groß zu sein. Jedoch überließ er Barthel die gemieteten
Redaktionsräume und etwas Kapital, um eine Wochenzeitung nach eigenen Vorstellungen herauszubringen.

Am 11. Februar 1967 erschien sie, in einer Startauflage von immerhin
10.000 Stück und unter dem Namen *Berliner Extra-Blatt*. Die Leser stellten
überrascht fest, dass sich die erste Nummer im Layout unübersehbar an
Springers *B.Z.* orientierte. Inhaltlich bestand das *Extra-Blatt*, das vorerst
von Freiwilligen auf der Straße verkauft wurde, aus einer Mischung von
Boulevardgeschichten und Agitation, bevorzugt gegen Lieblingsfeinde der
Linken wie Franz Josef Strauß, die West-Berliner SPD und natürlich Axel
Springer. In praktisch jeder Ausgabe kamen diese aus Sicht der Macher
„drei Bösewichter" in der einen oder anderen Form vor. Die politische Linie
der neuen Wochenzeitung orientierte sich klar an jener der SED – wenig
erstaunlich, hatte Barthel doch von 1959 bis 1966 als gut bezahlter Agent
mit dem Decknamen IM „Kurt" für die DDR-Staatssicherheit gearbeitet
und war als West-Berliner immer noch geheimes Mitglied der ostdeutschen
Einheitspartei. So unterschieden sich die Botschaften des *Extra-Blattes* nur
durch ihre boulevardeske Aufmachung von jenen des *Neuen Deutschlands*:
West-Berlin habe nur dann eine Chance, nicht „auf Raten zu sterben",
wenn es sich von der Bundesrepublik abkopple. Und nur durch eine Annäherung an die DDR könne „die Mauer allmählich verschwinden".[9]

Mit solchen Thesen kam die neue Zeitung in West-Berlin gar nicht gut
an – jedenfalls nicht bei der weit überwiegenden Mehrheit. Es war ja kein
Zufall, dass nicht nur die Blätter des Springer-Verlags, sondern ebenso
Abend, *Telegraph* und *Tagesspiegel* genau die entgegengesetzte Position vertraten. So erreichte das *Extra-Blatt* kaum Leser über den engen Kreis von
SDS-Sympathisanten hinaus, obwohl es dank Augsteins Unterstützung
binnen weniger Tage auch regulär an West-Berlins Kiosken zu haben war.
Nach 14 Ausgaben stellte die Wochenzeitung ihr Erscheinen wieder ein; es
folgten nur noch drei Sonderausgaben bis Dezember 1967.

In der letzten regulären Ausgabe hatte Walter Barthel zum ersten Mal die Parole „Enteignet Springer!" formuliert: „70 Prozent der West Berliner Zeitungsauflagen befinden sich in der Hand Springers. Gegen seine vereinte Hetze könnte sich gegenwärtig kein Politiker im Rathaus Schöneberg halten", behauptete der zeitweilige Stasi-IM Barthel und fuhr exakt im Sinne von SED-Chef Ulbricht fort: „Die West-Berliner Teile des Springer Konzerns müssen im Lebensinteresse unserer Stadt enteignet und der gesellschaftlichen Kontrolle unterworfen werden." Abschließend kündigte er an: „Diese Forderung wird fortan nicht mehr aus der politischen Diskussion in West-Berlin verschwinden."[10] Damit zumindest behielt Barthel recht.

Keine zwei Monate später nämlich machte sich Rudi Dutschke diese Parole zu eigen; kaum zufällig in Rudolf Augsteins *Spiegel*: „Wir fordern – auf der Grundlage der in der Berliner Verfassung gegebenen Enteignungsmöglichkeit – die Enteignung des Springer-Konzerns." Er glaube, sagte der Kopf des West-Berliner SDS, dass dies „auch von größeren Teilen der Bevölkerung unterstützt" werde, und offenbarte das Kalkül hinter der Forderung: „Für uns ist dieser Punkt ein strategischer Transmissionsriemen zwischen Studenten und anderen Bevölkerungsteilen." Dutschke, der kurz vor dem Mauerbau die DDR verlassen und an der Freien Universität zu studieren begonnen hatte, kündigte an, „im Laufe des nächsten Semesters direkte Aktionen gegen die Auslieferung von Springer-Zeitungen" zu unternehmen: „Wir wollen zu Tausenden vor dem Springer-Druckhaus durch passive Formen des Widerstandes die Auslieferungsprozedur verhindern."[11]

Angesichts dieser Entwicklung formulierte Axel Springer in einer Rede vor dem Hamburger Übersee-Club am 26. Oktober 1967 vier Grundsätze für sein Unternehmen: erstens das unbedingte Eintreten für die friedliche Wiederherstellung der deutschen Einheit in Freiheit; zweitens die Aussöhnung zwischen Juden und Deutschen einschließlich der Unterstützung der Lebensrechte des israelischen Volkes; drittens die Ablehnung jeglicher Art von politischem Totalitarismus; viertens die Bejahung der freien sozialen Marktwirtschaft.[12] Obwohl die vier Essentials angesichts der Angriffe auf das Haus formuliert worden waren, hatte Axel Springer die Gesellschaft als Ganzes im Blick. Der Anstoß für diesen Kanon lag tiefer, er entsprach seinen gewachsenen Überzeugungen. In den vier Grundsätzen sah er eine

Art Magna Charta, „eine Wertorientierung für die publizistische Arbeit meines Hauses und seiner Mitarbeiter".[13]

Die Blockade der Zeitungsauslieferung fand nicht statt, denn niemals vermochte der SDS auch nur annähernd genügend Anhänger zu mobilisieren, um sie umzusetzen. Kleinere „Aktionen" jedoch konnten sie verwirklichen. So wurde bei einem „Springer-Hearing" unter dem Motto „Enteignet Springer" am Abend des 1. Februar 1968 nicht nur gefordert, die „Kontrolle der Redaktionsarbeit" seiner Zeitungen innerhalb von zwei Wochen Vertretern des SDS zu übergeben, sondern auch ein kurzer Film des Studenten Holger Meins gezeigt. Darin ging es um Herstellung und Einsatz von Molotow-Cocktails – statt eines Abspannes flimmerte zuletzt ein Standbild des neuen Springer-Verlagshauses an der Kochstraße über die Leinwand. In der folgenden Nacht griffen Mitglieder des radikalen Wohnprojekts Kommune I und andere Linke ein halbes Dutzend Filialen der *Berliner Morgenpost* an und zerstörten mit Steinen die Schaufenster; um die Wurfgeschosse waren Flugblätter mit der Forderung „Enteignet Springer!" gewickelt. Zu den Tätern gehörten auch Rudi Dutschke und der Komponist Hans Werner Henze.[14]

Nach dem Attentat des rechtsextremen Hilfsarbeiters Josef Bachmann auf Dutschke am Nachmittag des 11. April 1968, bei dem er lebensgefährlich verletzt wurde, zogen mehr als tausend Studenten und Sympathisanten in die Kochstraße zum Druck- und Verlagshaus.[15] Vorneweg lief der linke Rechtsanwalt Horst Mahler, neben Dutschke der prominenteste Anführer der West-Berliner Studentenbewegung. Gegen 22.30 Uhr spitzte sich die Lage zu: Vor dem Haupteingang zum Springer-Verlag hatten sich schon mehrere Hundert Menschen versammelt, vor allem Schaulustige, denn schon seit Stunden berichteten *SFB* und *Rias* in ihren Nachrichten über den Protestzug in die Kochstraße. Als dann die Demonstration mit Mahler am Verlagshaus ankam, standen dort knapp hundert Polizeibeamte. Damit hatten die Anführer des Marsches nicht gerechnet. Die Demonstranten stoppten, dann sammelte sich um Mahler eine kleine Gruppe gewaltbereiter Protestierer und bildete einen Stoßkeil, der im zweiten Anlauf den dünnen Polizeikordon durchbrach und in den Windfang der Eingangshalle gelangte. Doch die Masse der jungen Leute folgte nicht nach; nur deshalb konnten die Beamten Mahler und seine

Begleiter rasch wieder zurückdrängen. Die Besetzung des Springer-Hauses fiel aus.

Das war auch besser so, denn in der Eingangshalle warteten neben einigen Polizisten und Wachschutz-Männern zahlreiche technische Mitarbeiter des Verlages, darunter etwa fünfzig Männer aus der Zeitungsrotation, für die der späte Abend die Hauptarbeitszeit war. Viele hatten 45 Zentimeter lange Hartgummistäbe in den Händen, Ersatzteile aus dem Bestand der Druckerei. Sie waren entschlossen, ihre Arbeitsplätze gegen die Demonstranten zu verteidigen. Leitende Angestellte aller Abteilungen des Verlages, darunter Peter Tamm, beruhigten die Mitarbeiter.

Stattdessen flogen nun Steine von außen auf die gläserne Fassade der Eingangshalle sowie die Fenster der unteren Stockwerke des Hochhauses; schnell waren einige Scheiben zertrümmert. Demonstranten schleuderten weitere Pflastersteine, andere reichen ihnen weitere „Munition" zu. Unter ihnen war auch Ulrike Meinhof, die Ikone des linksradikalen Journalismus in Deutschland. Während Glas splitterte und die Verlagsangestellten hinter Gästesesseln Schutz suchten, verlagerte sich das Interesse der Demonstranten auf die andere Seite des langgestreckten Verlagskomplexes: die Druckerei. In dieser Nacht dürfe keine Springer-Zeitung erscheinen, lautete nun die Parole. Einige junge Männer versuchten, durch eingeworfene Fenster einzudringen, wurden allerdings schnell von Wasserstrahlen aus hauseigenen Feuerwehrschläuchen wieder hinausgetrieben. „Wir haben sie einfach weggespritzt", berichtete einer der Rotationsmitarbeiter. Da die Demonstranten den Druck der Zeitungen nicht verhindern konnten, wollten sie nun ihre Auslieferung stören. Doch die inzwischen zahlreich erschienene Polizei schob die Blockaden vor der Ausfahrt beiseite. Stattdessen wurden Lieferwagen des Springer-Verlages auf dem Parkplatz südlich der Kochstraße in Brand gesetzt, 16 weitere Fahrzeuge umgestürzt und beschädigt.

Einigen der Demonstranten war das nicht genug. Sie wollten mehr „direkte Aktion", wie Dutschke das genannt hatte. Konkret: „Wir haben überlegt, was wir nun noch anstecken können", erinnerte sich der Demonstrationsteilnehmer Michael „Bommi" Baumann: „Wir wollten noch rausfahren nach Schwanenwerder, wo der Springer so 'ne Villa hat, die wollten wir auch noch anstecken. Aber dann wusste wieder keiner genau, wo das ist." Das war für ihn unbefriedigend, doch Baumann zog daraus einen Schluss: „Du hast dennoch gesehen, ohne Vorbereitung, ohne Logistik, ohne Wissen, ohne Erfahrung und so, bleibt es Fantasie, du kannst gar nichts machen. Du siehst aber die Möglichkeit, die da drinsteckt, ein kleiner entschlossener Kreis kann so eine Auseinandersetzung noch ein Stück weiterbringen, kann fürchterliche Breschen hauen ins ganze Gefüge."[16]

Axel Springer und seine Lebensgefährtin Friede Riewerts, die spätere Ehefrau Friede Springer, hatten sich an die Parolen gewöhnt, wenn auch sie manchmal noch überrascht wurden. Bei einer Winterreise nach Bergen in Norwegen waren sie nach der Ankunft im Hotel in der Stadt spazieren gegangen. Junge Leute kamen ihnen entgegen und steckten dem Paar Zettel zu, die Friede in die Manteltasche schob. Später warf sie einen Blick drauf. Da sie von der Insel Föhr stammte und Friesisch beherrschte, konnte sie das Norwegisch auf dem Zettel entziffern. „Schmeißt den Zeitungskönig Axel Springer raus", stand da. Norwegische Studenten hatten wohl erfahren, dass Axel Springer zu Besuch kommen würde und sich mit der radikalen deutschen Studentenbewegung solidarisiert. Als das Paar zurück im Hotel war, erzählte das Personal kleinlaut, dass es auch eine Demonstration gegeben habe, als sie bereits aufgebrochen waren.[17]

Der Verleger und sein Haus blieben das Feindbild der radikalen Linken – und ein potenzielles Anschlagsziel. Georg von Rauch, der wie „Bommi" Baumann schon die Schwelle zum Linksterrorismus überschritten hatte, bilanzierte in einer Schrift mit dem Titel „Es lebe das Commando Schwarze Presse" im Frühjahr 1970 den Misserfolg der Parole „Enteignet Springer!" und zog daraus Schlüsse: „Der Fehler der damaligen Kampagne war aber die falsche Hoffnung, den Springer-Konzern ideologisch über Analysen und Aufklärung allein zerschlagen zu können. Eine neue ‚Kampagne' muss den Springer-Konzern gerade ökonomisch angreifen, verletzen und wenn es in unseren Kräften steht: zerschlagen. Das Ziel, die exemplarische Zerschlagung eines Konzerns, muss als ein Hauptpfeiler der Strategie in den Metropolen angesehen werden, da nichts grundlegender die Industrienationen für den revolutionären Kampf weichknetet als die Verletzung entscheidender Industriezweige." Der Axel Springer Verlag sei der „Angelpunkt der internationalen und nationalen Taktik der anarchistischen Zerstörung eines Konzerns".[18]

Im Mai 1970 hatte sich um Ulrike Meinhof, Horst Mahler und Gudrun Ensslin eine Gruppe gebildet, die den wegen einer Brandstiftung in zwei Kaufhäusern in Frankfurt 1968 inhaftierten Anarchisten Andreas Baader gewaltsam befreite, als er das Gefängnis unter Bewachung zu einem Bibliotheksbesuch verlassen durfte. Danach tauchten die rund 20 Mitglieder unter und reisten im Juni 1970 über den DDR-Flughafen Berlin-Schönefeld nach Jordanien, um sich hier in einem Camp palästinensischer Terroristen ausbilden zu lassen. Die noch namenlose Gruppe wollte viel; das „Führungsgremium" aus Baader, Mahler, Meinhof und Ensslin verständigte sich, nach der Rückkehr zunächst West-Berlin mit Terror zu überziehen. Vorgesehen waren unter anderem Anschläge auf das US-Hauptquartier und auf ein Büro der Fluggesellschaft Pan-Am, das eine Filiale der CIA sei. Innensenator Kurt Neubauer sollte entführt werden, um „die Freilassung politischer Gefangener zu erzwingen". Schließlich sollten „Spezialdruckmaschinen in der Druckerei des Springer-Verlages unbrauchbar" gemacht werden.[19] Allerdings gab es in der Druckerei an der Kochstraße keine „Spezialdruckmaschinen", sondern nur konventionelle Zeitungsrotationen.

Vorerst blieb es bei internen Absichtserklärungen. Außer mehreren Banküberfällen, Einbrüchen in Landratsämter und Rathäuser sowie zahlreichen Auto- und Kennzeichendiebstählen hatte die Gruppe auch nach fast elf Monaten im Untergrund noch nichts getan, was wenigstens entfernt als „politisch" motiviert gelten konnte. Das sah auch das nach Horst Mahlers Festnahme auf drei Personen geschrumpfte „Führungsgremium" so, denn: „Viele Genossen wollen wissen, was wir uns dabei denken." Also landete im April 1971 ein 16 Seiten langes Papier mit dem Titel „Konzept Stadt-Guerilla" in den Briefkästen bekannter Linker und mehrerer Zeitungs- und Agenturredaktionen. Das Konzept sollte die Gründe der Gruppe um Baader, Meinhof und Ensslin für ihren Kampf darlegen: „Wir behaupten, dass ohne revolutionäre Initiative, ohne die praktische revolutionäre Intervention der Avantgarde, der sozialistischen Arbeiter und Intellektuellen, ohne den konkreten antiimperialistischen Kampf es keinen Vereinheitlichungsprozess gibt, dass das Bündnis nur in gemeinsamen Kämpfen hergestellt wird oder nicht, in denen der bewusste Teil der Arbeiter und Intellektuellen nicht Regie zu führen, sondern voranzugehen hat."

Vor allem aber bot das Papier Anschlussfähiges für die meisten Spielarten von Linken: Die Leistungen der Studentenbewegung wurden beschworen, der Freispruch des Ohnesorg-Todesschützen Karl-Heinz Kurras als Beispiel für „Klassenjustiz" attackiert, der Vietnamkrieg kritisiert und natürlich die „Springer-Presse" beschimpft. Offensichtlich sollte das „Konzept Stadt-Guerilla" möglichst viele potenzielle Anhänger ansprechen, um der selbsternannten Avantgarde eine Basis zu verschaffen: „Wir sagen nicht, dass die Organisierung illegaler bewaffneter Widerstandsgruppen legale proletarische Organisationen ersetzen könnte und Einzelaktionen Klassenkämpfe (…). Wir behaupten nur, dass das eine die Voraussetzung für den Erfolg und den Fortschritt des anderen ist."[20] Gezeichnet war das Papier zum ersten Mal mit einer Selbstbezeichnung der Gruppe und einem Logo: „Rote Armee Fraktion" und den Buchstaben „RAF" mit einer Maschinenpistole, einmal in einem fünfzackigen Stern und einmal ohne. Offenbar sollte dieser Name die „Avantgarde" in die weltweite revolutionäre Bewegung einordnen.[21] Mit den sowjetischen Streitkräften, die offiziell schon seit 1946 nicht mehr „Rote Armee" hießen, hatte die Bezeichnung nichts zu tun.

Rudolf Augstein ließ im *Spiegel* einen Auszug aus dem „Konzept Stadt-Guerilla" drucken – immerhin vier Spalten lang; die Redaktion wählte als Titel ein Zitat aus dem Pamphlet: „Wir schießen, wenn man auf uns schießt."[22] Andere Zeitungen durchschauten das vermeintliche begrenzte Gewaltbekenntnis: „Irritiert verfolgt der Bürger die dramatische Fortsetzungs-Story einer Gruppe von Menschen, die auf eine verstandesmäßig nicht mehr begreifbare Weise Politik und Kriminalität zu einem gordischen Knoten verknüpft", urteilte das *Hamburger Abendblatt*, und die *WELT* kommentierte: „Die politische Wirksamkeit dieser Fanatiker darf nicht überschätzt, sie darf aber auch nicht verharmlost werden. Sie haben dem Staat den Krieg erklärt."[23]

Bald forderte der „illegale bewaffnete Widerstand" die ersten Menschenleben. Am 15. Juli 1971 starb in Hamburg das RAF-Mitglied Petra Schelm.[24] Die erst 20 Jahre junge Frau hatte sich mit Baader, Meinhof und Ensslin in Jordanien in Guerilla-Taktiken ausbilden lassen. Als sie nun bei einer Großfahndung in Norddeutschland in eine Straßensperre geriet, versuchte sie zu flüchten und sich, als ihre Festnahme bevorstand, den Weg freizuschießen. Ein Polizist erwiderte in Notwehr das Feuer, nachdem er sie erfolglos zum Niederlegen ihrer Pistole aufgefordert hatte.

Rund drei Monate später, in der Nacht zum 22. Oktober 1971, tötete ein RAF-Mitglied ebenfalls in Hamburg den Zivilfahnder Norbert Schmid.[25] Wenige Tage nach dem Mord an Schmid entdeckte die Polizei nach Hinweisen aus der Bevölkerung in der Nähe des Tatortes im Hamburger Stadtteil Poppenbüttel eine Wohnung, die der Baader-Meinhof-Gruppe als Hauptquartier gedient hatte. Durch Fingerabdrücke und Fotos konnten als Nutzer zwei RAF-Mitglieder identifiziert werden, darunter Gudrun Ensslin, die als Untermieterin der fast unmöblierten zweieinhalb Zimmer aufgetreten war. Hauptmieter war der linksradikale Liedermacher Hannes Wader, der im Juli 1971 seine Wohnung der RAF-Anführerin überlassen hatte, die sich angeblich unter falschem Namen vorgestellt hatte. Während der kommenden Monate reiste Wader selbst per Anhalter durch Westeuropa. Ensslin richtete derweil in der Wohnung ein Waffenlager der RAF ein. Nach dem Mord an Norbert Schmid verließen mehrere junge Leute die Wohnung fluchtartig; zurück blieben mehrere Tausend Schuss Munition verschiedener Kaliber, ein umgebautes Schnellfeuergewehr und zwei Luftpistolen. Ferner fand die Polizei mehrere Metallrohre, die zur Herstellung von Sprengkörpern geeignet waren. Zwei Kartons mit Schwarzpulver sowie sogenanntem selbstlaboriertem Sprengstoff fanden die Beamten ebenfalls, einen Empfänger zum Abhören des Polizeifunks und mehrere Polizeiuniformen aus verschiedenen Bundesländern.[26]

Zwei Tage vor Weihnachten 1971 starb erneut ein Polizeibeamter durch die Schüsse zweier RAF-Mitglieder, diesmal im Westen der Bundesrepublik. Während mehrere Personen am 22. Dezember gerade eine Bank in Kaiserslautern ausraubten, fiel dem 32-jährigen Streifenpolizisten Herbert Schoner ein VW Bus auf, der mit laufendem Motor vor dem Geldinstitut im Halteverbot stand. Als er den Fahrer ansprach, schoss der sofort. Der zweifache Vater Schoner torkelte getroffen in die Bank und wurde hier von einem der Räuber, der hinter der Tür stand, durch eine Kugel in den Rücken getötet. Die Täter flüchteten mit fast 134.000 Mark Beute.[27] Der Kaiserslauterer Polizeipräsident gab kurz nach der Tat bekannt: „Es ist nicht auszuschließen, dass die Baader-Meinhof-Gruppe ihre Hände im Spiel hatte."[28] Daraus machte die *BILD*-Zeitung am folgenden Morgen die Schlagzeile: „Baader-Meinhof-Bande mordet weiter. Bankraub: Polizist erschossen."[29]

Der angesichts der Vorgehensweise der Räuber wohl begründete Verdacht bestätigte sich nach Weihnachten: In einer Wohnanlage knapp zwei Kilometer vom Tatort entfernt fand die Polizei eine Maske, die bei dem Überfall benutzt worden war, ein Pistolenmagazin mit der verwendeten Munition und die Fingerabdrücke des RAF-Mitglieds Klaus Jünschke.[30] Offiziell bekannt gegeben wurde dieser Ermittlungs-, wenn auch noch nicht Fahndungserfolg am 9. Januar 1972.

Nur einen Tag nach dieser Bestätigung erschien im *Spiegel* ein Essay des Schriftstellers Heinrich Böll mit der Überschrift: „Will Ulrike Gnade oder freies Geleit?" Es handelte sich um eine Polemik gegen *BILD* im Besonderen und den Axel Springer Verlag im Allgemeinen. Böll attackierte die angebliche „Demagogie" der sachlich völlig zutreffenden Berichterstattung vom 23. Dezember. In seinem Zorn verharmloste er die Ideologie der Baader-Meinhof-Gruppe als „Kriegserklärung von verzweifelten Theoretikern", deren „Theorien weitaus gewalttätiger klingen, als ihre Praxis ist". Die RAF sei nicht „so wahnwitzig wild und schießlustig", wie sie dargestellt werde. Es handele sich um einen „Krieg von sechs gegen 60 Millionen" – eine, so fuhr Böll ironisch fort, „tatsächlich äußerst bedrohliche Situation für die Bundesrepublik Deutschland. Es ist Zeit, den Notstand auszurufen". Dass zu dieser Zeit zwei Dutzend mutmaßliche RAF-Mitglieder steckbrieflich gesucht wurden und ein weiteres Dutzend in Haft saß, störte ihn nicht.[31] Der Schriftsteller sah das Problem im angeblich „fragwürdigen" Rechtsstaat, der in Wirklichkeit eine „gnadenlose Gesellschaft" sei. Sein Vorschlag fiel eindeutig aus: Ulrike Meinhof solle freies Geleit bekommen und Axel Springer wegen Volksverhetzung angeklagt werden.[32]

Es handelte sich um die bis dahin radikalste Sympathieerklärung eines prominenten Linken für die RAF – und sie war widerlegt, bevor sie erschien. Heftiger Protest von konservativer Seite folgte, doch erst ein Ordnungsruf des nordrhein-westfälischen SPD-Landesministers Diether Posser brachte Böll zur Besinnung. Drei Wochen nach seiner Polemik schrieb er abermals im *Spiegel*: „Die Wirkung meines Artikels entspricht nicht andeutungsweise dem, was mir vorschwebte: eine Art Entspannung herbeizuführen und die Gruppe, wenn auch versteckt, zur Aufgabe aufzufordern." Trotzdem wollte er weiterhin gleichermaßen Mitleid empfinden für die erschossenen Polizisten wie für Ulrike Meinhof, die Galionsfigur der RAF.[33]

Das Verständnis, das Heinrich Böll für Ulrike Meinhof gezeigt hatte, erboste den eifersüchtigen Andreas Baader. Er reagierte auf seine Weise und ließ der Nachrichtenagentur dpa in der Nacht vom 23. auf den 24. Januar 1972 einen getippten Brief zukommen, den er eigenhändig unterschrieben und mit seinem Daumenabdruck versehen hatte. Mit klar erkennbarem Bezug auf Bölls ersten Essay und eine Falschmeldung, er wolle aufgeben, schrieb er: „Ich denke nicht daran, mich zu stellen. Kein Typ von der RAF denkt daran, sich zu stellen." Doch die Hauptsache hatte Baader sich für den Schluss aufgehoben: „Die politisch militärische Strategie der Stadt-Guerilla reicht vom Widerstand gegen die Faschisierung der parlamentarischen Demokratie (...) bis zum Aufbau der ersten regulären Einheiten der Roten Armee im Volkskrieg. Der Kampf hat erst begonnen."[34]

Für Axel Springer eine unerhörte Entgleisung und eine Provokation. Nicht minder verärgert war der Verleger, dass der *Spiegel* neben Böll auch der RAF Anfang 1972 in mehreren Ausgaben Platz einräumte. So durfte Horst Mahler aus dem Gefängnis heraus in drei Spalten verkünden, wie man das existierende Gesellschaftssystem beseitigen wolle.[35] *Spiegel*-Herausgeber Rudolf Augstein setzte damit seine Kampagne aus der Zeit der Studentenunruhen fort – so sah es Axel Springer, der die *Spiegel*-Titelgeschichte über ihn als „Gefahr für Deutschlands Zeitungen" vom September 1967 nicht vergessen hatte.[36]

Die Blätter seines Verlages setzten sich mit dem Thema RAF auf ihre Weise auseinander – kritisch. Für ein Interview der *WELT* schickte Chefredakteur Herbert Kremp, wie seinerzeit üblich, vorab einige Fragen an CSU-Chef Franz Josef Strauß. In einer Frage zu den Sympathien linker Intellektueller für Baader-Meinhof ging es darum, ob Strauß eine Osmose zwischen Politik und Gewaltbereiten sehe.[37]

Auch intern wollte der Verlag auf dem Laufenden bleiben – aus gutem Grund, wie eine Erklärung von Claus Dieter Nagel, dem Leiter des Verlegerbüros, vom 28. Januar 1972 zeigt: Die „Drohungen gegen Leben, Gesundheit und Eigentum von Herrn Axel Springer" seien nicht abgerissen. Mehrfach hätten Polizei und Verfassungsschutz sein Büro über geplante oder mutmaßliche Aktionen gegen ihn informiert. Meist ging es um Entführung, was Axel Springer noch mehr fürchtete als eine direkte Konfrontation, wie Friede Riewerts wusste.[38] Laut Nagel rechneten Sicherheitsexperten damit, radikale Gruppen könnten in Axel Springer ein prominentes „Austauschobjekt" für den „inhaftierten Baader-Meinhof-Ideologen Mahler" sehen. Auch Attentate und Brandstiftung seien angedroht worden; daraufhin seien Sicherheitsvorkehrungen angepasst werden: Der Verleger werde nun ständig von Personenschützern begleitet, Termine blieben strikt geheim, bei Telefongesprächen herrsche äußerste Vorsicht. Axel Springer selbst hatte 1971 einen Waffenschein beantragt, der zu seinem Bedauern aufgrund der Viermächte-Vereinbarungen für West-Berlin, wo er sich oft aufhielt, nicht ausgestellt wurde. Drohungen seien zur Regel geworden, so Nagel abschließend.[39]

Dass Springers Sorge vor einer Entführung nicht übertrieben war, erwies sich Anfang 1972 beim Prozess gegen den Terror-Aussteiger Karl-Heinz Ruhland. Die 20-jährige Physikstudentin Beate Sturm, die sich ebenfalls von Baader-Meinhof losgesagt hatte, bestätigte in ihrer Zeugenaussage Gespräche in der Gruppe zur Frage, welche Prominente man entführen könne. Dabei sei man auf Franz Josef Strauß, Axel Springer und Bundeskanzler Willy Brandt gekommen. Die *WELT* zitierte Sturm: „Den Strauß würden wir ja ganz gern entführen, aber leider will ihn keiner wiederhaben; für Springer kriegen wir höchstens Geld; bei Brandt haben wir keinen Rückhalt in der Bevölkerung."[40]

Axel Springer war fest entschlossen, die Auseinandersetzung mit dem „Linkskartell", wie er immer wieder betonte, unvermindert fortzusetzen. Freuen konnte sich der Verleger, dass sein wenige Monate zuvor veröffentlichter Band „Von Berlin aus gesehen. Zeugnisse eines engagierten Deutschen" mit Reden aus den Jahren 1967 bis 1971 viel Zuspruch fand. Das verstärkte Springers Präsenz in der politischen Debatte. Wie als Bestätigung veröffentlichte das Wickert-Institut für Meinungsforschung eine repräsentative Umfrage über die Bekanntheit von Prominenten verschiedener Branchen, in der Axel Springer in der Kategorie Medienschaffende den ersten Platz belegte: 96 Prozent der Befragten konnten mit seinem Namen etwas anfangen; Rudolf Augstein kam nur auf 74 Prozent. Interessanterweise gaben in derselben Umfrage 46 Prozent an, Springers politische Meinung zu teilen, nur 20 Prozent lehnten sie ab.[41]

Typisch für seine Gegner war ein Pamphlet, in dem der SPD-Unterbezirk Bonn am 11. Januar 1972 zum Boykott der Zeitungen des Verlages aufgefordert hatte. Wer der Politik von Brandt zustimmte, dürfe keine Springer-Zeitungen mehr an Kiosken kaufen und müsse seine Abonnements kündigen. Mit Bezug auf die Studentenunruhen zu Ostern 1968 hieß es weiter: „Ein paar eingeschlagene Fensterscheiben oder umgeworfene Lastwagen sind für Axel Cäsar Springer und seine Mitarbeiter keine Argumente, die Eindruck, sondern höchstens Werbung machen. Wenn es aber um den Umsatz geht, dann spürt das auf die Dauer selbst Springer. Lasst die Finger von *BILD* und sorgt dafür, dass der Absatz von *BILD AM SONNTAG* und *WELT AM SONNTAG* noch weiter sinkt und die Inserate in *DIE WELT* noch weniger werden, dann wird auch der Gestank, der aus diesen Blättern quillt, bedeutungslos. Und diese Art des Handelns können wir alle betreiben."[42]

Weiter aktuell war Anfang 1972 eine mögliche Begrenzung der publizistischen Tätigkeit. Die SPD hatte den Entwurf eines Presserechts-Rahmengesetzes vorgestellt, den Axel Springer ins Zentrum seiner Rede vor den 1500 Teilnehmern einer Unternehmertagung in Düsseldorf am 21. März stellte, darunter der Präsident der Bundesvereinigung der Deutschen Arbeitgeberverbände, Otto A. Friedrich und sein Vize Hanns Martin Schleyer. Sollte der Entwurf Gesetz werden, käme das einer „Amputation" verlegerischer und damit auch unternehmerischer Rechte gleich, sagte er. Dem Verleger solle nicht mehr erlaubt sein, den Redaktionen seiner Zeitungen Richtlinien für die publizistische Behandlung bedeutsamer Fragen zu geben – „eine schlichtweg aberwitzige Vorstellung für jeden Verleger", der seine Verantwortung ernst nehme. Zudem hielt Springer das für verfassungswidrig, denn der Verleger wäre dann nur noch ein entmündigter Kaufmann.

Besonders verärgerte ihn, dass der Gesetzesentwurf nicht der „Utopie lebensfremder Weltverbesserer" entsprungen, sondern ein Vorhaben der Regierungsparteien war. Für Springer war dies der Beleg, dass die radikalen Parolen der Außerparlamentarischen Opposition (Apo), die fünf Jahre zuvor auf den Straßen gebrüllt worden waren, in die Politik Eingang gefunden hatten. Gemeint war vor allem jenes „Enteignet Springer", mit dem ein einzelner Unternehmer in seinem Wirken beschnitten werden sollte – ohne jede gesetzliche Grundlage, „so, wie das nach kommunistischen Umstürzen oder auch nach der nationalsozialistischen Machtergreifung möglich gewesen ist". Diese Forderung habe im Übrigen auch „die inzwischen wegen zahlreicher Delikte steckbrieflich gesuchte Bandenführerin Ulrike Meinhof" erhoben und die Frage „Warum er?" so beantwortet: „Weil jeder Versuch der Redemokratisierung dieses Landes, der Wiederherstellung von Volksherrschaft (…), wo Springer so groß und stark ist, wie er ist, an Springer scheitert, scheitern muss." Übersetze man diesen Revolutionsjargon in Alltagsdeutsch, so der Verleger vor seinen Unternehmer-Kollegen, seien seine Zeitungen ein Hindernis auf dem Weg zur Veränderung der gesellschaftlichen Ordnung der Bundesrepublik. Inzwischen seien die lauten Stürme zwar abgeklungen. Horst Mahler sitze als mutmaßlicher Rädelsführer einer kriminellen Vereinigung hinter Schloss und Riegel, und ein krimineller Kern der ehemaligen Apo friste als Baader-Meinhof-Bande oder als Rote Armee Fraktion ein Leben im Untergrund. Doch Axel Springer warnte: Es wäre ein Trugschluss zu glauben, damit sei die Kampagne gegen ihn, seine Zeitungen und damit im weiteren Sinne gegen die freie Presse als Ganzes beendet. „Täuschen wir uns nicht: Heute liegt in den Schubladen von Politikern der Sprengstoff, der noch vor ein paar Jahren an die Fundamente von Verlagsgebäuden gelegt werden sollte. Und der Sprengstoff der Gesetze kann weit wirksamer sein, als es die oft kindischen Versuche der Revoluzzer vergangener Tage waren." Axel Springer konnte sich offensichtlich nicht vorstellen, dass die „Revoluzzer" tatsächlich zu Sprengstoff greifen würden.

Mit seinem Vortrag suchte der Verleger Verbündete. Er sei zu einer negativen Symbolfigur geworden, stellvertretend „für unser Gesellschaftssystem, aber ebenso für das System der freien, privatwirtschaftlich betriebenen Presse. Man sagte Springer und meinte das ganze Pressewesen." Dabei habe er mit seinem Verlag „bestenfalls eine energische Stimme auf dem Marktplatz der Medien, keinesfalls aber eine Vorherrschaft, ein Monopol, „oder wie die schmückenden Beiwörter sonst heißen mögen". Zum Schluss appellierte Axel Springer an alle Unternehmer, den Trends staatlicher Einflussnahme per Gesetz zu widerstehen, denn die angestrebten Veränderungen im Pressewesen würden Auswirkung auf das Unternehmertum an sich haben; man müsse daher die freie und soziale Marktwirtschaft gemeinsam verteidigen: „Lassen wir uns diese Freiheit nicht rauben."[43]

Der Winter 1971/72 hatte an Axel Springers Kräften gezehrt. Die Bedrohung durch die RAF, der politische Druck und der eskalierende Streit um die Ostpolitik der sozialliberalen Koalition, die Springer ebenso wie große Teile der CDU/CSU-Opposition kategorisch ablehnte, hatten ihm zu schaffen gemacht. Endlich wollte er einen länger geplanten und immer wieder verschobenen Erholungsurlaub antreten. Aufbruch war am 1. Mai, dem Tag vor Axel Springers 60. Geburtstag, den er nicht öffentlich feiern wollte. Denn er konnte sich denken, wie die Berichterstattung ausfallen würde – und sollte Recht behalten. Zwar gab es viel Lob für seinen verlegerischen Weitblick und sein Eintreten für Freiheit, aber auch die erwartbare Kritik. So berichtete das *Handelsblatt,* dass Vertreter des Marxistischen Studentenbundes Spartakus (MSB) neue Kampagnen gegen Axel Springer angekündigt hatten, denen sich auch die Jungsozialisten der SPD anschlossen. Sie forderten die „Beseitigung der privaten Verfügungsgewalt der Verleger durch Vergesellschaftung ihres Eigentums".[44] Die *Frankfurter Allgemeine* widmete sich dem Seelenheil des Verlegers. Er, aber ebenso die Mitarbeiter seines Verlages seien Verleumdung, Polemik, Verteufelung und Rufmord ausgesetzt; die Folge sei Müdigkeit. Springer sei seines „unablässig von harter Kritik begleiteten Alleingangs" überdrüssig.[45]

Verständnis für die „Flucht" Springers vor seinem Geburtstag zeigte Hans Eberhard Friedrich, der Vorsitzende der Axel Springer Stiftung. Bereits zu Ostern hatte er vorsorgliche Glückwünsche gesandt, „weil Du sicher verreisen wirst". Der Freund fand Worte des Zuspruchs: „Die massierten Pöbeleien, die im Augenblick wieder einmal im Schwange sind, irritieren Dich hoffentlich überhaupt nicht." Friedrich fuhr fort, er frage systematisch bei Taxifahrern, Apothekern und Buchhändlern, aber auch bei Studenten und Professoren nach – und höre dort im Prinzip stets: Es gebe nur einen Mann, der kritisch den Mund gegen den Modetrend aller Art zu öffnen wage und für die Freiheit der Meinungsbildung durch sein eigenes Verhalten einstehe: Axel Springer. Friedrichs Brief hatte geendet: „Die Meinungen mögen sonst divergent sein, wie sie wollen, in der Hochachtung vor Dir und in der Verachtung der Anpöbler stimmen sie überein."[46]

Am 1. Mai ließ Axel Springer das alles hinter sich. Zuvor hatte er einen Aufruf „An alle Deutschen" unterschrieben, der gegen die Ostverträge gerichtet war und am 3. Mai veröffentlicht wurde. In den folgenden Tagen genoss er den Törn auf seiner Segelyacht „Schierensee" durch die Ägäis, begleitet von Friede Riewerts und seinem engen Freund Pierre Pabst. Während die anderen beiden die Zeit meist an der frischen Mittelmeerluft verbrachten, blieb Axel Springer oft unter Deck, um zu lesen – vor allem religiöse Literatur. Als seine Lebensgefährtin ihn darauf aufmerksam machte, dass sie bald das griechische Eiland Patmos passieren würden, hatte er die passende Lektüre parat. Nach Patmos waren Urchristen verbannt worden, unter ihnen jener Johannes, dessen „Offenbarung" das letzte Buch des Neuen Testaments bildet. Der Überlieferung nach empfing Johannes in einer Grotte auf der Insel seine Vision der Apokalypse. Als Friede Riewerts wieder zu Axel Springer kam, meinte dieser begeistert: „Patmos, da müssen wir hin."[47]

Zu Hause kümmerten sich indessen Springers Vertraute um die Geschäfte – und auch um die eintreffende Geburtstagspost. Sein politischer und publizistischer Berater Ernst Cramer bedankte sich stellvertretend mit dem Zusatz, dass Axel Springer im Urlaub sei und erst Ende des Monats wieder in Deutschland sein werde, „wenn politische Entwicklungen ihm keinen Strich durch die Rechnung machen", wie es im Brief an den früheren Bundeskanzler Ludwig Erhard hieß. In anderen Schreiben wählte Cramer die Formulierung, der Verleger bleibe einige Wochen fort, „wenn keine unvorhergesehenen Entwicklungen eintreten", oder augenzwinkernd gegenüber Franz Josef Strauß: „... es sei denn, er hielte es so weit vom Schuss nicht so lange aus."[48]

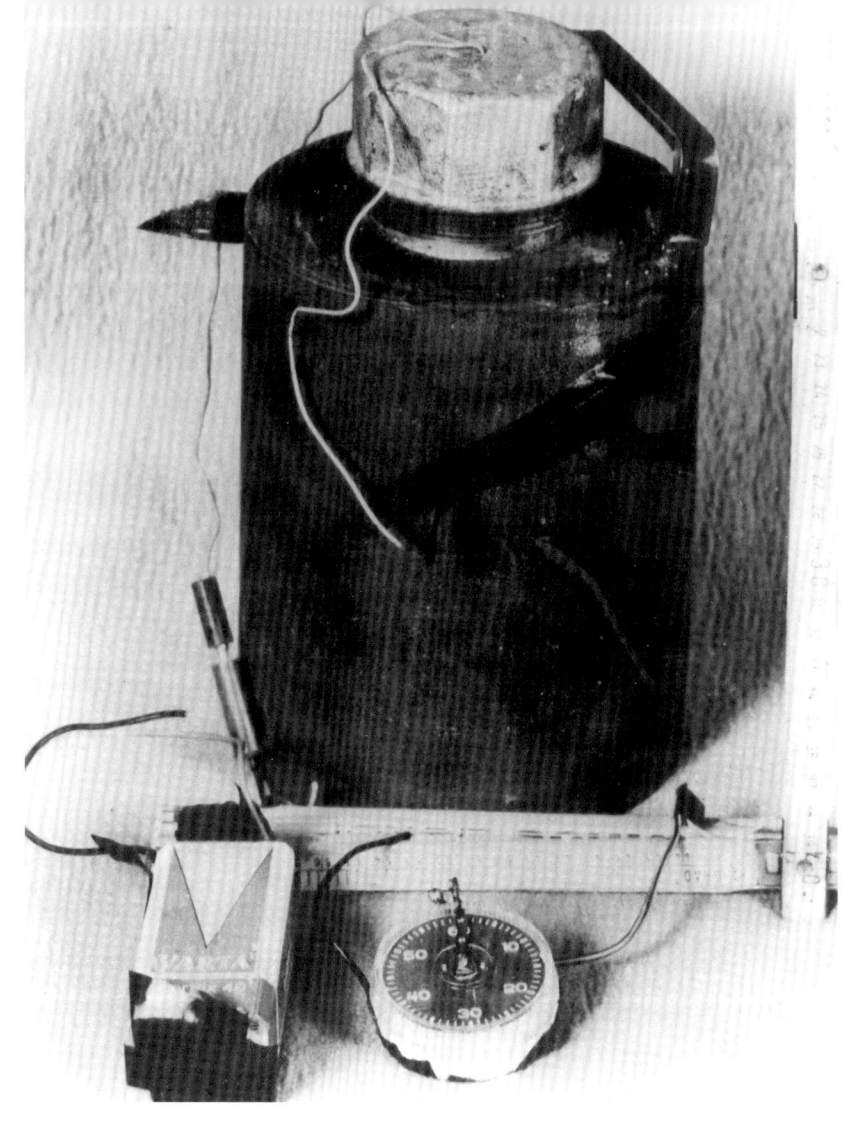

Eine Rohrbombe der RAF aus der Mai-Offensive von 1972,
die nicht gezündet hat.

Aufrüstung

Seit der Entdeckung der konspirativen Wohnung in Hamburg-Poppenbüttel Ende Oktober 1971 verfügte die RAF über kein einigermaßen sicheres Hauptquartier mehr. Zwar konnte die Gruppe weiterhin auf genügend Unterschlupfe zugreifen, diese wurden aber meist mit gefälschten Papieren gemietet oder von Sympathisanten kurzfristig zur Verfügung gestellt – beides erhöhte die Gefahr, bei Fahndungen aufzufallen. Allein in West-Berlin fand die Polizei 1971/72 mindestens 15 von RAF-Mitgliedern genutzte Wohnungen, in Hamburg elf, in Frankfurt sieben und in Stuttgart sechs. Was jedoch fehlte, war eine von einer politisch unverdächtigen Person ganz offiziell gemietete und bezahlte Wohnung, vorzugsweise in einem großen und daher anonymen Haus. Sie sollte über eine Tiefgarage idealerweise mit Aufzug verfügen, verkehrsgünstig liegen und nicht einsehbar sein. Als geeigneter zentraler Ort erschien Baader Frankfurt am Main. Von hier aus wollte er den „Volkskrieg" beginnen.[1]

Am 6. Januar 1972 kam das RAF-Mitglied Thomas Weisbecker in einer Mensa der Frankfurter Universität mit dem Diplompsychologen Wolfgang P. ins Gespräch. Der 31-Jährige lebte in Esslingen und war im Arbeitsamt der benachbarten Stadt Göppingen angestellt, wollte aber in absehbarer Zeit nach Frankfurt umziehen, hatte sich daher schon nach Wohnungen umgesehen und eine passende gefunden, die ihm allerdings zu teuer war, um sie gewissermaßen auf Verdacht hin zu mieten. Für Weißbecker, der sich als „Dieter" vorgestellt hatte, eine ideale Gelegenheit: Er schlug vor, dass P. doch schon jetzt die Wohnung mieten könne. Bis er selbst einziehe, würden dort Anhänger der „Black-Panther"-Bewegung unterkommen; zu dieser Zeit desertierten mit ihrer Hilfe zahlreiche in den USA wehrpflichtige junge Männer und bereits in Westeuropa stationierte amerikanische Soldaten, um nicht in den Vietnamkrieg geschickt zu werden. „Dieter" versprach, die Miete und alle weiteren Kosten zu übernehmen; man werde den Betrag regelmäßig bar in den Briefkasten von Wolfgang P.'s Wohnung in Esslingen werfen.[2] Der Psychologe willigte ein und unterschrieb bald darauf den Mietvertrag für die Wohnung Nummer 6 im vierten Stock des Hochhauses Inheidener Straße 69, einem „Maklertraum", wie die *Zeit* schrieb, gelegen „im teuren Mietgetto für soziale Aufsteiger". Der moderne Block mit 18 Etagen und 144 Wohnungen im nordöstlichen Frankfurter Stadtviertel Bornheim, „drei Kilometer vom Stadtkern entfernt, in bester Lage und mit herrlichem Blick durch Isolierverglasung", entsprach sämtlichen Anforderungen, die ein konspiratives Hauptquartier erfüllen musste.[3]

Noch im Januar 1972 zogen Andreas Baader, Gudrun Ensslin, Jan-Carl Raspe und Holger Meins in die Drei-Zimmer-Wohnung ein; da das Entscheidungszentrum der RAF, die „Front", stets dort lag, wo Baader sich aufhielt, war die Inheidener Straße fortan das Hauptquartier der Gruppe.[4] Die Wohnung kostete warm neun Mark pro Quadratmeter Miete, insgesamt 680 Mark pro Monat, dazu war eine Kaution von 2.500 Mark zu hinterlegen; der Makler nahm zusätzlich exakt 999 Mark.[5] Es handelte sich also um ein ziemlich teures Quartier, bekam doch zum Beispiel ein Grundschullehrer monatlich ein Gehalt von gerade einmal 1.560 Mark brutto. Doch an Geld hatte die RAF keinen Mangel, Bares war aus Banküberfällen wie in Kaiserlautern (Beute: fast 134.000 Mark) und danach am 21. Februar 1972 in Ludwigshafen (280.000 Mark) hinreichend vorhanden. Im Supermarkt im Nachbarhaus jedenfalls fiel zwei Mitarbeiterinnen der Fleischbedienungsabteilung zwischen März und Mai wiederholt eine Frau auf, die mindestens ein halbes Dutzend Mal „besonders teure Wurst in größeren Mengen" kaufte. Im Nachhinein identifizierten sie beide anhand vorgelegter Fotos Gudrun Ensslin.[6]

Verteilt über das Frankfurter Stadtgebiet, nämlich in der Raimundstraße, der Wiener Straße und der Bergstraße, sowie in den Vororten Offenburg, Heusenstamm und Bad Homburg organisierten Sympathisanten der RAF sechs weitere konspirative Wohnungen als Stützpunkt und Lager für weitere Gruppenmitglieder, die hauptsächlich in anderen Städten aktiv waren und nur gelegentlich nach Frankfurt reisten. Ebenfalls als Lager und zum Unterstellen gestohlener Autos standen in Frankfurt drei Garagen zur Verfügung: im Hofeckweg, im Marbachweg und in der Ginnheimer Landstraße. Alle Unterschlupfe erhielten Decknamen, die auch die entsprechenden Schlüsselanhänger markierten. Manche der konspirativen Wohnungen konnten später durch die Nummern auf sichergestellten Sicherheitsschlüsseln gefunden werden, andere durch Hinweise aufmerksamer Nachbarn oder Vermieter.

Für die geplante Serie von Bombenanschlägen war neben den Unterkünften aber noch mehr notwendig: natürlich Sprengstoff und Sprengkapseln, außerdem Material für den Bau von Zeitzündern, ferner stabile Bombenhüllen, die einerseits eine zu schnelle Verpuffung der Detonationsgase verhindern und andererseits durch Splitter sowie beigemengte Metallkugeln die tödliche Wirkung erhöhen sollten. All das musste in entsprechend großen Mengen und trotzdem unauffällig beschafft werden. Andreas Baader organisierte eine arbeitsteilige Logistik, um diese Aufrüstung durchzuführen; bis dahin nämlich verfügte die RAF vor allem über Pistolen und wenige Gewehre meist vom Schwarzmarkt, nicht aber über Waffen für größere Attentate.

Sprengstoff ließ sich aus mehr oder minder handelsüblichen Rohstoffen zusammenmixen, sofern man die genaue Zusammensetzung der explosionsfähigen Mischung kannte. Baader wollte sich absichern und daher zweigleisig fahren. Die eine Rezeptur stammte aus dem 1969 als Untergrunddruck in den USA erschienenen *Anarchist Cookbook*.[7] Meins, Ensslin oder Raspe hatten ein Exemplar davon organisiert und den interessanten Teil des Textes übersetzt; zudem hatte Raspe ein Lehrbuch über technisch angewandte Chemie aus einer Universitätsbibliothek mitgehen lassen.[8] Das andere Rezept war Baader noch vage aus seiner Ausbildung im palästinensischen Camp in Jordanien im Sommer 1970 bekannt, jedoch nicht mehr im Detail. Also wies er Brigitte Mohnhaupt und Bernhard Braun an, die beiden Statthalter der Gruppe in Berlin, „über den Rechtsanwalt Ströbele dieses Rezept aus Jordanien zu beschaffen", wie der Kronzeuge Gerhard Müller aussagte. Hans-Christian Ströbele, ehemaliger Mitarbeiter des seit September 1970 einsitzenden RAF-Mitgründers Horst Mahler, war 1971/72 dessen Verteidiger. Details des Auftrages erfuhr Müller nicht: „Ob das jetzt aber in der Form geschehen sollte, dass Herr Ströbele zu Mahler geht und das aus seinem Gedächtnis holt oder ob das so vor sich geht, dass der Herr Ströbele seine Akten durchguckt und dort das Rezept raussucht, das kann ich nicht sagen."[9] Jedenfalls kam nach kurzer Zeit eine maschinengeschriebene Notiz mit der Zusammensetzung aus Berlin in der Inheidener Straße an; sie wurde dort später von der Spurensicherung gefunden. Für eine Verurteilung Ströbeles wegen Beihilfe zu den Sprengstoffanschlägen war diese, nicht durch weitere Beweise gestützte Aussage Müllers allerdings zu dünn.[10] Zumal Baader die übermittelte Rezeptur nach einem offenbar nicht ganz befriedigenden Sprengversuch leicht verändert hatte, dokumentiert durch ebenfalls sichergestellte handschriftliche Berechnungen.[11]

Hauptverantwortlich für die Beschaffung der benötigten Chemikalien wurde Gerhard Müller: Er bestellte bei verschiedenen Lieferanten insgesamt etwa eine halbe Tonne Ammoniumnitrat, 250 Kilogramm Kaliumnitrat, jeweils mehrere Zentner Aluminium und rotes Bleioxid in Pulverform, außerdem kleinere Mengen Schwefel, Holzkohle und Sägemehl. Ferner kaufte er Quecksilber, Schwefelsäure, Weingeist und Salpetersäure, um Knallquecksilber herzustellen.[12] Dabei benutzte Müller verschiedene Legenden. So gab er sich in Hamburg mit einem gefälschten Schreiben als Mitarbeiter des Norddeutschen Rundfunks aus, der „200 Kilo Alu-Pulver für eine Science-Fiction-Filmdekoration" zu beschaffen hatte.[13] Ein anderes Mal, in Stuttgart, wies er eine selbstgeschriebene Bestellung für Quecksilber auf einem Briefbogen mit dem Kopf der Universität Tübingen vor; Gudrun Ensslin hatte einige Exemplare besorgt.[14] In Frankfurt-Hoechst kaufte Müller bei einer Möbelfabrik Holzmehl, im Westend in einer Drogerie Holzkohle. Stets holte er bei den Händlern die jeweils einzeln nicht allzu verdächtigen Bestellungen persönlich ab, meist mit einem grauen Lieferwagen, und zahlte bar; nur beim Quecksilber half ihm zumindest einmal Angela Luther, ein anderes Mitglied der Gruppe. Den größten Teil der Rohstoffe schaffte Müller nach und nach mit dem Aufzug in die Wohnung im vierten Stock der Inheidener Straße.

Dort standen in großer Zahl Gerätschaften zur Weiterarbeitung der im Lieferzustand ungefährlichen Chemikalien bereit. Das Ammonium- und das Kaliumnitrat mussten fein gemahlen werden, weil sie in der gelieferten Form zu grob waren, um zu einem zündfähigen Pulver gemischt zu werden. Dazu kauften Müller und mehrere RAF-Mitglieder zahlreiche Kaffeemühlen, die jedoch beim Zerkleinern der Chemikalien schnell verschlissen und daher regelmäßig ersetzt werden mussten – eine Reparatur wäre auffällig gewesen.[15] Weil bei der improvisierten Zerkleinerung so großer

Mengen von Nitraten außerdem gefährlicher Staub entstand, bastelte entweder Jan-Carl Raspe oder Andreas Baader eine Vorrichtung, die aus einem Eimer mit Deckel bestand, in den eine Kaffeemühle eingesetzt war.[16] Wegen des hohen Verschleißes an Kaffeemühlen mussten neben Müller auch Ensslin und Raspe Ersatz kaufen, offenbar in Frankfurter Kaufhäusern; Baaders Versuch, aus Messern für Standmixer und einer Bohrmaschine eine leistungsfähigere Mühle zu basteln, misslang.

Nach dem Feinmahlen wurden die Chemikalien im notwendigen Verhältnis abgewogen und dann gemischt – mit Handrührgeräten in Plastikwannen oder mit einem in die Bohrmaschine eingespannten Schneebesen. Gemahlen und gemischt wurde der Sprengstoff von allen vier Bewohnern der Inheidener Straße, also von Baader, Raspe, Ensslin und Meins.[17] Die fertigen Pulver kamen in Eimer und Säcke; dann wurden sie teilweise in der Inheidener Straße, teilweise in den Garagen im Hofeckweg und der Ginnheimer Landstraße bis zum Abfüllen zwischengelagert. Die Gefahr einer Verpuffung durch äußere Einflüsse hielt Baader offensichtlich für vernachlässigbar.[18]

Hergestellt wurden nach den beiden Rezepten, jenem aus dem *Anarchist Cookbook* und dem angepassten aus Jordanien, zwei explosionsfähige Mischungen. Der „graue" Sprengstoff bestand aus Ammoniumnitrat, Kaliumnitrat sowie kleineren Anteilen an Schwefel, Holzkohle und Sägemehl, wog je nach Mahlgrad etwa 650 Gramm pro Liter Volumen und galt als besonders effektiv.[19] Selbstlaborate dieser Art waren schon bei verschiedenen kleineren Anschlägen anderer linksextremer Gruppen verwendet worden. Die zweite, „rote" Mischung dagegen kannten die Ermittlungsbehörden bis dahin nicht. Sie bestand aus Ammoniumnitrat, rotem Bleioxid und Aluminiumpulver sowie kleinen Mengen Kaliumchlorat und Zucker; das Gewicht betrug vor allem wegen des schweren Bleis 1.100 bis 1.200 Gramm pro Liter Volumen.[20]

Wohl schon vor Beginn der Chemikalienbestellung hatte die Beschaffung der Bombenhüllen begonnen. Geeignet waren einerseits handelsübliche Propangas- sowie Pressluftflaschen mit ihren dicken Stahlwänden, ferner aus handelsüblichen Heizungsbauteilen angefertigte Behältnisse sowie zugeschweißte Geldkassetten. Doch andererseits wollte Baader auch kleinere Hüllen, die ein Bombenleger unauffällig in einer Tasche bei sich tragen konnte. Daher schickte er Meins und Raspe los, um einen Hersteller für die benötigten Metallhüllen zu finden. Fündig wurde Meins, der unter dem Decknamen „Erwin" auftrat, beim „Studio Metall" des Frankfurter Handwerkers Dierk Hoff. Meins behauptete, realistisch aussehende Bombenattrappen für eine Kinoproduktion zu benötigen; es gehe um Requisiten für einen Revolutionsfilm, der selbstverständlich nicht in der Bundesrepublik, sondern in Südamerika spiele, erklärte „Erwin".[21] Hoff nahm den Auftrag an.

Er fertigte für ein Gesamthonorar von 3.500 Mark mehr als zwei Dutzend Metallhüllen in verschiedenen Größen, teilweise aus eigenem Material, teilweise aus im Baustoffhandel beschafften Vorprodukten für den Heizungsbau, sogenanntem Halbzeug.[22] Die wichtigsten Typen waren erstens die Rohrbomben aus rund 20 Zentimeter langen Stücken eines 159 Millimeter durchmessenden Rohres mit einer Wandstärke von acht bis neun Millimetern. Hoff hatte beide offenen Seiten zugeschweißt: unten mit einem flachen Boden und oben mit einem Deckel, in dem ein zuschraubbares Gewinde von zweieinhalb Zoll Durchmesser saß; von dieser Konstruktion baute er wenigstens sieben Stück. Zweitens schweißte Hoff mindestens neun Bomben aus jeweils zwei Halbschalen von etwa 160 Millimeter Länge und 100 Millimeter Breite zusammen, aus deren einer Seite ein verschließbares Gewinde von eineinviertel Zoll ragte. Die Polizei gab dieser Konstruktion des Aussehens wegen den Namen „Feldflaschenbomben". Zwei davon waren mit Magneten versehen, so dass man sie unter ein Auto heften konnte. Der dritte Typ, von dem Hoff drei oder mehr herstellte, waren Handgranaten: kleinere Stahlrohrstücke, an deren einem Ende ein Eineinviertel-Zoll-Gewinde mit einer Schraubkappe festgeschweißt war, am anderen Ende ein Bügel mit Verbindung zu einer mechanischen Verzögerungszündung im Inneren.[23]

Ferner baute Dierk Hoff eine „Baby-Bombe", angeblich der Clou für den geplanten Film. Es handelte sich um eine Metallhalbkugel, die gefüllt mit dem weniger dichten grauen Sprengstoff 2,7 Kilogramm schwer war; daran befestigt waren Gurte. Diese Konstruktion sollte sich eine „Frau vor den Bauch hängen mit den Tragegurten und damit eine Schwangerschaft vortäuschen, in ein Gebäude reingehen und die dann dort ablegen", beschrieb Gerhard Müller den dahinter stehenden Gedanken: „Und das würde ja auffallen, wenn da plötzlich eine Schwangere reingeht und eine andere wieder rauskommt, deshalb war da ein aufblasbarer Ball angebracht, der eben den Schein einer Schwangerschaft aufrechterhält."[24] Zum Einsatz kam die „Baby-Bombe" nicht, vielmehr wurde sie in der Wohnung im Hochhaus Inheidener Straße sichergestellt.

Als Hoff zusätzlich ein scharfes Gewehr umbauen sollte, wurde er endlich stutzig. Das seltsame Verhalten von Meins alias „Erwin" und seine sehr speziellen Wünsche, die Tatsache, dass er offenbar stets bewaffnet war und verschwand, als ein anderer Kunde das „Studio Metall" betrat, dass sich mehrfach ein zweiter Mann in der Nähe aufhielt und aufpasste, wenn „Erwin" in der Werkstatt war: All das schien dem erst 22-Jährigen verdächtig. Hoff verlangte zu wissen, mit welchem „Verein" er es wirklich zu tun habe – und bestätigte damit unwissentlich Vorbehalte, die Andreas Baader ihm gegenüber gehabt hatte: Laut Müller hielt dieser den „Pfirsich", so der für Hoff erdachte Tarnname, überhaupt für ein Sicherheitsrisiko und auch für einen Typ, der ihm nicht passte.[25]

Zum nächsten Treffen brachte „Erwin" seinen Freund „Lester" mit, der bisher Schmiere gestanden hatte – Jan-Carl Raspe. Einer der beiden zog, als Hoff drohte, die Polizei zu informieren, eine Pistole: „Das ist hier kein Spaß! Aussteigen oder Polizei ist nicht." Letzte Zweifel Hoffs räumte „Lester" wenige Tage später aus, als er ein Heft mit Texten der RAF in die Werkstatt mitbrachte und sagte: „Nun mal reinen Tisch, das hier ist von uns."[26] Spätestens jetzt wusste Hoff, mit wem er sich eingelassen hatte – und machte dennoch weiter. Meins erstattete zufrieden Bericht, dass „eben der ‚Pfirsich' wieder funktionieren würde", erinnerte sich Gerhard Müller, der den Wagen fuhr, mit dem die fertigen Bombenhüllen schließlich abgeholt und in die Inheidener Straße gebracht wurden.[27]

Doch Baader wollte für die geplanten Anschläge nicht völlig abhängig von dem Metallbildner Hoff sein – und brauchte für größere Anschläge noch Hüllen für stärkere Bomben. Ideal dafür waren wieder auffüllbare Flüssiggasflaschen mit ihren stabilen Stahlhüllen – man musste das enthaltene Propan nur entweichen lassen, sie mit Sprengstoff und Zündern füllen sowie das Ventil absägen – für die elektrische Zündschnur: Schon hatte man eine gefährliche Waffe. Auf einer Fahrt nach Stuttgart waren Baader auf einer Baustelle nahe der Autobahn Propanflaschen aufgefallen, die unbeaufsichtigt herumstanden: „Die könnte man holen." Mit einem VW-Pritschenwagen fuhren Meins, Müller und er los; vor Ort traten sie als Mitarbeiter der Straßenbaufirma auf und entwendeten zwölf dickwandige Behältnisse für jeweils elf Kilogramm Propan. Anschließend verwüsteten sie die Baustelle, um „den Anschein zu erwecken, dass hier eben zerstörungswütige Jugendliche am Werk gewesen seien".[28] Außerdem stahlen sie noch auf einer Baustelle in Nürnberg drei weitere, noch größere Flaschen für jeweils 33 Kilogramm Gas.

Einfach im Baustoffhandel erworben wurden 200 Millimeter lange, knapp 60 Millimeter durchmessende Stahlrohre, die beidseitig mit Schraubgewinden versehen waren. Es handelte sich wie bei den passenden Schraubkappen um Standardmaterial für den Heizungsbau. Eine der Kappen wurde für die Zünddrähte durchbohrt, dann verbanden die Bombenbastler jeweils zwei dieser „Nippelbomben" mit Klebeband zu einer einfachen Doppelrohr-Bombe, die mit einem gemeinsamen Zünder zur Explosion gebracht werden konnte.[29] Gefüllt mit einer Mischung aus rotem und grauem Selbstlaborat sowie für Lager hergestellten Stahlkugeln, waren die Bomben klein und leicht, aber gleichzeitig gerichtet gegen Menschenansammlungen äußerst gefährlich. Mindestens drei davon wurden in der Inheidener Straße hergestellt.

Als weitere Alternative zu den Bombenhüllen von Dierk Hoff wollte Baader auch aus zugeschweißten handelsüblichen Geldkassetten Behältnisse für Sprengstoff machen. Dafür kaufte Gerhard Müller in der Frankfurter Neckermann-Filiale in der Hobbyabteilung ein kleines Schweißgerät, dass offenbar der RAF-Anführer selbst benutzte.[30] Mindestens vier derartige Bombenhüllen wurden fertig und mit „rotem" Sprengstoff gefüllt; allerdings verwendete die RAF keine davon bei den Anschlägen. Mehrere weitere, noch unbearbeitete Geldkassetten wurden im Juli und August 1972 in Bad Homburg sichergestellt.[31]

Sprengstoff und Bombenhüllen waren im Frühjahr 1972 in Arbeit, doch noch fehlten zwei wesentliche Teile: die Zünder und die Zeitschaltungen, um sie auszulösen. Eigentlich hatte Baader vorgehabt, die hochempfindlichen Zünder aus Aluminiumröhrchen und Knallquecksilber selbst zu basteln. Ihre kleinen Detonationen sollten die wesentlich stärkeren, aber auch unempfindlicheren Hauptladungen zur Explosion bringen.

Doch dann fanden, der Aussage des Kronzeugen Gerhard Müller zufolge, Ulrike Meinhof und das RAF-Mitglied Klaus Jünschke auf der Suche nach einem geeigneten Platz für Schießübungen zufällig einen Steinbruch mit auffallend schlecht gesichertem Lager.[32] Hier in Oberaula nordöstlich von Frankfurt gelang es Mitgliedern der RAF oder unbekannten Sympathisanten in der Nacht vom 2. auf den 3. April 1972, gewerbliche Sprengkapseln in großer Zahl und hochbrisante Sprengschnüre zu entwenden.[33] Das industriell hergestellte Material war natürlich viel zuverlässiger als improvisierte Initialzünder aus selbsthergestelltem Knallquecksilber.

Nun brauchte die Gruppe nur noch Verzögerungsschaltungen. Um sie zu bauen, kauften RAF-Mitglieder in verschiedenen Kaufhäusern in Frankfurt und Stuttgart sowie in mindestens einem Haushaltswarengeschäft etliche Wecker und Küchenuhren sowie spezielle 50-Volt-Batterien des Typs Varta Pertrix 49.[34] Daraus bastelten wohl Raspe und Baader Zeitschaltungen mit in der Regel 60 Minuten Verzögerung, indem sie einen Kontakt auflöteten. Dieser schloss über den Minutenzeiger einen Stromkreis, der die Batterie mit den gewerblichen Zündern verband und zur Explosion brachte. Bei zwei der vorbereiteten Bombentypen waren andere Zündmethoden vorgesehen: Die beiden mit Magneten ausgestatteten „Feldflaschenbomben" bekamen Kabel, die mit Klemmen an einen externen Stromkreis angeschlossen werden konnten und so durch einen Impuls von außen auslösen würden. Sie waren von vorneherein als Autobomben konzipiert, die zwischen Batterie und Anlasser geschaltet werden sollten; das Drehen des Zündschlüssels würde sie explodieren lassen. Mindestens drei kleinere Bombenhüllen von Dierk Hoff bekamen als Handgranaten mechanische Verzögerung von wenigen Sekunden Dauer.

Während die Vorbereitungen in der Bombenwerkstatt im vierten Stock der Inheidener Straße liefen, geriet die Gruppe um Baader und Ensslin allerdings gleich mehrfach unter Druck. Zuerst kam ihnen die West-Berliner Konkurrenz zuvor: Nach einer blutigen Konfrontation britischer Soldaten und demonstrierender katholischer Iren am 30. Januar 1972 in Londonderry, bei der 13 Menschen gestorben waren, davon sieben Jugendliche, wollte die gerade erst entstandene linksextreme Gruppe „Bewegung 2. Juni" zuschlagen, benannt nach dem Tag, an dem der West-Berliner Polizist Karl-Heinz Kurras den Studenten Benno Ohnesorg erschoss. Am

1. Februar kaufte „Bommi" Baumann die Bauteile für mehrere Sprengsätze; unmittelbar danach wurden drei Bomben nach dem Plan im *Anarchist Cookbook* zusammengebastelt. Alle Zeitzünder wurden auf 2.15 Uhr in
der folgenden Nacht eingestellt. Zwei Ladungen brachten die Täter in
Autos mit britischen Kennzeichen unter, die vor dem britischen Offizierskasino südlich des Theodor-Heuss-Platzes in Charlottenburg abgestellt
waren; die dritte legten vier Gruppenmitglieder im britischen Yachtclub in
Berlin-Gatow. Während die beiden Ladungen in den Autos explodierten
und für erheblichen Sachschaden sorgten, versagte die dritte Bombe –
jedenfalls vorerst. Doch am folgenden Tag fand ein pensionierter Boots-
bauer, der sich im Yachtclub als Hausmeister ein Zubrot verdiente, die
Konstruktion und nahm sie mit in seine Werkstatt. Als er sie untersuchen
wollte, detonierte die Ladung und verletzte den 66-Jährigen so schwer, dass
er verblutete.[35] Am Tatort hatten die Bombenleger einen Zettel mit der
Devise „Solidarität mit der IRA, Kommando ‚Rache für Londonderry'"
zurückgelassen. Den selbstgewählten Namen der neuen Gruppe jedoch
kannten Polizei und Öffentlichkeit noch nicht.

Einen Monat später, am 2. März 1972, gab es die nächsten Toten und
Festnahmen. In Augsburg war Thomas Weisbecker zusammen mit einer
Sympathisantin bereits seit Wochen von der Polizei überwacht worden,
denn er wurde wegen Brandstiftung und Körperverletzung sowie Ver-
dachts der Mitgliedschaft in der kriminellen Vereinigung um Baader und
Meinhof gesucht. Im jüngsten der drei Haftbefehle gegen den 23-Jährigen
stand die Warnung: „Vorsicht Schusswaffe!" Als Weisbecker an diesem
Donnerstag gegen 13.30 Uhr in ein Auto mit nachweislich gefälschten
Kennzeichen steigen wollte, gingen zwei Beamte auf ihn zu, um seine Personalien zu kontrollieren. Doch der junge Mann griff nach der Waffe in
seinem Hosenbund und wurde daraufhin von einem der beiden Polizisten
niedergeschossen; er starb kurz nach seiner Einlieferung in ein Krankenhaus.[36] Die junge Frau versuchte ebenfalls eine Pistole zu ziehen, wurde
aber nach „erheblichem Widerstand" überwältigt. Sie trug in gebündelten
Scheinen 9.100 Mark aus einem Banküberfall bei sich, wurde festgenommen und als Carmen Roll identifiziert.[37]

Etwa neun Stunden später und rund 650 Kilometer weiter nördlich gab
es eine weitere bewaffnete Konfrontation: Die Sonderkommission Baader-

Meinhof beim Hamburger Polizeipräsidium hatte einen Hinweis auf eine voll ausgestattete Fälscherwerkstatt in der Dachgeschosswohnung eines Bürgerhauses bekommen. Ab 20 Uhr übernahmen der 50-jährige Chef des polizeilichen Staatsschutzes in der Hansestadt Hans Eckhardt und zwei Kollegen die Wache. Um 22.45 Uhr betraten zwei junge Männer die Wohnung – und blickten, als sie das Licht anschalteten, in die Läufe von drei Waffen. Einer der beiden, ein 23-Jähriger, hob die Hände und rief: „Nicht schießen, ich bin unbewaffnet!", obwohl er eine Pistole bei sich trug.[38] Der andere zog seine Waffe und schoss sofort zweimal auf Eckhardt. Dessen Kollegen schossen zurück und trafen den Täter, das RAF-Gründungsmitglied Manfred Grashof, schwer. Eckhardt erlag 20 Tage später seinen Verletzungen – der Täter hatte Patronen verschossen, deren Spitzen abgefeilt waren und dadurch besonders schwere Wunden verursachten. Grashof hingegen konnten die Ärzte der Universitätsklinik Eppendorf retten.

Nur wenige Stunden nach den Schüssen in Eppendorf beging die „Bewegung 2. Juni" als „Reaktion" auf Weisbeckers Tod einen Brandanschlag auf das West-Berliner Landeskriminalamt; es kam nur zu Sachschaden. Im Bekennerflugblatt mit der Überschrift „Jetzt reicht's!" tauchte zum ersten Mal ihre Selbstbezeichnung auf.[39] Schon wieder war die West-Berliner Gruppe der RAF zuvorgekommen.

Zudem hatte Baaders Gruppe mit Weisbecker und Grashof an einem Tag zwei ihrer wichtigsten Mitglieder verloren sowie mit der Fälscherwerkstatt in Hamburg einen wichtigen Stützpunkt. Noch stärker wäre die Gruppe getroffen worden, wenn ein fünf Wochen später, am 12. April 1972, aufgekommenes Gerücht gestimmt hätte. Aus Kreisen der Hamburger Polizei war nämlich die Spekulation durchgesickert, Ulrike Meinhof habe Selbstmord begangen; ihre sterblichen Überreste seien bereits im Februar 1972 unter falschem Namen im Krematorium Ohlsdorf eingeäschert worden. Auch die Bundesanwaltschaft in Karlsruhe hatte einen Hinweis erhalten, dass Meinhof Ende Februar gestorben sei; man konnte das aber weder bestätigen noch widerlegen. Die *Frankfurter Allgemeine* berichtete über Hörensagen, demzufolge die 37-Jährige einem Tumor erlegen sei.[40] Das Bundesinnenministerium wies die Meldung als irrelevant zurück, und der Staatsschutz in Hamburg hielt die Gerüchte sogar für ein bewusst inszeniertes „Ablenkungsmanöver".[41]

Nach den Erinnerungen einer RAF-Sympathisantin, bei der zu dieser Zeit Baader und Ensslin gerade untergeschlüpft waren, reagierten die beiden Anführer der Gruppe sehr aufgeregt: „Telefonisch hatten sie die Nachricht bekommen, im Fernsehen sei der Tod von Ulrike Meinhof gemeldet worden. Sie waren verunsichert, glaubten einen Moment, die Informationen könnte stimmen. In der Wohnung gab es keinen Fernseher, so dass sie die nächste Nachrichtensendung nicht einschalten konnten. Ohne ihre sonstigen Sicherungsmaßnahmen zu befolgen, telefonierten sie von der Wohnung aus, um von Gruppenmitgliedern zu erfahren, ob Ulrike Meinhof noch lebte oder nicht. Nach einer Weile erreichten sie jemanden, der Ulrike Meinhof noch nach der Fernsehmeldung gesehen hatte und auch wusste, wo sie sich aufhielt."[42] In Wirklichkeit hatte Meinhof, die nach einem Aufenthalt in Italien im März 1972 nach Hamburg zurückgekehrt war, zuletzt die programmatische RAF-Schrift „Stadt-Guerilla & Klassenkampf" vollendet, in der sie auch ihre aktuelle Wahrnehmung des Axel Springer Verlages formulierte.

Etwa zur gleichen Zeit waren nun alle Bestandteile der Bomben beisammen, es begann die Montage. Den bereitstehenden selbstgemischten Sprengstoff füllten offenbar Baader, Ensslin und Raspe meist in der Inheidener Straße, teilweise aber auch in den Garagen im Hofeckweg und in der Ginnheimer Landstraße in die Metallhüllen, mittels Trichtern, Schaufeln und Schöpfkellen. Manchmal halfen dabei auch Meins und der spätere Kronzeuge Müller, der darüber jedoch die Aussage verweigerte, um sich nicht selbst zu belasten. Die meisten Bomben wurden mit nur einem der beiden Sprengstoffe gefüllt, in einige Hüllen kamen allerdings auch beide Mischungen. In jede der mindestens sieben von Hoff hergestellten Rohrbomben kamen rund vier Kilogramm grauer und roter Sprengstoff, in die Magnetbomben etwa zwei Kilogramm; die großen Gasflaschen fassten etwa 100 Kilogramm des roten oder knapp 60 Kilogramm des grauen Sprengstoffs. Zu Raspes Aufgaben gehörte, den Sprengstoff in verschiedenen Bombenhüllen mit Hunderten kleiner Stahlkugeln anzureichern, um durch „Schrapnellwirkung" die absehbaren Verletzungen und Schäden durch die Explosion noch zu steigern.[43]

Beim Füllen kamen auch die im Steinbruch gestohlenen Sprengschnüre in die Hüllen; in jede Rohrbombe etwa ein halber Meter, in die kleinen

Gasflaschen anderthalb Meter und in die großen entsprechend mehr. Da es ausreichend Sprengkapseln gab, wurden teilweise zwei pro Bombe benutzt – verbunden mit den Leitungen für die elektrische Auslösung. Schließlich waren die meisten Bomben „bis zu dem Stadium fertiggestellt, dass eben die Bomben abgeschlossen waren und die Drähte herausragten", berichtete Gerhard Müller.[44] Um sie scharf zu machen, mussten nun nur noch die ebenfalls fertigen Zeitzünderkonstruktionen angeschlossen werden, die jeweils aus einem Wecker oder einer Küchenuhr und der starken Batterie bestanden. Die Aufrüstung war abgeschlossen.

Am 11. Mai 1972, ausgerechnet an Christi Himmelfahrt,
zündet die RAF die ersten Bomben ihrer Mai-Offensive -
im US-Hauptquartier in Frankfurt am Main.

Offensive

Andreas Baader stand unter Druck: Er hatte vollmundig einen „Volkskrieg" angekündigt, aber außer Einbrüchen, Autodiebstählen und Banküberfällen sowie drei Polizistenmorden gab es nichts, was seine Gesinnungsgenossen und er in fast zwei Jahren Leben im Untergrund zustande gebracht hätten. Jedenfalls nichts, was auch nur entfernt als „politische Aktion" im Sinne des „Konzepts Stadt-Guerilla" gelten konnte. Schlimmer noch: Ende April und Anfang Mai 1972 beherrschte ein ganz anderes Thema die Stimmung in der Bundesrepublik: Die Opposition im Bonner Bundestag versuchte, die Bundesregierung von Kanzler Willy Brandt mit dem ersten konstruktiven Misstrauensvotum überhaupt zu stürzen. Nach dessen Scheitern am 27. April war klar, dass es binnen der kommenden Monate eine Neuwahl geben würde.

Zur selben Zeit standen in der Wohnung in der Inheidener Straße sowie in den drei Garagen mehrere Dutzend einsatzbereite Bomben verschiedener Größen bereit; weit mehr als 100 Kilogramm weiterer Sprengstoff war ebenfalls fertig gemischt. Jetzt bedurfte es nur noch eines Auslösers für den geplanten und in seinem Brief vom 23. Januar 1972 angekündigten Kampf. Das Startsignal für die Mai-Offensive kam ausgerechnet aus Washington. Am späten Abend des 8. Mai 1972 ordnete US-Präsident Richard Nixon nach einer Krisensitzung seines Sicherheitsrates die totale See und Luftblockade Nordvietnams an, die am folgenden Morgen mit der Verminung aller Häfen durch amerikanische Flugzeuge begann. Am Mittwoch, dem 10. Mai, berichteten deutsche Zeitungen darüber; am folgenden Tag, Christi Himmelfahrt, erschienen keine Zeitungen. „Als die Nachricht dann eben kam, da gab es in der Wohnung Inheidener Straße eine Diskussion, und zwar unter den Leuten, die dort wohnten", berichtete der Kronzeuge Gerhard Müller: „Das waren Baader, Raspe, Meins, Ensslin, und ich war an diesem Tag auch da." Ensslin schlug vor, einen Anschlag auf US-Einrichtungen in Frankfurt zu verüben, und Baader sagte „anheizend", jedenfalls laut Müllers Aussage: „Na, dann mal los!"[1]

Gudrun Ensslin und Jan-Carl Raspe fuhren mit einem roten VW mit falschen Nummernschildern los, um ein wohl schon Wochen zuvor ausgespähtes potenzielles Ziel noch einmal zu überprüfen: das Hauptquartier des V. US-Korps, das in der ehemaligen Zentrale des Konzerns I.G. Farben im Frankfurter Westend lag. Obwohl es sich um eine der wichtigsten Abteilungen der US Army in der Bundesrepublik handelte und zudem auf demselben Gelände auch die Deutschlandfiliale der CIA ihren Stützpunkt hatte, gab es an den Einfahrten zum eingezäunten Gelände keine Kontrollen; lediglich beim Betreten der Gebäude musste man sich an innen gelegenen Tresen gegenüber US-Militärpolizisten ausweisen.[2]

Nach einiger Zeit kamen Ensslin und Raspe zurück. Sie hatten sich auf dem Areal des Korps-Hauptquartiers umgesehen und drei Stellen gefunden, die sie für geeignet für die Ablage ihrer Bomben hielten: in dem ohne Kontrolle zugänglichen gläsernen Windfang der Eingangshalle und vor dem Terrace Club, dem Offizierskasino des Hauptquartiers. In der Inheidener Straße wurden daraufhin drei Sprengkörper scharf gemacht: eine der kleineren Gasflaschen, eine Nippelbombe und eine der von Dierk Hoff geschweißten Rohrbomben. Baader und Meins verpackten die Gasflasche in eine Segeltuchtasche, Ensslin legte die Rohrbombe in einen Karton, den sie als vermeintliches Geschenk auf das Gepäck einer der sich am Eingang sammelnden Reisegruppen legen wollte, und Raspe packte die Nippelbombe in eine Aktentasche aus Leder, die er wie „vergessen" in der Telefonzelle im Windfang ablegen wollte.

Nun, es war inzwischen fortgeschrittener Nachmittag, verließen die vier mit ihrer tödlichen Fracht die Wohnung und fuhren mit zwei Autos, einem silbernen Volvo sowie einem hellblauen VW Käfer, ins Westend zum Hauptquartier des V. US-Korps. Dort herrschte an diesem Donnerstag reges Leben. Vor dem siebenstöckigen, geschwungenen Haupthaus war ein Omnibus vorgefahren, der eine US-Reisegesellschaft nach Paris bringen sollte; ein zweiter Omnibus mit amerikanischen Schülern wurde erwartet. Zwei deutsche Fahrer und zwei Reiseleiterinnen standen zusammen mit zwei US-Militärpolizisten in der Rotunde am Tresen des Hauptquartiers, ganz in der Nähe der gläsernen Innentür zum Windfang der Eingangshalle. Im etwa 150 Meter entfernten Offizierskasino auf der nördlichen Seite aßen einige Uniformierte und Zivilisten, mehrere weitere Personen hielten sich in der Lobby sowie in der Wechselstube am Eingang auf.

Ziemlich genau um 18.59 Uhr detonierten im Abstand von jeweils einigen Sekunden die drei Sprengkörper, zwei im Vorraum zur Eingangshalle des Hauptquartiers und eine vor dem Offizierskasino. Die Folgen schon der beiden ersten Bomben waren groß: Die hölzerne Telefonzelle im Windfang wurde zerfetzt, Splitter und Metallkugeln schlugen in Wände und Decken ein, verletzten aber nur wenige Menschen leicht, weil im Moment der Zündung niemand in der unmittelbaren Nähe stand. Schlimmer waren die Auswirkungen der zweiten Explosion. Ihre Wucht schlug ein Loch in den Fußboden zum Keller; die untere Platte der Rohrbombenhülle flog durch eine 40 Zentimeter dicke Wand in den benachbarten Raum. Im Umkreis wurden bei der Tatortsicherung „mehrere Kilogramm Metallsplitter" eingesammelt; alle Scheiben des Windfangs waren geborsten, die Scherben durch die Luft geschossen. Die deutschen Busfahrer und Reiseleiterinnen am Informationstresen wurden von Glas- und Metallsplittern erheblich verletzt, die beiden Militärpolizisten zogen sich Blessuren zu.

Verheerend aber wirkte sich die dritte Explosion aus. Aus dem Eingang zum Kasino kam gerade der 39-jährige Paul A. Bloomquist geeilt. Der Vater von zwei Kindern hatte 1964/65 und erneut 1968/69 in Vietnam verschiedene Sanitätseinheiten befehligt, nun diente er als Bataillonskommandeur beim V. US-Korps und war zuständig für den Drogenentzug bei Soldaten. Unmittelbar nach den ersten beiden Detonationen im benachbarten Hauptquartier sprach Bloomquist ein paar Worte mit Oberleutnant Peter C. Glyer; er wollte wohl dorthin, um eventuell zu helfen. Etwa 20 Meter von den beiden Offizieren entfernt lehnte die Segeltuchtasche mit der zur Bombe umgebauten Gasflasche an einer Säule über einem Luftschacht zum unterkellerten Vorplatz des Kasinos. Die Explosion schlug ein großes Loch in die 15 Zentimeter starke Betondecke des Luftschachts, zerriss die Säule horizontal und zerfetzte das vor dem Kasinoeingang angebrachte Vordach; ein etwa 150 Kilogramm schweres Teil wurde zwölf Meter weggeschleudert. Rund 50 Meter um den Explosionsort wurden zahlreiche scharfkantige Metallsplitter gefunden. Im Innern des Kasinos wurden die rechts und links des Eingangs liegenden Büros und die dahinter befindliche Lobby stark beschädigt.

Glasscherben und herabstürzende Hartfaserplatten der Deckenverkleidung verletzten dort unter anderem den Manager des Terrace Club und zwei Mitarbeiterinnen. Doch eine Säule fing viel vom Explosionsdruck ab und verhinderte noch Schlimmeres im Gebäudeinnern. Weniger Glück hatten Bloomquist und Glyer: Sie befanden sich im Moment der Detonation vor dem Kasino und wurden voll getroffen. Dem Oberstleutnant schlug ein Splitter in den Hals ein, brach die Schädelbasis und zerriss seinen Hirnstamm; Bloomquist starb trotz sofortiger Versorgung noch auf dem Transport ins Krankenhaus. Der Oberleutnant wurde im Rücken und am Kopf getroffen und zu Boden geworfen; zwei seiner Rippen brachen und verletzten die Lunge. Glyer entging dem Tod knapp und musste lange stationär behandelt werden.[3] Insgesamt gab es neben dem toten Bloomquist sieben erheblich verletzte US-Soldaten, drei amerikanische und vier deutsche Zivilisten. Der Sachschaden betrug etwa 872.000 US-Dollar.[4]

Am Abend des 11. Mai 1972 erlebte Gerhard Müller in der Wohnung in der Inheidener Straße mit, wie die vier Täter auf den Anschlag reagierten: „Baader protzte rum", doch das kam dem Kronzeugen „ganz normal" vor. Die drei anderen benahmen sich anders als gewohnt: „Die Ensslin und Raspe, die waren so scheinbar gleichgültig, also gespielt, so dass man es eben merkte. Und, na ja, der Meins hatte sich in eine Ecke verdrückt und war eigentlich ein bisschen still."[5]

Zunächst tappten die Ermittler der US-Militärpolizei und des umgehend beigezogenen Hessischen Landeskriminalamtes im Dunkeln. Jedenfalls sprachen die ersten Informationen, die im Verlauf des 12. Mai 1972 an Journalisten durchgestochen wurden, von einer „Mine", die im Hauptquartier explodiert sei; wenig später hieß es dann, bei dem Sprengkörper vor dem Kasino habe es sich möglicherweise um „eine Artilleriegranate mit großer Splitterwirkung" gehandelt. Der Anschlag könnte von desertierten US-Soldaten verübt worden sein, die gegen die Vietnam-Politik protestieren wollten. Diese These werde gestützt durch die offenbar gute Ortskenntnis, über die der Attentäter verfügt haben müsse.[6] Am 12. Mai 1972 mittags schickte die Frankfurter Kriminalpolizei ein Fernschreiben an verschiedene hessische Behörden sowie das Lagezentrum im Bundesinnenministerium in Bonn, in dem es hieß: „Konkrete Hinweise und Zeugen-aussagen, die auf die Täterschaft einer bestimmten Person hinweisen, liegen zurzeit nicht vor."[7]

Zur selben Zeit waren Baader, Ensslin und Meins schon in Bayern. Morgens früh hatten sie in der Inheidener Straße beschlossen, mit dem Auto über Augsburg nach München zu fahren, „um dort einen Anschlag zu verüben. Und zwar sollte dieser Anschlag ein Racheakt sein für den Tod von Thomas Weisbecker", erinnerte sich Gerhard Müller. Er bekam den Auftrag, das Telefon zu besetzen und dann als „Reserve" zur Verfü-gung zu stehen, falls ein Wagen unterwegs streiken sollte; in diesem Fall hätte er mit einem weiteren Auto hinfahren und die anderen abholen sol-len. Müller erfuhr auch noch, dass die drei zuerst noch zur Garage im Hofeckweg fahren und dort einen weiteren Wagen abholen wollten.[8]

Der erste Anschlag dieses Tages fand mittags statt. In der Augsburger Polizeidirektion am Prinzregentenplatz detonierte gegen 12.15 Uhr eine „Feldflaschenbombe" im vierten Stock in der kriminalpolizeilichen Bera-tungsstelle, die für den Publikumsverkehr ohne Kontrollen zugänglich war. Im Moment der Explosion hielt sich dort gerade niemand auf; die drei diensthabenden Beamten waren kurz zuvor zur Mittagspause gegangen. Die Sprengung riss unter anderem ein 25 Zentimeter großes Loch in den Fußboden, und auch die Decke zum Dachgeschoss wurde an mehreren Stellen durchschlagen; mehrere Türen zu den angrenzenden Räumen wur-den aus den Angeln gedrückt und in die Zimmer geschleudert. Im Trep-penhaus lagen bis hinunter zum ersten Stock Splitter und Trümmer, unter anderem eine Marmorplatte der Wandvertäfelung. Die Explosion schleu-derte auch den zweiten hier deponierten Sprengsatz auf den Vorplatz der Polizeidirektion, eine von Dierk Hoffs Rohrbomben; warum sie nicht selbst zündete, konnte nicht geklärt werden.

Drei Minuten später detonierte im dritten Stock eine kleine, mit Selbst-laborat gefüllte Pressluftflasche mit einem Volumen von 0,8 Liter. Sie war in einem Karton auf einem etwa zwei Meter hohen Schrank im Flur gegen-über dem Zimmer 337 deponiert worden; neben dem Schrank stand eine Bank für Besucher vor einem Fenster zum Innenhof. An dem Flur lagen Diensträume der Kriminalpolizei, in denen zum Zeitpunkt der Detonation Beamte und Schreibkräfte arbeiteten. Einige von ihnen waren nach der ersten Detonation erschrocken und verwirrt in den Flur getreten. Sie standen in der Nähe des Schranks zusammen und unterhielten sich, als die zweite Explosion erfolgte. Sie zertrümmerte den Aktenschrank und riss große Löcher in die Wand und die Decke; die Türen zu den Zimmern 337 und 336 wurden in die Räume geworfen, viele Fenster gingen zu Bruch und Metallsplitter schlugen in die Decke sowie die Wand des Flurs ein. Allenfalls drei Meter vom Sprengkörper entfernt stand im Moment der Zündung ein Polizeihauptkommissar. Er wurde von Trümmern getroffen und von der Druckwelle zu Boden geworfen, erlitt einen Schock sowie Verletzungen an Augen und Ohren. Damit hatte er noch Glück im Unglück, denn leicht hätte er auch durch Splitter getötet werden können. Drei weitere Polizeibeamte standen im Flur etwa sechs Meter von der Bombe entfernt und erlitten leichte Blessuren, denn dorthin flogen kleinere Mauerbrocken und Metallteile. Ein knapp ein Zentimeter großer Splitter durchschlug den Türpfosten zum Zimmer 338, ein Batterieteil flog im Flur an der Tür vorbei. Einem Polizeihauptmeister zerriss der Knall das Trommelfell. Insgesamt wurden fünf Beamte im dritten Stock verletzt, doch dort wie auch im Stock darüber hätte es Tote geben können.[9] Der Sachschaden betrug überschaubare 27.000 Mark.[10]

Umgehend begonnene Befragungen ergaben, dass gegen halb zwölf Uhr zwei junge Frauen gesehen worden waren, die sich kurz im dritten und vierten Stock aufgehalten hatten, aber für eine fahndungsrelevante Personenbeschreibung reichten die Beobachtungen nicht. Laut dem Kronzeugen Müller handelte es sich um Angela Luther, die im Flur des dritten Stockes die Bombe auf den Schrank gelegt, und um Irmgard Möller, die die beiden Sprengsätze im vierten Stock deponiert habe.[11] Andere Ermittlungsergebnisse sprachen jedoch dafür, dass nicht diese beiden Frauen die Bomben gelegt hatten, sondern Baader und Raspe sowie ein dritter Mann; Irmgard Möller sei lediglich mit einer Tasche voller Kartoffeln vorgeschickt worden, um die Kontrollen zu prüfen.[12]

Fast genau zwei Stunden nach der zweiten Explosion in Augsburg detonierte eine weitere Bombe, diesmal in München auf dem Parkplatz des Bayerischen Landeskriminalamtes (BLKA) an der Ecke Maillinger-/Marsstraße im Münchner Ortsteil Neuhausen. Hier hatte Holger Meins einen blauen Ford 17M abgestellt, auf Platz Nr. 9 der vorderen Stellplatzreihe, nur wenige

Meter von der Stirnseite des BLKA-Gebäudes entfernt; im Kofferraum befand sich eine der großen Gasflaschen, gefüllt mit Selbstlaborat. Die Explosion erfolgte um genau 14.20 Uhr, die Sprengwirkung war stark und reichte weit: Splitter und sogar große Trümmerstücke flogen über das Gelände des Landeskriminalamtes hinaus in die umliegenden Straßen; noch in einer Entfernung von 190 Metern wurden Glasscheiben zertrümmert.

Das Tatfahrzeug wurde völlig zerfetzt; an der Sprengstelle blieb nur eine Mulde zurück, denn die Einzelteile des Ford waren weit zerstreut. Der dicht besetzte Parkplatz bot ein Bild der Verwüstung: Ein Fiat, der auf Stellplatz Nr. 8 gestanden hatte, wurde im Ganzen zehn Meter weit auf den auf Stellplatz Nr. 4 abgestellten Wagen geschleudert. Von Stellplatz Nr. 10 wurde ein VW ebenfalls zehn Meter weit geworfen, der herausgerissene Motorblock flog sogar noch weiter. Insgesamt wurden annähernd hundert Autos beschädigt, davon neun total und 47 schwer. Der Sachschaden betrug 588.000 Mark.[13]

Um 14.13 Uhr, also sieben Minuten vor der Explosion, hatte eine Frau in der Telefonvermittlung der Landesbesoldungsstelle angerufen, die sich mit dem Landeskriminalamt die Liegenschaft nördlich der Marsstraße teilte, und angekündigt, in Kürze werde im BKLA eine Bombe detonieren.[14] Angesichts des Anschlages in Augsburg kurz zuvor wurde diese Drohung ernst genommen und sofort mit der Räumung begonnen. Weil aber die Ausgänge des Gebäudes zum Parkplatz des Landeskriminalamtes führen, gerieten mehrere Mitarbeiter der Landesbesoldungsstelle gerade durch diese Warnung in Lebensgefahr: Sie wurden von der Detonation auf dem Parkplatz überrascht. Eine Angestellte wurde 30 bis 40 Meter von der Sprengstelle entfernt von der Druckwelle zu Boden geworfen; Dachziegel und Metallteile von beschädigten Fahrzeugen fielen neben sie. Einen Oberinspektor drückte die Detonation etwas weiter weg in der anderen Richtung gegen ein geparktes Auto, und direkt neben ihm landete ein fortgeschleuderter Kotflügel, der ihn leicht lebensgefährlich hätte verletzen können. Sechs weitere Mitarbeiter der Landesbesoldungsstelle wurden teils im Freien, teils im Treppenhaus der Landesbesoldungsstelle verwundet. Ob der eigentliche Zweck der Warnung war, dass sich möglichst viele Beschäftigte auf dem Parkplatz aufhalten sollten, also in Lebensgefahr geraten würden, konnte nicht bestätigt werden – der Evakuierungsweg für die Beamten des BLKA jedenfalls führte nicht auf den Parkplatz, so dass bei dem Attentat nur drei Polizeibeamte leicht verletzt wurden.

Am schlimmsten traf es Eva W., eine Lehrerin für Taubstumme. Im Augenblick der Detonation hatte sie mit ihrem Renault R-4 wegfahren wollen, der in der zweiten Reihe geparkt war, nur neun bis zehn Meter entfernt vom Ford 17M mit der Bombe. Ihr Auto wurde total zerstört, der Dachholm auf der Fahrerseite durchschlagen, große Karosserieteile des Tatfahrzeugs gingen in der Lücke zwischen dem Renault und dem nächsten Fahrzeug zu Boden. Eva W. erlitt einen Schock und schwere Gehörschäden; trotzdem hatte sie Glück im Unglück: Die Metalltrümmer hätten sie auch köpfen, die eingedrückte Karosseriesäule sie erschlagen können. Nach der Explosion fand ihr Ehemann, der im BLKA arbeitete und den sie in der Mittagspause kurz besucht hatte, Eva W. am ganzen Leib zitternd vor.

Ebenfalls nur knapp dem Tod entging Johann D., ein zehnjähriger Junge, obwohl er im Moment der Detonation etwa 120 Meter von der Sprengstelle entfernt war, nämlich mit seinem Roller auf dem Bürgersteig nahe der nächsten Kreuzung Maillinger-/Baudrexelstraße. Die Explosionswelle warf ihn um, und nur einige Meter entfernt gingen ein großes Karosserieteil und ein scharfer Metallsplitter zu Boden. Trotzdem erlitt der kleine Johann nur eine Verletzung am Knie, einige Schürfwunden und bekam ein paar Scherben ab.[15]

Gerhard Müller hatte den Tag über in der Wohnung Inheidener Straße das Telefon bewacht. Dorthin kehrten Baader, Ensslin und Meins am späten Nachmittag des 12. Mai 1972 zurück. Müller wollte wissen, was geschehen sei, und Baader fragte zurück, ob er denn keine Nachrichten gehört habe. Dann erklärte er „in Bezug auf Augsburg, dass die beiden Mädchen, das heißt Angela Luther und Irmgard Möller, gute Arbeit geleistet hätten. In Bezug auf den Anschlag in München erzählte er mir, dass Meins das Bombenfahrzeug gefahren habe und Baader und Ensslin mit dem anderen Wagen hinterhergefahren seien." Den Warnanruf habe Ensslin gemacht.[16]

Weil es sich bei der Anruferin ganz offensichtlich um eine Deutsche gehandelt hatte, gaben die Ermittler nun ihre ursprüngliche Vermutung auf, den Anschlag in Frankfurt könnten desertierte US-Soldaten verübt haben. „Die Täter sind nach Angaben der Ermittlungsbeamten möglicherweise ‚anarchistische Gewaltverbrecher'", berichtete die *WELT*.[17] Dazu passte, wie erst jetzt in die Öffentlichkeit durchsickerte, dass am Morgen des 7. Mai 1972 auf einem Parkplatz am Bahnhof von Bad Neuenahr südlich von Bonn vier junge West-Berliner von der Polizei kontrolliert worden waren, weil sie in ihrem grauen Fiat übernachtet hatten, was den Beamten verdächtig vorkam. Als das Auto durchsucht wurde, fanden sich im Kofferraum eine selbstgebastelte kleine Bombe, Funkgeräte, ein für das Abhören des Polizeifunks umgebautes Radio und Spezialwerkzeug für den Diebstahl von Autos. Die vier wurden festgenommen und anhand ihrer Fingerabdrücke als polizeibekannte Aktivisten des linksradikalen Milieus identifiziert – es handelte sich um Inge Viett, Ulrich Schmücker, Harald Sommerfeld und Wolfgang Knupe. Der West-Berliner Verfassungsschutz ordnete sie der halblegalen „Schwarzen Hilfe" zu, hatte aber keine Ahnung, dass die vier in Wirklichkeit eine Zelle der „Bewegung 2. Juni" bildeten.[18] Zwar ergab schon die erste Untersuchung des improvisierten Sprengsatzes aus dem Kofferraum, dass die Anschläge in Frankfurt, Augsburg und München mit ganz anderen Kalibern begangen worden waren. Trotzdem brachte die *BILD*-Zeitung am 13. Mai 1972 die Stimmung in Boulevardmanier auf eine klare Formel: „Bomben-Terror in Deutschland".[19]

Erst danach bekannten sich, unter dem Datum des 14. Mai 1972, die Urheber der drei Anschläge zu ihrer Tat. Der Kronzeuge Gerhard Müller sagte dazu aus: „Es ist nicht sofort eine Erklärung abgegeben worden, sondern erst einige Zeit später. Und die sollte zuerst der Raspe schreiben. Der hat es aber nicht gemacht und daraufhin hat diese Erklärung Ulrike Meinhof geschrieben." Seiner Erinnerung nach war das Bekennerschreiben mit „Kommando Petra Schelm" unterzeichnet.[20]

Es wurde am 14. Mai als Eilbrief an das Büro der Nachrichtenagentur dpa in München aufgegeben und kam dort am folgenden Tag an. Es begann mit einem Bekenntnis zu den „drei Bomben mit einer Sprengkraft von 80 Kilogramm TNT" und fuhr dann fort: „Für die Ausrottungsstrategen von Vietnam sollen Westdeutschland und West-Berlin kein sicheres Hinterland mehr sein. Sie müssen wissen, dass ihre Verbrechen am vietnamesischen Volk ihnen neue, erbitterte Feinde geschaffen haben, dass es für sie keinen Platz mehr geben wird in der Welt, an dem sie vor den Angriffen revolutionärer Guerilla-Einheiten sicher sein können." Anschließend forderte das Schreiben den „sofortigen Abbruch der Bombenblockade

gegen Vietnam", die „sofortige Einstellung der Bombenangriffe auf Nord-
vietnam" und den „Abzug aller amerikanischen Truppen aus Indochina".
Das Schreiben schloss mit einem vierfachen Aufruf: „Für den Sieg des
Vietcong! Die revolutionäre Guerilla aufbauen! Habt Mut zu kämpfen,
habt Mut zu siegen! Schafft zwei, drei, viele Vietnam."[21]

Das BKA untersuchte das Bekennerschreiben im Original so schnell
wie möglich. Die Kriminaltechniker stellten fest, dass der Brief zweifelsfrei
auf derselben Schreibmaschine geschrieben worden war wie der Aufruf
zum „Volkskrieg" mit Andreas Baaders Fingerabdruck vom 23. Januar
1972.[22] Damit stand fest, dass sich tatsächlich die Rote Armee Fraktion zu
den Frankfurter Anschlägen bekannt hatte; noch fehlte allerdings ein
Sachbeweis, der sie mit der Ausführung in Verbindung brachte.

Bevor die Ermittlungen diesen Nachweis bringen konnten, explodierte
die nächste Bombe. Als die 53-jährige Gerta Buddenberg am 15. Mai 1972
gegen 12.35 Uhr vor ihrer Wohnung in der Klosestraße nahe dem Karlsruher Hauptbahnhof ihren roten VW Käfer mit dem Kennzeichen
KA-PE 890 anließ, zerstörte ein ungeheurer Knall die Ruhe in dem bürgerlichen Innenstadtviertel. Die Detonation von etwa einem Kilogramm
selbstgemischtem Sprengstoff riss vorne rechts ein Loch von 60 mal 40
Zentimeter in das Bodenblech des Wagens, zerfetzte den Beifahrersitz und
schleuderte das Schiebedach neun Meter fort; mehrere Metallsplitter
durchschlugen das Wagendach. Ein Mensch, der auf dem Beifahrersitz
Platz genommen hätte, wäre mit größter Wahrscheinlichkeit sofort getötet
worden. Im Asphalt unter dem Beifahrersitz hinterließ die Explosion einen
25 Zentimeter breiten und neun Zentimeter tiefen Trichter; Bombensplit-
ter wurden in einem Umkreis von 38 Metern eingesammelt. Mehrere in
der Nähe geparkte Fahrzeuge wurden beschädigt, Fensterscheiben in der
Umgebung gingen bis in die Höhe des fünften Stockwerks in die Brüche.
Gerta Buddenberg konnte das zerstörte Fahrzeug aus eigener Kraft verlassen, obwohl sie am rechten Arm und an beiden Beinen von Splittern getroffen worden war; außerdem erlitt sie einen schweren Gehörschaden. Sie
musste stationär behandelt werden, schwebte aber immerhin nicht in
Lebensgefahr.[23]

Als die Karlsruher Polizei den Namen des Opfers erfuhr, war der Hintergrund des Anschlages den Ermittlern sofort klar: Gerta Buddenbergs

Ehcmann Wolfgang war einer von drei Ermittlungsrichtern am Bundesgerichtshof und als solcher zuständig für Haftbefehle, Durchsuchungsbeschlüsse und Ähnliches in allen Fällen, in denen die Bundesanwaltschaft ermittelte – also auch in allem, was mit der Baader-Meinhof-Gruppe zu tun hatte. Zuletzt hatte er im März angeordnet, dass der bei seiner Festnahme in Hamburg schwer verletzte Manfred Grashof aus dem Universitätsklinikum Eppendorf in ein Gefängnishospital gebracht wurde. Medizinisch sprach nichts gegen diese Verlegung, aber linke Kreise kritisierten Buddenbergs Weisung scharf als „Mordversuch". Spätestens damit war der Ermittlungsrichter auf der Zielliste weit nach vorne gerutscht. Gewöhnlich ließ sich der 60-Jährige morgens von seiner Frau die gut anderthalb Kilometer ins Büro mitnehmen. Nicht jedoch an diesem Tag: Am 15. Mai 1972 war Wolfgang Buddenberg zu Fuß gegangen; das rettete ihm das Leben.

Trotz dieses klar erkennbaren Motivs äußerte sich die Staatsanwaltschaft auf Journalistenfragen über die mutmaßlichen Urheber des Anschlages zurückhaltend und teilte nur vage mit, dass sich „während der letzten Monate in der Bundesrepublik ein Netz von Anarchisten-Zellen gebildet" habe, das „mit dem ursprünglichen Baader-Meinhof-Kern in enger Verbindung steht und die gleichen Zielsetzungen" verfolge.[24] Es gab zunächst weder ein Bekennerschreiben noch eindeutige Sachbeweise, die eine Verbindung zwischen dem Attentat und Baader-Meinhof belegten.

Bei dem Sprengsatz handelte es sich um eine so bisher noch nicht bekannte Bauart: eine aus zwei Stahlschalen zusammengeschweißte Hülle, die mit drei handelsüblichen, halben Türmagneten am Bodenblech des Käfers der Buddenbergs unter dem Beifahrersitz befestigt und mit Drähten an den Anlasser angeschlossen worden war. Die Konstruktion unterschied sich deutlich von den in Frankfurt, Augsburg und München benutzten Sprengsätzen mit Zeitzündern, auch wenn die Machart der Hülle gewisse Ähnlichkeit zu dem in Augsburg nicht detonierten Blindgänger aufwies und der Sprengstoff ebenfalls ein Selbstlaborat war. Noch aber wussten die Ermittler nicht, dass es sich tatsächlich um eine der „Feldflaschenbomben" handelte, die Dierk Hoff geschweißt hatte.

Ebenfalls wusste die Polizei nicht, dass die Täter ihr Opfer genau ausgespäht hatten – wohl schon seit Anfang April 1972. Baader hatte den Auftrag dazu Irmgard Möller und Angela Luther erteilt, die beide in einer konspirativen Wohnung in Stuttgart lebten. Die beiden jungen Frauen fuhren regelmäßig und zu verschiedenen Tageszeiten nach Karlsruhe, um die Buddenbergs zu beobachten. Als Gerhard Müller in diesen Wochen anlässlich einer seiner Einkaufstouren für Bombenmaterial nach Stuttgart kam, suchte er Möller und Luther auf. Zu seinem Erstaunen sah er, dass die beiden in der Wohnung einen schwarzen Hund hielten. „Komisch", dachte er sich, „das ist ja nicht gerade normal, unter diesen Bedingungen einen Hund zu halten." Er fragte nach und erhielt als Antwort, dass sie diesen Hund für ihre „Abklärung des Herrn Buddenberg" verwenden würden. „Das würde sie eben harmloser erscheinen lassen."[25] Tatsächlich fielen die zwei jungen Frauen offenbar niemandem in der Nachbarschaft auf, wenn sie Gassi gingen. Möller und Luther stellten fest, dass der Richter im auf ihn zugelassenen VW regelmäßig morgens von seiner Frau ins Büro gefahren wurde.[26]

Treibende Kraft hinter diesem Anschlag war Andreas Baader, der laut Müller „in gewisser Weise ein Exempel statuieren" wollte. Jedenfalls fuhren er, Meins und Raspe in der Nacht zum 15. Mai 1972 von Frankfurt nach Karlsruhe. Sie brachten die Bombe unter dem Beifahrersitz an, und Baader selbst verband die Drähte mit dem Verteiler.

Vier Anschläge mit sieben detonierten Bomben und einem Blindgänger innerhalb von nicht einmal 90 Stunden: Die deutsche Öffentlichkeit war nun ernsthaft alarmiert. Zahlreiche Theater und Opern sagten die nächsten Vorstellungen ab. In Frankfurt schlossen mehrere große Kaufhäuser in den frühen Nachmittagsstunden, in Dortmund Schulen; Polizisten durchsuchten in Köln Sporthallen und in München mehrere Bauten einer Kaserne. Läden und Büros wurden in verschiedenen Städten evakuiert, in Mönchengladbach verdächtige Wohnblocks observiert. Besonders verunsichert war die Justiz: In Frankfurt ließ der Präsident des Oberlandesgerichts alle 2.500 Angestellten aus dem Gebäude evakuieren. Sein Kollege in Hamm machte dasselbe mit seinen 600 Mitarbeitern. In Karlsruhe wies der Bundesgerichtshof alle Richter an, die Fenster zu ihren Wohnungen zu verrammeln. Sie sollten nicht einmal mehr mit dem Hund auf die Straße gehen. Je 15 bewaffnete Bereitschaftspolizisten patrouillierten vor den Gebäuden des Bundesverfassungsgerichts und des Bundesgerichtshofs; die Schranken zu den Parkplätzen der Justizkomplexe öffneten sich nur noch für bekannte Dienstfahrzeuge. In Zivilwagen der Polizei auf der Straße saßen Beamte, die Maschinenpistolen griffbereit.[27]

Verschärft wurde diese „Bombenstimmung" (so das Magazin *Spiegel*) noch durch Trittbrettfahrer.[28] Allein in Frankfurt gab nach den ersten drei Explosionen mehrere Dutzend Warnungen vor angeblichen Anschlägen. Schon gegen Mittag des 12. Mai hatte ein anonymer Anrufer der Polizei mitgeteilt, dass auch im Kaufhaus der US Army, ganz in der Nähe des Hauptquartiers, zwei Bomben gelegt worden seien; Kriminalbeamte durchsuchten das Einkaufszentrum sofort, entdeckten jedoch keine Sprengkörper. Am nächsten Tag richteten sich weitere Drohungen gegen die US-Post im Hauptbahnhof, gegen einen Militärzug, gegen das US-Hospital, eine Kirche der Army und die High School. Am Nachmittag dieses Samstags gingen innerhalb von 45 Minuten 13 Bombendrohungen bei US-Dienststellen und der Frankfurter Polizei ein. Verschiedene Gebäude wurden für den Publikumsverkehr gesperrt und Schließfächer im Bahnhof geöffnet, um das dort abgestellte Gepäck zu kontrollieren. Die Flut der anonymen Drohungen riss nicht ab. Allein am 16. und 17. Mai wurde die Polizei etwa 35-mal alarmiert. „Das Ziel der Terroristen ist eindeutig – die Bevölkerung soll systematisch in Angst gesetzt und verunsichert werden", befand ein Polizeisprecher.[29] Doch vermutlich stammte nur ein kleiner Teil tatsächlich von Sympathisanten der RAF – und wohl keine von den eigentlichen Tätern. „Jeder Schulbub ruft schon an", klagte ein Frankfurter Hauptkommissar, „und manchmal hört man im Hintergrund Kichern." Als der Hessische Rundfunk über die angekündigte angebliche Sprengung des Funkhaus-Kasinos berichtete und sich der Programmdirektor theatralisch für diese Angst schürende Meldung rechtfertigte: „Was soll ich denn machen?", empfahl ihm Frankfurts Polizeipräsident lässig: „Abwarten und Tee trinken."[30]

In diese alarmierte Stimmung platzte am 17. Mai 1972 die Nachricht über ein weiteres Bekennerschreiben. Es war auf den Vortag datiert und begann: „Am Freitag, dem 12. Mai 1972, hat das Kommando Thomas Weisbecker im Polizeipräsidium in Augsburg und im Landeskriminalamt in München drei Bomben zur Explosion gebracht." Weiter hieß es, Weisbecker sei am 2. März „im Zuge einer lange vorbereiteten Überraschungsaktion von einem Exekutionskommando aus Münchener Kripo und Augsburger Polizei und ohne noch irgendwie reagieren zu können, ermordet worden". Die Polizei habe ihn „bewusst nicht gefangen genommen, sondern erschossen". Bei den Explosionen handele es sich um „Widerstand" gegen die „Militarisierung der Klassenkämpfe durch rücksichtslosen und hinterhältigen Schusswaffengebrauch", auf die Polizei und Justiz setzten: „Die Taktik und die Mittel, die wir anwenden, sind die Taktik und die Mittel des Guerilla-Kampfes. Die Innenminister und die Bundesanwaltschaft schätzen die Situation falsch ein, wenn sie glauben, sie mit ihrem Exekutionskommandos beherrschen zu können." Es sei das „Wesen der Guerilla, dass sie – weil sie für die Interessen des Volkes kämpft – durch militärische Aktionen nicht ausgelöscht werden kann". Der Brief endete mit dem Aufrufen: „Kampf den Exekutionskommandos der Polizei! Kampf der SS-Praxis der Polizei! Kampf allen Ausbeutern und Feinden des Volkes!"[31] Die Untersuchung des Schreibens ergab, dass es sich um keine aus dem Umfeld von Baader-Meinhof bekannte Schreibmaschine handelte. Der Brief war im äußersten Südwesten der Bundesrepublik, in Lörrach an der Schweizer Grenze, als Eilbrief an die dpa in Hamburg aufgegeben worden. Wenige Wochen später ermittelte das BKA, dass es sich um die Abschrift des eigentlichen Bekennerschreibens handelte, die ein geständiges Mitglied einer Züricher Sympathisantengruppe der RAF nach telefonischem Diktat getippt und eigenständig aufgegeben hatte.[32]

Die Wirkungen waren völlig anders, als die Täter offenbar erwartet hatten. Die *Zeit* kommentierte: „Nicht gerade aus heiterem Himmel, aber doch aus einer vergleichsweise ruhigen Atmosphäre ist plötzlich eine Terrorwelle über die Bundesrepublik hereingebrochen." In ihrer Wertung unterschied sich die linksliberale Wochenzeitung nur durch die etwas verschwurbelten Formulierungen von konservativen Blättern: „Dass es sich in allen Fällen um politisch motivierte Verbrechen handelt, dürfte außer Zweifel stehen. Womit freilich nur gesagt sein soll: Der kriminell manifestierte Wahn ist nicht von der allgemeinen, die gesamte Psyche des Täters umfassenden Art einer ordinären Geisteskrankheit; aber er hat jene moralischen Regulative aufgehoben, die Menschen das offenkundige Missverhältnis von Mittel und Zweck einsichtig machen und sie so vom Äußersten zurückhalten." Das *Hamburger Abendblatt*, im Gegensatz zur *Zeit* politisch konservativ, forderte deutlich klarer: „Es ist die Pflicht aller Bürger, anarchistischen Gewalttätern und denen, die ihnen helfen oder sie schützen, entgegenzutreten."[33]

Ziemlich einhellig waren auch die Reaktionen jenseits der veröffentlichten Meinung. In Frankfurt zum Beispiel, wo der von Linksradikalen dominierte Allgemeine Studentenausschuss der Universität dem Polizeipräsidenten wegen des nach dem Bombenanschlag an Christi Himmelfahrt ergangenen Verbots einer geplanten Vietnam-Demonstration mit Ausschreitungen drohte, gab es fast ausschließlich „Zorn unter der Bevölkerung", wie der *Zeit*-Korrespondent berichtete: „Vietnamprotest – das wird keinem mehr abgenommen. Und es wird befürchtet, dass sich dieses Verhalten bei der kommenden Kommunalwahl just gegen die SPD im Frankfurter Römer auszahlen könnte."[34] Andreas Baader hatte zwar seine Ankündigung ernst gemeint, einen Krieg entfachen zu wollen. Doch es wurde kein „Volkskrieg", denn das Volk geriet zwar zum Teil in Panik, schlug sich aber eben in keinem Fall auf die Seite der Attentäter, die vielmehr völlig allein standen.

Am selben 17. Mai 1972 gelang den Ermittlern ein entscheidender Durchbruch, um die Täterschaft zu beweisen: Sechs Tage nach den Explosionen in Frankfurt wurde in der Nähe des Offizierskasinos ein abgestellter hellblauer VW Käfer mit dem gefälschten Kennzeichen F-NE 971 sichergestellt. Dieses Fahrzeug war am Nachmittag des Tattages einem US-Offizier aufgefallen, als es in Richtung Kasino fuhr, gesteuert von einem männlichen Zivilisten mit längerem blondem Haar und Brille. Die Untersuchung ergab, dass der VW am 27. Dezember 1971 gestohlen gemeldet worden war; das Türschloss auf der Fahrerseite und das Zündschloss hatte jemand danach ausgetauscht. Unter der Fußmatte des Beifahrersitzes wurde das echte Kennzeichen des Wagens F-NH 425 gefunden – und auf dem Blech dieses Kennzeichens sicherten die Ermittler einen Fingerabdruck, der dem am 2. März 1972 erschossenen Weisbecker zugeordnet werden konnte. Damit war die Verbindung zwischen dem Anschlag und der Gruppe um Baader, Meinhof und Ensslin, zu der bis zu seinem Tode auch Weisbecker gehört hatte, nahezu zweifelsfrei nachgewiesen.[35]

Währenddessen ging es im RAF-Hauptquartier in der Inheidener Straße um die nächsten Attentatsziele. Die Explosionen in Frankfurt hatten auf die USA gezielt, um ein „Fanal" gegen die Verschärfung des Vietnamkrieges zu setzen; die Initiative dafür war von Gudrun Ensslin ausgegangen. Die Anschläge in Augsburg und München sollten „Rache" sein für den Tod von Thomas Weisbecker, die Bombe in Karlsruhe sollte die Justiz einschüchtern; alle drei Ziele hatte Andreas Baader ausgewählt. Nun war Ulrike Meinhof gewissermaßen an der Reihe, die dritte aus der Führung der Gruppe.

In der Öffentlichkeit galt sie immer noch als das bekannteste „Gesicht" der RAF. Wohl am 13. Mai 1972 war Meinhof aus ihrem Versteck in Hamburg nach Frankfurt gekommen. Zuerst hatte sie hier das Bekennerschreiben zum Anschlag auf das US-Hauptquartier verfasst, anschließend die Vorlage für den Brief zu den Explosionen in Augsburg und München geschrieben – jedenfalls wurden zwei auf derselben Maschine getippte Entwürfe dazu sichergestellt, von denen Meinhof einen handschriftlich redigiert hatte.[36]

Nun wollte sie Baader, Ensslin, Meins und Raspe überzeugen, als Nächstes ein Attentat auf den in linken Kreisen verhassten Verlag von Axel Springer zu begehen: „Es war ihre Idee, und sie musste diese Idee ja bei diesen Leuten durchsetzen", berichtete Gerhard Müller. Denn Zugriff auf die mit großem Aufwand fertiggestellten Bomben hatten die vier Bewohner der Inheidener Straße, weshalb Meinhof auf deren Zustimmung zu ihrem Plan angewiesen war. „Sie konnte ja nicht einfach hergehen und sagen: ‚Ich mache jetzt das oder das.' Und das hatte sie schließlich auch durchgesetzt."[37]

Baader und die anderen gaben ihr für den Anschlag in Hamburg fünf der von Dierk Hoff geschweißten Rohrbomben mit; außerdem bekam sie noch eine „Feldflaschenbombe" und zwei Handgranaten, die mit mechanischen Zündern versehen waren.[38] Die fünf gegen Springer vorgesehenen Sprengkörper aber waren nicht scharf – zwar vollständig mit selbstgemischtem Sprengstoff gefüllt, doch noch ragten die Drähte zu den Zündkapseln heraus, die in den Sprengschnüren steckten. Diese Drähte versahen in Frankfurt Meins oder Raspe mit Klemmen und Bananensteckern, um die Verbindung zu den separaten Zeitzündern aus jeweils einer Eieruhr und einer starken Batterie so einfach und fehleranfällig wie möglich zu machen. Meinhof erhielt genaue Anweisungen, wie sie die Sprengsätze „oben", also in Hamburg, scharf machen konnte und platzieren sollte, erinnerte sich Müller: „Ja, und dann ist sie mit den Dingern losgefahren."[39]

Das Verlagshaus Axel Springer in Hamburg
an der Ecke Kaiser-Wilhelm-Straße/Fuhlentwiete,
aufgenommen von Süden, in den 1970er-Jahren.

Bildarchiv

Axel Springer in der Rotation
seines Druckhauses in der
Berliner Kochstraße.

Oben: Axel Springer und
BILD-Chef Günter Prinz (r.)
bei einer Besprechung
über Boulevard-Zeitungen.

Unten: Zur Runde gehören
auch Büroleiter Claus Dieter
Nagel (l.) und Alleinvor-
stand Peter Tamm (3. v. r.).

Oben: Friede Riewerts und
Axel Springer Ende der
1960er-Jahre auf der MS
„Schwanenwerder".

Unten: Axel Springer und sein
Vertrauter Ernst Cramer (r.)
helfen 1970 auf Sylt, ein Auto
aus dem Sand zu befreien.

Nach dem Anschlag auf
Rudi Dutschke am 11. April 1968
versuchen Demonstranten,
das Berliner Verlagshaus von
Axel Springer zu stürmen.

Rechts: Die Attacke
misslingt. Dafür werden
Auslieferungsfahrzeuge
des Verlages in Brand
gesetzt.

Ausriss aus dem ersten
RAF-Fahndungsplakat des
BKA von Herbst 1971.

B a a d e r ,	E n s s l i n ,	G r a s h o f ,
Andreas,	Gudrun,	Manfred,
6.5.43 München	15.8.40 Bartholomae	3.10.46 Kiel

1,76 m, schlank,
braunes Haar,
blaue Augen,
Zähne lückenhaft,
Bartwuchs u. Haar-
farbe wechselnd

1,70 m, schlank,
hohe Stirn,
ca. 2 cm lange
Narbe ü.d. rechten
Augenbraue, Haar-
farbe u. -schnitt
häufig wechselnd

ca. 1,75 m,
schlank, mittel-
blond,
graue Augen,
Bartwuchs u. Haar-
farbe wechselnd

Rechts: Erste Seite der
„Kriegserklärung" von Andreas
Baader von Januar 1972.

T-7205

"Die Bullen werden solange im Finstern
tappen, bis sie sich gezwungen sehen,
die politische in eine militärische
Situation umzuwandeln." Marighella

Die Wahrheit ist, daß es seit dem Ende der Ausbildung der
ersten Zwanzig in Jordanien keine Informationen aus der
Gruppe mehr gibt. Die Arbeit der RAF ist geheim. Die "Sicherheitskräfte", Sicherungsgruppe, Polizei, BND, Verfassungsschutz, Bundesanwaltschaft, der Spiegel, die Springerpresse,
sie alle wissen nichts.

Sie wissen nichts über die Größe, die Zahl, die Organisation,
die Feuerkraft, die Taktik der Gruppen. Jedes Wort, das in
der Öffentlichkeit des Bullenstaates seit eineinhalb Jahren
über uns geschrieben worden ist, ist falsch, ist Spekulation
oder Gegenpropaganda, mit dem Ziel, Theorie und Praxis der
Stadtguerrilla zu diffamieren und einen Keil zwischen uns und
unsere Basis zu treiben.

Ich denke nicht daran, mich zu stellen. Kein Typ von der RAF
denkt daran, sich zu stellen. Kein Gefangener aus der RAF hat
bis jetzt ausgesagt. Erfolgsmeldungen über uns können nur
heißen: verhaftet oder tot. Die Stärke der Guerrilla ist die
Entschlossenheit jedes einzelnen von uns. Wir sind nicht auf
der Flucht. Wir sind hier, um den bewaffneten Widerstand gegen
die bestehende Eigentumsordnung und die fortschreitende Ausbeutung des Volkes zu organisieren.

Die Aktion der RAF jetzt ist die Bildung politisch-militärischer
Kader, die Verbesserung der Bewaffnung und der Ausbildung
der Revolutionäre, die Verankerung der Gruppen in der
Sympathisantenscene, die bereit ist, den bewaffneten Widerstand zu unterstützen. Die taktische Linie, der wir jetzt folgen,
ist die Entwicklung der Propaganda der Stadtguerrilla in den
noch legalen revolutionären Organisationen und der Aufbau
einer breiten logistischen Basis in allen Schichten des Volkes.

Hanns Martin Schleyer (l.) und
Axel Springer (4. v. l.) bei
einer Veranstaltung am 7. März
1972 in Stuttgart.

Axel Springer bei einer Rede am
21. März 1972 in Düsseldorf.

Das zerfetzte Vordach am Eingang
zum Kasino des US-Hauptquartiers
in Frankfurt am Main nach dem
Bombenanschlag vom 11. Mai 1972.

Blick in den zerstörten
Gastbereich des Kasinos.

Der am 15. Mai 1972 durch eine
Bombe zerstörte VW Käfer von
Wolfgang und Gerta Buddenberg
in Karlsruhe.

Die zweite am 19. Mai 1972
detonierte Bombe hat die
Außenwand des Übergangs vom
Hamburger Axel-Springer-
Hochhaus zum übrigen Verlag
zerfetzt.

Sicherheitsbeauftragte
des Verlages warnen Autofahrer
und Passanten in der Straße
Fuhlentwiete unmittelbar nach
der zweiten Detonation.

Oben: Die Zerstörung
der Gebäudefassade zeigt
die Wucht der Detonation
vom 19. Mai 1972.

Unten: Die Folgen der
Explosion im Inneren des
Gebäudes.

Die Polizei sperrt am
19. Mai 1972 das Verlagshaus
Axel Springer ab.

Rechts: Unmittelbar nach
ihrem Eintreffen beginnt die
Polizei mit der Kontrolle
geparkter Fahrzeuge und der
Zeugenbefragung.

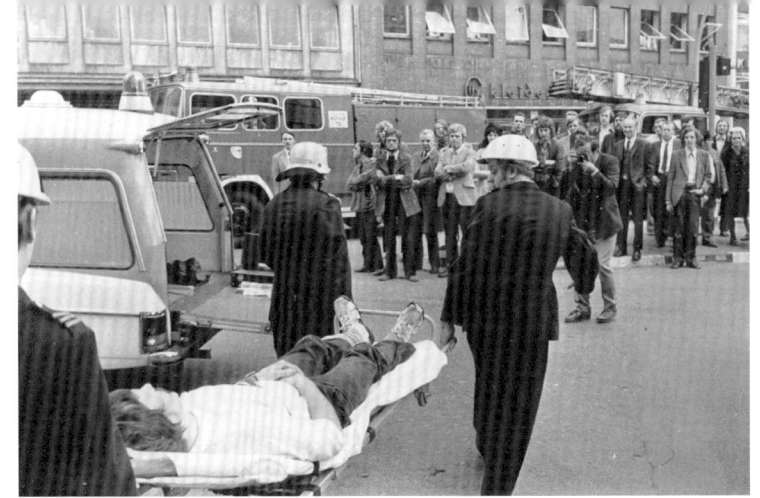

Oben: Ein beim Anschlag
vom 19. Mai 1972 verletzter
Verlagsmitarbeiter wird
abtransportiert.

Unten: Der verwüstete Raum
der Korrektoren, neben dem die
erste Bombe explodiert ist.

Oben: Drucker, die wegen
der Gefahr weiterer
Bomben ihren Arbeitsplatz
haben verlassen müssen.

Unten: Anstehen an der
Telefonzelle, um die
Familien zu beruhigen.

Der Karton mit der fünften und
letzten Bombe, der am 20. Mai
1972 im Brandschutzschrank des
zwölften Stockwerks entdeckt
worden ist.

Vorstand Peter Tamm bei der
Menschenkette, um einen Wall
aus Zeitungen um die Bombe
zu errichten.

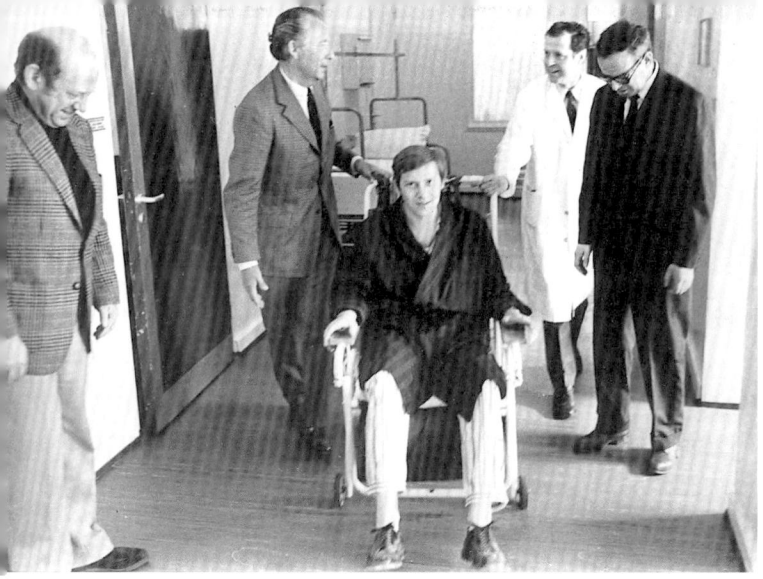

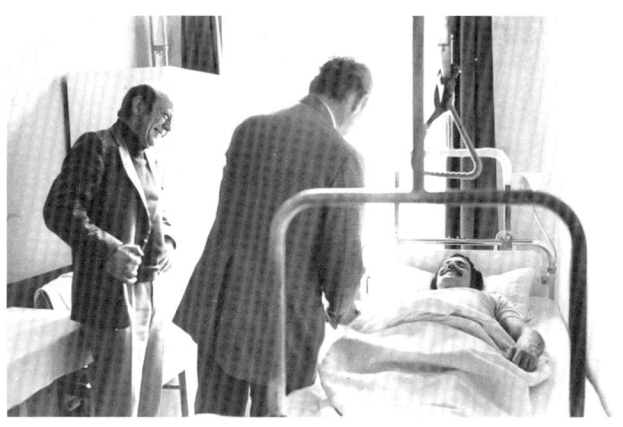

Oben: Axel Springer und
Ernst Cramer (r.) besuchen
am 20. Mai 1972 Verletzte
im Krankenhaus.

Unten: Der Verleger
verspricht seinen verletzten
Mitarbeitern jede Hilfe.

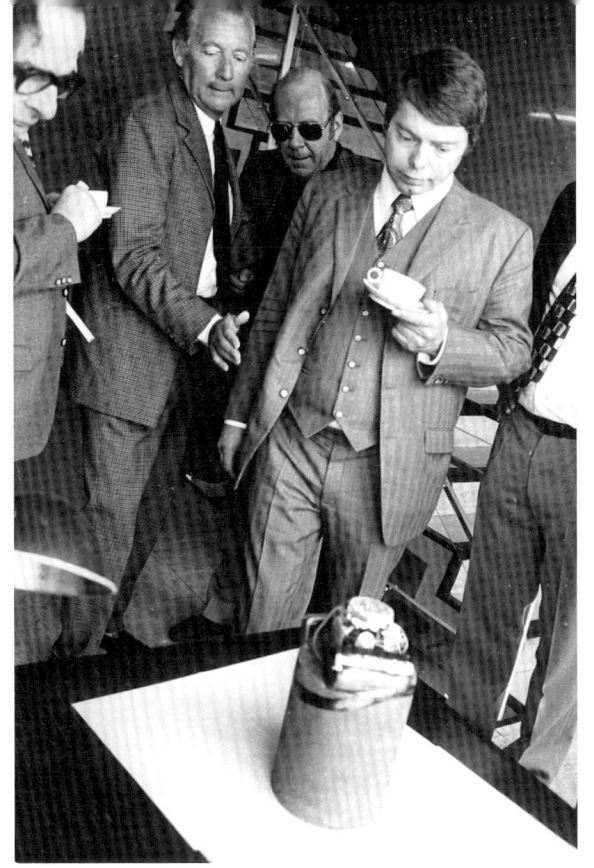

Oben: Axel Springer
und seine engsten
Mitarbeiter nehmen
einen der entschärften
Blindgänger in
Augenschein.

Unten: Die drei
entschärften Rohrbomben
des Hamburger Anschlags
und der daraus ent-
fernte selbstgemischte
Sprengstoff.

Springer aktuell

Sonderausgabe

**Liebe Mitarbeiterinnen,
liebe Mitarbeiter,**

für Ihr besonnenes und vorbildliches Verhalten bei dem hinterhältigen Anschlag auf unser Leben und unser Haus möchten wir Ihnen herzlich danken. Wir werden alles in unserer Macht Stehende tun, um den persönlich Betroffenen rasch zu helfen und um ähnliche Vorfälle in Zukunft auszuschließen.

Besondere Anerkennung verdient die Tatsache, daß Sie unmittelbar nach Freigabe des Hauses durch die Polizei wieder an Ihre Arbeitsplätze zurückgekehrt sind.

Bis jetzt waren wir ein offenes Haus. Angesichts der erschreckenden Brutalität anarchistischer Gruppen können wir diese einem Pressehaus eigene Freizügigkeit nicht mehr beibehalten. Wir bitten Sie deshalb um Verständnis für eine Reihe von Maßnahmen, die unserer aller Sicherheit dienen:

1. Bis auf Widerruf können
   — das Haupthaus nur durch den Eingang Kaiser-Wilhelm-Straße 16. (Inzwischen auch Haupteingang bis 18 Uhr.)
   die WELT-Gebäude durch den Eingang Kaiser-Wilhelm-Str. 1 betreten werden.
2. Wir müssen Sie bitten, sich bei Betreten der Verlagsgebäude durch Vorzeigen des Hauspasses auszuweisen. Außerdem sind wir leider gezwungen, Gepäckkontrollen durchzuführen.
3. Die Eingänge sind zusätzlich mit Mitarbeitern des Personalwesens und Betriebsratsmitgliedern besetzt worden.
4. Darüber hinaus ist es jetzt erforderlich, daß wir alle die Augen offenhalten. Melden Sie daher bitte jede verdächtige Beobachtung.

Alle Mitarbeiter, die durch den Anschlag Sachschäden erlitten haben, bitten wir, sich an unsere Versicherungsabteilung (Telefon 2503) zu wenden. Auch die Personalabteilung steht Ihnen selbstverständlich für alle Fragen zur Verfügung.

19. Mai 1972   **Peter Tamm**

Links: Die Botschaft von Vorstand Peter Tamm an alle Mitarbeiter zu den unmittelbaren Auswirkungen des Anschlages vom 19. Mai 1972.

Rechts: Axel Springer gibt Gerhard Löwenthal vom ZDF im 19. Stock des Berliner Verlagshauses am 24. Mai 1972 ein Interview.

Zerstörte Autos auf dem
Parkplatz des US-Stützpunktes
in Heidelberg nach dem Anschlag
am Abend des 24. Mai 1972.

Die Reste des Tatfahrzeugs
auf dem Gelände des Hauptquartiers
der 7. US-Armee in Heidelberg.

Bericht über den Anschlag gegen den
Axel Springer Verlag auf der Lokalseite
der WELT vom 23. Mai 1972.

HANSESTADT HAMBURG

Dienstag, 23. Mai 1972 · Nr. 117 · DIE WELT · Seite 25 · H

Zwei Opfer des Bombenanschlags liegen noch schwerverletzt im Krankenhaus

Die Attentäter wußten, daß so schnell nicht zu räumen war

Die Korrektoren Helmut Röhrs (31) und Lorenz Burgmann (27) lasen mit ihren Kollegen in ihrem Raum im dritten Stock des Verlagshauses Axel Springer an der Kaiser-Wilhelm-Straße Druckfahnen der Zeitungen BILD, Hamburger Abendblatt und BILD am Sonntag. Es war bis auf die Tatsache, daß Pfingsten bevorstand, ein Freitag wie jeder andere. Dann explodierte unmittelbar neben ihrem Zimmer die erste Bombe. Röhrs und Burgmann wurden am stärksten betroffen.

Korrektor Helmut Röhrs im Universitätskrankenhaus. Er erlitt Kinnverletzungen

So sah's in einem Raum im 4. Stock des Springer-Hauses aus

Der 31jährige Korrektor Röhrs, Vater einer fünfjährigen Tochter, acht Monate Mitarbeiter im Verlagshaus, erlitt schwere Kieferverletzungen; sein 27jähriger Kollege, ebenfalls verheiratet und Vater zweier Töchter im Alter von drei und fünf Jahren, erlitt schwere innere Quetschungen. Die Ärzte bezeichnen seine Verletzungen als die schwersten von allen der ins Krankenhaus eingelieferten Angestellten im Springer-Hochhaus. Dabei war schon Helmut Röhrs nach dem Anschlag stundenlang bewußtlos; er mußte operiert werden.

Wie für alle anderen, gab es auch für sie keine Möglichkeit, sich gegen den heimtückischen Anschlag gegen ihr Leben zu wehren. Weder Röhrs (Hobby: Geschichts- und politische Literatur) noch Burgmann (Hobby: Karate) ahnten, daß unmittelbar neben ihnen eine von insgesamt fünf Bomben im Springer-Hochhaus tickte. Es traf sie unvorbereitet wie alle übrigen 3000 Mitarbeiter im Haus, wie den großen Teil der Bevölkerung der Bundesrepublik, die bis dahin nicht wahrhaben möchten, daß Extremisten zu derart unmenschlichen Methoden greifen würden: Frauen und Männer an ihrem Arbeitsplatz töten zu wollen.

Denn wer so viel technisches Verständnis besitzt, kiloschwere Bomben herzustellen, muß wissen, daß ein so großes Haus nicht innerhalb weniger Minuten zu räumen ist, wie es die Verbrecher zuvor in Telefonanrufen gefordert hatten (siehe Seite 3). Er hat deshalb den Tod von Menschen an ihren Schreibtischen, an den Setzmaschinen, in den Fotolabors einkalkuliert. Sie alle waren in diesem Augenblick wehrlos.

Einen Dank aber haben sich Hamburgs Feuerwehr und Polizei verdient, die innerhalb weniger Minuten Verletzte bargen und das Viertel rund ums Springer-Haus abriegelten. Wie wichtig diese Vorsichtsmaßnahme war, stellte sich später heraus: Im Hochhaus lagen weitere drei Bomben, die nicht gezündet hatten.

Am Abend fuhr sogar das Technische Hilfswerk mit seinen Küchenwagen am Rand des abgesperrten Zeitungsviertels auf: Die Helfer verteilten warmen Tee mit Rum und serbische Bohnensuppe an Polizisten und Mitarbeiter der betroffenen Abteilungen, die bis Mitternacht ausgeharrt hatten, ehe sie endlich wieder an ihre Ar-

Auf einer Pressekonferenz zeigte Hamburgs Innensenator Ruhnau, wie groß die nach den Explosionen der ersten Bomben noch gefundenen Sprengkörper sind

Unmittelbar nach den Explosionen: Ein Verletzter wird geborgen und sofort ins Hafenkrankenhaus gebracht

SENATOR E.h.
DR. FRANZ BURDA
INHABER
DER FIRMA BURDA GMBH

OFFENBURG/BADEN 5. Juni 1972

Mein lieber Axel Springer,

herzlichen Dank für Deinen Brief
vom 25. Mai.

Ich freue mich, daß die Plastik
von Bernhard Heiliger Dir gefällt.

Nach der Explosion in Deinem Hause
wollte ich Dir schreiben und Dir
meine Anteilnahme bekunden. Aber
als ich dann den Brief mit dem
Hilfsangebot von Herrn Nannen las,
habe ich doch grinsen müssen. Von
dieser 'idealistischen' Seite her
kannte ich ihn gar nicht. Ich bin
felsenfest davon überzeugt, daß
er sich im Stillen vor Wohllust
die Hände gerieben hat.

Dir und Deinen Mitarbeitern möchte ich recht herzlich zu der mutigen Haltung gratulieren, die Ihr an
den Tag legtet. Nur mit Beharrlichkeit und Kraft kommt man hier auf
die Dauer zum Sieg.

Hoffentlich sehen wir uns bald einmal wieder.

Mit herzlichen Grüßen

Dein

Franz

Herrn Verleger
Axel C. Springer

1000 Berlin 61
Kochstraße 50

Der Offenburger Verleger Franz Burda
macht den Mitarbeitern des Hamburger
Verlages nach dem Anschlag Mut.

113

Mitteilung der Unternehmensleitung
über die Sicherheitsmaßnahmen im
Verlagshaus Axel Springer nach dem
Anschlag vom 19. Mai 1972.

Liebe Mitarbeiterinnen,

liebe Mitarbeiter,

die Ereignisse der letzten Tage haben
uns zu einer Reihe von Sicherheitsmaßnahmen veranlaßt.

Safety first:
Sicherheit über alles.

Unter diesem Gesichtspunkt haben Geschäftsleitung und Betriebsrat gemeinsam die erforderlichen Maßnahmen, mit
denen ein Höchstmaß an Sicherheit erreicht werden kann, getroffen.

Dabei ist davon ausgegangen worden,
daß

die Sicherheit der Mitarbeiter
unseres Hauses vorrangig vor
allen anderen Überlegungen
zu stehen hat.

Zu den getroffenen Sicherheitsvorkehrungen gehören u. a.

- der Einsatz von Lautsprecherwagen
und Megaphonen, mit denen alle Mitarbeiter innerhalb kürzester Frist
gewarnt und erforderlichenfalls
zur Räumung eventuell bedrohter Gebäude veranlaßt werden können. Darüber hinaus ist die Installierung
einer festen Alarmanlage in die
Wege geleitet worden.

Durch entsprechende Aushänge sind
die Mitarbeiter über Verhaltens-
maßregeln für den Notfall unterrichtet worden.

- Für den Fall der Räumung von Gebäuden werden die vorübergehend
geschlossenen Ein- und Ausgänge
sofort geöffnet. Die Notausgänge
sind gekennzeichnet. Eine bessere
Markierung der Fluchtwege ist
bereits angelaufen.

- 2 -

114

Oben: Vorstand Vorstand Peter Tamm
(im dunklen Anzug) inmitten der
Teilnehmer der Hamburger Betriebs-
versammlung am 7. Juni 1972.

Unten: Der höchste Manager des
Verlages Axel Springer spricht zu
den Mitarbeitern.

Ulrike Meinhof nach ihrer Festnahme
in Hannover am 15. Juni 1972.

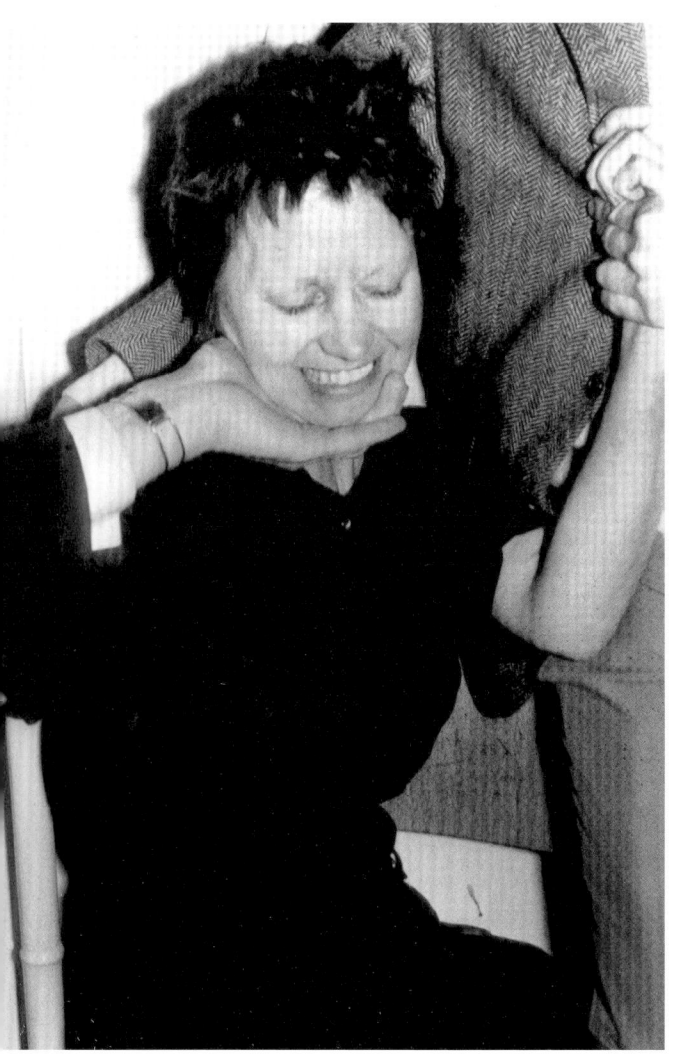

Jpo /APO

Die Kriminalpolizei bittet um Ihre Mithilfe

Liebe Mitarbeiterinnen, liebe Mitarbeiter,

zur Abrundung der bisherigen Ermittlungen und zur
Bestätigung schon sichergestellter Spuren über die
Täter und Hintermänner des Bombenanschlags auf unsere Mitarbeiterinnen und Mitarbeiter in Hamburg
am Freitag, dem 19. Mai 1972, werden am kommenden
Freitag, dem 27. Oktober, in der Zeit von 7,oo bis
18,3o h vor unserem Verlagshaus in der Kaiser-
Wilhelm-Straße und in der Halle Haupteingang folgende Gegenstände ausgestellt:

1. 4 Personenkraftwagen

2. das Verpackungsmaterial der 3 nicht
   detonierten Bomben und ein entschärfter
   Sprengkörper

3. einige Fotos, auf denen 3 Personen abge-
   bildet sind.

Bitte, sagen Sie den in der Halle bzw. auf der
Kaiser-Wilhelm-Straße anwesenden Beamten der Kriminalpolizei,

- ob Sie eines der 4 Pkw's einige Tage vor dem
  Bombenanschlag bzw. am Tage selbst in der Nähe
  unseres Verlagshauses gesehen haben,

- ob Sie Personen beobachtet haben, die am Tat-
  tag mit einem der gezeigten Gegenstände in der
  Nähe des Verlagshauses, beim Betreten unseres·
  Hauses oder innerhalb unseres Hauses gesehen
  haben und

- ob Sie einen oder alle der auf den Fotos abgebildeten Personen kennen. Diese Personen sind
  für die Kriminalpolizei wichtige Zeugen. Die
  Polizei bittet die abgebildeten Personen auch
  selbst, sich persönlich zu melden.

Alle Angaben werden selbstverständlich vertraulich
behandelt.

Rolf von Bargen

Hamburg, den 25. Oktober 1972

Der Verlagsmanager Rolf von Bargen
bittet die Mitarbeiter von Axel Springer
um Hilfe bei den Ermittlungen.

Oben: Axel Springer (l.)
auf der Vertriebstagung in
Bad Schachen/Lindau am
29. September 1972.

Unten: Axel Springer (l.) und
Friede Riewerts beim Betriebsfest am
18. November 1972, mit dabei auch der
Publizist Hans Habe (2. v. r.).

Durch Brandstiftung zerstört: der Klenderhof des
Verlegers auf Sylt im August 1973 (oben), sein Schweizer
Berghaus oberhalb von Rougement im Kanton Waadt
im Januar 1975 (unten).

Festakt zu 100 Jahren Ullstein-Verlag am
9. September 1977. In der ersten Reihe:
Vorstand Peter Tamm, der Regierende Bürgermeister
Klaus Schütz, der Präsident des Berliner
Abgeordnetenhauses Peter Lorenz, Frederick
Ullstein und Axel Springer.

Axel Springer fordert in seiner Rede
eine „energische Abkehr vom Radikalismus
unserer Tage" und plädiert für ein
Festhalten an der deutschen Einheit, am
freien Unternehmertum und an der Freiheit.

Großalarm in Hamburg – 3000 in Lebensgefahr

HAMBURGER Morgenpost

Nr. 116/24. Jg. • Sonnabend, 20. Mai 1972 • 30 Pf • C 1986 A

Attentate ASU

Hbg. Morgenpost 20.5.72

Bomben explodierten im Springer-Haus

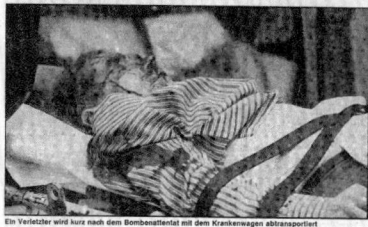

Ein Verletzter wird kurz nach dem Bombenattentat mit dem Krankenwagen abtransportiert

Hamburg — Höchste Alarm-
stufe jetzt auch in Hamburg: Im
Springer-Hochhaus an der Kaiser-Wilhelm-Straße explodierten
gestern nachmittag kurz nacheinander zwei Bomben, im dritten
und sechsten Stock. Die Detonation forderte 16 Verletzte. Darunter zwei Schwerverletzte.

Drei Minuten vor der Explosion
hatte sich ein anonymer Anrufer
in der Telefonzentrale gemeldet
und gedroht: „In einer Viertelstunde fliegt das Haus in die
Luft." Nach den Explosionen kam
nochmals ein Anruf, in dem von
einer dritten Bombe die Rede
war. Die 3000 Arbeiter und Angestellten mußten darauf das Gebäude verlassen.

Die Bundesregierung hat die
jüngsten Bombenanschläge mit
„Empörung und Abscheu" verurteilt. Brandt kündigte verstärkte
Maßnahmen gegen die Terroristen an. Die CDU/CSU forderte
alle Demokraten auf, gemeinsam
der Welle von Gewalt entgegenzutreten. (Fortsetzung S. 5, wel-
den Seiten 3, 4 und 5)

Eine Bombe riß die Fassade im 6. Stock auf. (MORGENPOST-Leserfoto)

Titelseite der Hamburger Morgenpost von Pfingstsamstag,
dem 20. Mai 1972.

Reaktionen

Wenn Bomben in ein Zeitungshaus geschmuggelt und gezündet werden, dann ist das ein Angriff auf die Pressefreiheit. Darin waren sich fast alle einig: die Mitarbeiter des Axel Springer Verlages wie die überwiegende Mehrheit der bundesdeutschen Medien, weite Teile der Politik ebenso wie die Öffentlichkeit. Klar waren sich alle Kommentatoren auch über die Einmaligkeit des Vorgangs in Deutschland, denn nie zuvor hatte es einen derartigen Vorfall gegeben.

Neu war auch, dass die Täter in ihrem ersten Bekennerschreiben weder politische Forderungen erhoben, noch eine Erklärung für ihr Handeln abgaben. Vielmehr wirkte das Pamphlet, das in der Nacht zum Pfingstsamstag beim Pförtner des Norddeutschen Rundfunks abgegeben worden war, wie eine hastig formulierte Schuldzuweisung. Denn es machte den Verlag verantwortlich für die Verletzten: „Trotz rechtzeitiger und eindringlicher Warnungen" sei das Haus nicht geräumt worden, hieß es darin. Das Schreiben ohne Anrede oder Datum war lediglich mit „Kommando 2. Juni" unterzeichnet. Eine Selbstbezeichnung, die für Verwirrung sorgte, denn es handelte sich nicht um die „Bewegung 2. Juni", die sich zu dem Anschlag bekannte, also die vor allem in West-Berlin aktive linksextreme Terrorgruppe, die teilweise in Konkurrenz zur RAF stand. Warum sich die Täter trotz der Verwechslungsgefahr so nannten, blieb offen.[1]

Bei der ersten Warnung, laut dem Bekennerschreiben angeblich um 15.29 Uhr und damit 26 Minuten vor der ersten Explosion, deren Zeitpunkt mit 15.55 Uhr angegeben wurde, sei geantwortet worden: „Hören Sie auf mit dem Blödsinn." Auch ein zweiter Anruf angeblich zwei Minuten später um 15.31 Uhr sei ignoriert worden: „Die Telefonistinnen hatten offenbar Anweisung, solche Anrufe nicht zu beachten." Daraufhin sei um 15.36 Uhr ein dritter Anruf „bei den Bullen unter 110" erfolgt; die Polizei sei aufgefordert worden: „Sorgen Sie, verdammt noch einmal dafür, dass endlich geräumt wird." Aber wieder sei nichts geschehen. Dahinter stecke Prinzip: „Springer geht lieber das Risiko ein, dass seine Arbeiter und Angestellten durch Bomben verletzt werden, als das Risiko, ein paar Stunden Arbeitszeit, also Profit, durch Fehlalarm zu verlieren." Das sei das Wesen der Ausbeutung: „Für die Kapitalisten ist der Profit alles, sind die Menschen, die ihn schaffen, nur ein Dreck."[2]

Das Bekennerschreiben war der Versuch der Täter, die eigene Skrupellosigkeit kleinzureden. Denn an den Behauptungen über die Warnungen stimmte fast nichts, nicht einmal die Zeit der beiden Explosionen. Schon die Platzierung der detonierten Bomben zeigte, wer getroffen werden sollte: die Menschen in den personalintensiven Abteilungen Setzerei und Druckerei sowie in Büros. Angesichts dessen war die Versicherung der Bombenleger, sie seien „zutiefst betroffen darüber, dass Arbeiter und Angestellte verletzt worden sind", zynisch.

Trotzdem reagierte der Verlag erstaunlich zurückhaltend: „Um die vermutlich von interessierter Seite aufgestellte und unter anderem von einem Rundfunksender verbreitete Behauptung richtigzustellen, der Axel Springer Verlag habe am 19. Mai 1972 auf eine telefonische Bombenwarnung nicht reagiert, teilt die Geschäftsleitung des Unternehmens Folgendes mit: Nach den Aufzeichnungen der für die Sicherheit des Hauses verantwortlichen Mitarbeiter erfolgte die erste Bombenwarnung durch einen anonymen Anruf um 15.36 Uhr, alarmierte der Verlag die Polizei um 15.38 Uhr, detonierte die erste Sprengladung um 15.41 Uhr. Zwischen dem telefonischen Anruf und der Explosion lagen also nur fünf Minuten."[3] Der angebliche Anruf der Täter bei der Polizei wurde überhaupt nicht registriert – es hatte ihn nie gegeben.[4]

Weniger defensiv als diese Richtigstellung fiel der Kommentar in *BILD* am 20. Mai aus: „Bomben und jegliche Gewalt sind keine Argumente in der politischen Auseinandersetzung. Wer zu Gewalt greift, ist nichts anderes als ein Verbrecher. Wir haben dies immer und immer wieder gesagt, haben davor gewarnt, die Entwicklung hin zur Radikalisierung auf die leichte Schulter zu nehmen."[5] Blätter anderer Verlage schlugen einen ähnlichen Ton an. Die *Stuttgarter Nachrichten* schrieben: „Das Attentat im Springer-Hochhaus in Hamburg, in dem 3.000 Menschen arbeiten, ist das Brutalste, was man sich vorstellen kann. Nicht Herr Springer persönlich hat den Schaden, sondern die verletzten Angestellten seines Hauses. Zweifelsohne wird den Fanatikern auch diesmal irgendeine Rechtfertigungsformel einfallen. Wer könnte jetzt aber noch die Ruhe aufbringen, sich mit diesen Argumenten auseinanderzusetzen? Wer seine Ansichten mit Bomben unterstützt, kann auf kein Verständnis rechnen. Er wird zum Außenseiter der Gesellschaft."[6] Die *Kölnische Rundschau* richtete sich direkt an die Springer-Mitarbeiter: „Sympathie, Freundschaft, Solidarität – den Verletzten rasche Genesung."[7] Die *Hamburger Morgenpost* zeigte Mitgefühl mit jenen Mitarbeitern, die „nach den Feiertagen mit Todesangst" wieder an ihre Schreibtische müssten.[8]

Tatsächlich sollte schon am Morgen nach dem Anschlag wieder Routine einziehen im Verlagshaus, schließlich waren die Sonntagsausgaben zu Ende zu produzieren und Liegengebliebenes nachzuholen. Heinz-Jörg B. von der Gesamtexpedition saß in einem der unteren Stockwerke im Haupthaus mit Kollegen zusammen. Auch die Geschäftsführung Zeitungen, die Verlagsleitung von *BILD* und der Vertrieb hatten für den Samstagvormittag zu Sitzungen geladen. Es würde eine Produktion unter erschwerten Bedingungen werden; daher erhielten die Redaktionen die Anweisung, Layouts früh anzufertigen, die Hauskorrektur nur sparsam einzusetzen und andere Grundschriften für die Texte zu verwenden, um Zeilen zu sparen. Es sollte nur so viel Aufwand betrieben werden wie unbedingt nötig.[9]

In den oberen Stockwerken begannen Putzfrauen mit ihrer Arbeit. Was keiner ahnte: Es war eine Rückkehr unter Lebensgefahr, denn gegen acht Uhr entdeckte Helga K. im zwölften Stock des Hochhauses, in dem die Räume der Konzernleitung lagen, in Sichtweite der Aufzüge und keine 25 Meter vom Verlegerbüro entfernt ein verdächtiges Päckchen. Sie hätte es fast übersehen, denn es lag hinter einem Stuhl verborgen, und der Stoff, in den es gewickelt war, ähnelte verblüffend der grünlichen Farbe des Fußbodens. Die Putzfrau schlug sofort Alarm, und der Verlag informierte um 8.07 Uhr die Polizei.[10] Nach einer schnellen Überprüfung durch einen Sprengmeister erging um 8.35 Uhr die Weisung an alle Beschäftigten, das Haus zu verlassen. „Raus hier, raus hier", hörte Heinz-Jörg B.[11]

Für alle Beteiligten war es ein Déjà-vu: Wieder sammelte sich nach Eintreffen von Polizei vor dem Verlagshaus schaulustiges Publikum, und die

Sprengstoffexperten des BKA wurden angefordert. Für die Sicherheitskräfte stellte sich die Frage, wie der Sprengsatz am Tag zuvor übersehen werden konnte. „Feststellen, welcher Durchsuchungstrupp am 19. Mai den 12. Stock des Hauses durchsucht hat", notierten die Ermittler um 8.49 Uhr im Protokoll.[12] Peter Tamm, der mit seinen Mitarbeitern bis in die Nacht hinein dort oben getagt hatte, reagierte verärgert auf die erneute Gefahr – gelinde gesagt.

Bald nach neun Uhr trafen die BKA-Experten um Heinrich K. ein, und zum Glück erwies sich der Sprengsatz als unkompliziert entschärfbar: Schon um 9.15 Uhr konnten die Spezialisten wieder abfahren.[13] Die Beschäftigten begannen zurückzukehren; gleichwohl entschlossen sich Polizei und Geschäftsführung zu einer diesmal wirklich gründlichen Kontrolle, für die mehrere Stunden veranschlagt wurden. Um 9.55 Uhr kam die Meldung, im Gebäude der *WELT* gegenüber solle es „ticken", ein „bombenähnliches Gebilde" sei gefunden worden. Auch dieses Haus wurde geräumt.[14] Die Meldung erwies sich als Missverständnis. Trotzdem wichen die Mitarbeiter der *WELT AM SONNTAG* ins Ausweichquartier im Hotel „Columbus" aus. Gegen Mittag wurden im Haupthaus des Verlages die zuerst untersuchten Produktionsräume wieder freigegeben, anschließend begann die zweite Prüfung der oberen, der Bürostockwerke. Gegen 13.50 Uhr entdeckte die Polizei im zwölften Stock eine weitere, die nunmehr fünfte Bombe – im Vorraum der Herrentoilette gegenüber den Aufzügen.[15] Sie ähnelte in Aussehen und Bauweise den anderen.

Zur gleichen Zeit saß Vorstand Peter Tamm mit einigen Mitarbeitern einen Stock höher beim Lunch im Casino. Als ihn die Nachricht vom Fund erreichte, ordnete er an: „Wir essen noch das Dessert." Tamm wollte jeden Eindruck von Panik vermeiden. Anschließend verließen die Führungskräfte das Casino, zur Sicherheit über die Nottreppe; auch alle Mitarbeiter der Stockwerke acht bis 13 hatten das Haus unverzüglich zu verlassen. Dann begann das Warten bis zur erneuten Rückkehr der Experten. Jemand schlug vor, bis dahin die Bombe durch eine Wand aus Zeitungen abzuschirmen; das könne im Falle einer Explosion die Wirkung mildern. Da die Fahrstühle und der Paternoster noch immer außer Betrieb waren, bildeten Verlagsmitarbeiter über mehrere Stockwerke eine Menschenkette und warfen sich Zeitungsstapel zu. Auch Peter Tamm reihte sich ein und empfand ein großes Gemeinschaftsgefühl: Er spürte, wie die Gefahr alle Mitarbeiter zusammenschweißte, vom Drucker bis zu ihm, dem ranghöchsten Manager.[16]

In den Stunden, in denen Tamm die Stellung hielt, besuchte Axel Springer mit seinen Vertrauten Ernst Cramer und Rolf von Bargen die Schwerverletzten. In der Kieferabteilung der Universitätsklinik Eppendorf lag Helmut R., der von der nächtlichen Operation noch benommen war. Der Korrektor war froh, als ihm ein Arzt bei der Visite erklärte, dass er bald selbstständig aufstehen könne. Nicht seine einzige Sorge. Helmut R. dachte auch an sein Eigentum, das noch im Büro war: Tasche, Mantel, Brille. Der überraschende Besuch von Axel Springer lenkte ein wenig ab von den trüben Gedanken.[17] Im Hafenkrankenhaus lagen R.'s Kollege Lorenz B. und Klaus H. von der *BILD*-Verlagsleitung. Springer versprach den beiden, wie zuvor auch Helmut R., jede mögliche Hilfe. Dass Menschen, die für ihn arbeiteten, so etwas widerfuhr, fand er grauenhaft. Was hatten die Kollegen zu tun mit seinen verlegerischen Prinzipien?[18]

Wie rücksichtslos die Täter vorgegangen waren, sah Axel Springer an diesem Samstag im Verlag, als ihm die am Morgen entschärfte Bombe präsentiert wurde. Obwohl von dem Sprengkörper, so wie er nun auf dem Tisch stand, keine Gefahr mehr ausging, wirkte die dunkle Stahlkonstruktion bedrohlich, wie an Springers Gesicht und Körperhaltung zu sehen war: Bewusst oder unbewusst hielt er Abstand zu der Bombe.

Im Verlag warteten Peter Tamm und die anderen auf das Entschärfen der fünften Bombe. Um 15 Uhr trafen die BKA-Experten ein, unterstützt von einem Fachmann des Bayerischen Landeskriminalamtes.[19] Doch der Sprengsatz lag so ungünstig in einem Schrank für Feuerlöschutensilien, dass sie sich nicht herantrauten. Es gab aber einen Fachmann beim Landeskriminalamt Hessen in Wiesbaden, der umgehend benachrichtigt wurde. Bescheiden wollte er mit dem Zug anreisen, doch Tamm buchte für ihn kurzerhand ein Privatflugzeug: „Bei uns zählt jede Minute."[20] Die angespannte Stimmung verschärfte sich weiter durch nochmalige Bombendrohungen gegen *BILD* und kurz vor 20 Uhr gegen den Axel Springer Verlag insgesamt – ausgerechnet, als der Innensenator erwartet wurde, um sich ein Bild der Lage zu machen. Heinz Ruhnau brach wegen der Drohung die Visite sofort ab.[21]

Um 23.10 Uhr war die Bombe entschärft; es war nun wirklich die letzte im Verlagshaus. Unbeantwortet blieb die Frage, wie die beiden Sprengsätze im zwölften Stock bei der Durchsuchung am Freitagabend hatten übersehen werden können. Die Ermittler schlossen nicht aus, dass sie erst am frühen Morgen des 20. Mai 1972 hereingeschafft worden seien, weil die Attentäter womöglich davon ausgingen, dass Geschäftsleitung und Verleger über das Geschehen des Vortages beraten würden. Das wäre ohne Zweifel unverfroren gewesen, doch wahrscheinlicher war, dass die zwei Bomben am Vortag unentdeckt geblieben waren und glücklicherweise versagt hatten. Sprengmeister Heinrich K. stellte fest, dass bei beiden die Zeitzünder auf eine Stunde eingestellt gewesen waren, doch der Mechanismus nicht funktioniert hatte. Der 51-jährige K. war der Held des Tages, seine besonnene Art und seine langjährige Erfahrung hatten sich ausgezahlt. Der Sprengmeister, der vor seiner kniffligen Arbeit stets eine Zigarette rauchte und danach ein Glas Sekt trank, wusste um die Gefahr seiner Tätigkeit: „Schützen kann ich mich nicht. Wenn es einmal kracht, höre ich nicht einmal meinen eigenen Schrei."[22] Doch auch dieser Einsatz war gutgegangen.

Während K. mit seiner Arbeit zufrieden sein konnte, plagte viele Angestellte ein übles Gefühl, das über Pfingsten anhielt. „Das ganze Haus hätte in die Luft fliegen können, und Hunderte hätten getötet werden könnte", meinte ein schockierter *Abendblatt*-Redakteur. BKA-Chef Horst Herold sah es ähnlich: Wären alle fünf Bomben im Axel-Springer-Haus explodiert, hätten 300 bis 400 Menschen ihr Leben verlieren können, sagte er.[23]

Auch mit der neuen Woche kehrte der Alltag nicht zurück. Der Druck der Zeitungen fand unter Polizeischutz statt. *BILD*-Reporterin Liz H. hatte auf den geplanten Ausflug auf Sylt verzichtet, den sie unter diesen Umständen nicht hätte genießen können. Verlagsmitarbeiter Heinz-Jörg B. schlief das verlängerte Wochenende sehr schlecht und ging am Dienstag zum Arzt, der ihn für zwei Wochen krankschrieb. Viele Kollegen erschraken bei jedem unerwarteten Geräusch, jede Polizeisirene machte sie nervös.[24] Besonders belastet waren die Familien der Mitarbeiter, die im Krankenhaus lagen. Die Ehefrauen der Korrektoren Lorenz B. und Helmut R. hatten über die Feiertage die Kinder mitgebracht. Frau B. erzählte ihren beiden, dass „der Papa" mit dem Kopf gegen einen Schrank gestoßen sei. Die

Frau von Helmut R., die in Elmshorn halbtags als Krankenschwester arbeitete, musste die vierjährige Tochter ebenfalls schonend auf den Anblick des verletzten Vaters vorbereiten. Das Sprechen fiel Helmut R. noch immer schwer, auch beim Lachen hatte er Schmerzen. Doch die aufmunternden Scherze des Krankenhauspersonals taten ihm gut.[25]

Politik, Behörden und natürlich der Verlag suchten nach angemessenen Reaktionen auf den Anschlag, die weitere Terrorakte verhindern, wenn nicht gar unmöglich machen sollten. Die Fahndung nach der Baader-Meinhof-Bande, die als Drahtzieher galt, und ihren Bombenbauern erhielt oberste Priorität.[26] Dass in Hamburg offenkundig Sprengsätze aus derselben Werkstatt verwendet worden waren wie Tage zuvor in Frankfurt, Augsburg und München, machte entschlossenes Handeln umso dringender: BKA-Chef Herold sprach von „Rundreisetätern", die das Töten nicht nur in Kauf nähmen, sondern direkt darauf zielten.[27]

Die Bundesregierung äußerte sich uneinheitlich. Bundesinnenminister Hans-Dietrich Genscher betonte im Interview der BILD AM SONNTAG: „Es kann gegenüber Gewalttätern keine Gleichgültigkeit und erst recht keine Solidarität geben." Wer ihnen helfe oder gar Unterschlupf gewähre, unterstütze Verbrecher, die Menschenleben rücksichtslos und hinterhältig aufs Spiel setzten. Das Urteil des FDP-Politikers: „Gewalt bleibt Gewalt, auch wenn man versucht, politische Motive zu unterstellen."[28] Kanzleramtsminister Horst Ehmke (SPD) reagierte zurückhaltender. Auch nach fünf Bombenanschlägen seit dem 11. Mai steuere die Bundesrepublik nicht ins Chaos. Nur eine winzige Minderheit versuche, mit Terrorakten „die öffentliche Meinung in Angst und Schrecken zu versetzen". Zwar hätten sie Helfer, doch „dass die Täter immer wieder Unterschlupf finden", wollte er nicht bestätigen. Ehmke relativierte damit die aktive Unterstützung der Attentäter durch das linke Milieu.[29]

Alle großen Tageszeitungen und viele Regionalblätter diskutierten genau darüber. Mit Überschriften wie „Bomben explodieren im Springer-Haus" und „Terror gegen Springer" oder „Kommando Faustrecht" berichteten sie ausführlich über den Anschlag. Die Frankfurter Allgemeine schrieb: „Krimineller Energie sind keine Schranken gesetzt, die Energie der Polizei stößt an vielerlei Grenzen. Sie wird nicht zuletzt davon behindert, dass angesehene Leute in unserem Staat – manche Professoren und Literaten zum Beispiel – seit Jahren mit dem politisch motivierten Terror Wortspiele veranstalteten. Nun, da aus dem Spiel blutiger Ernst geworden ist, erwarten wir von ihnen ein klärendes Wort."[30] Die *Kölnische Rundschau* urteilte, „ein Hauch von Nordirland und Vietnam" beginne die Bundesrepublik zu überziehen: „Die Mechanismen unserer Gesellschaft versagen angesichts der Gewalt, der echten und der vorgetäuschten." Hier liege die Schwachstelle, an der die „auf politische Gutmütigkeit festgelegte Demokratie tief verwundbar ist". Es sei die Frage, „wie lange wir bereit sind, für unsere freiheitlichen Prinzipien den Preis einer Epidemie von Gewalt und Gesetzlosigkeit zu zahlen".[31] Das *Hamburger Abendblatt* kommentierte: „Der Angriff gegen Setzer und Journalisten dient dazu, die freie Presse mundtot zu machen und zu demonstrieren, dass der Staat der Pressefreiheit nicht zu schützen vermag."[32]

Die *Rheinische Post* sah die Politik in der Pflicht: „Die Bonner Regierungsparteien SPD und FDP haben ihre tiefe Bestürzung über die Explosion in Hamburg ausgedrückt. Es ist zu hoffen, dass sie darüber hinaus auch etwas gelernt haben. Sie müssen sich nämlich fragen oder fragen lassen, ob sie in der Vergangenheit die Gefahren, die von linksextremen und auch gewalttätigen Gruppen ausgingen und ausgehen, immer richtig erkannt und öffentlich ausgesprochen haben."[33] Die *Schwäbische Zeitung* griff das Vokabular der Linksextremen auf: „Der ‚Kampf für die Befreiung der Arbeitenden' hat dazu geführt, dass Bomben vor einer Setzerei gelegt werden, in der Hunderte von Arbeitern sind, mit denen die Täter wohl nie Kontakt hatten."[34] Auch im Ausland gab es klare Wertungen; die *Salzburger Nachrichten* etwa brachten es auf die Formel: „Anarchie ist nicht Freiheit. Mord ist nicht Freiheit. Terror ist nicht Freiheit."[35]

Für Axel Springer waren solche Kommentare sowohl Zeichen der Solidarität wie des Mitgefühls, denn sie verteidigten, was ihm wichtig war: die Möglichkeit, Meinungen frei zu äußern. Ganz anders jene Artikel, die verklausuliert eine Mitschuld seines Verlages andeuteten. Die *Hamburger Morgenpost* beispielsweise schrieb: „Die Bomben in den Waschräumen des Springer-Hauses – davon darf man wohl ausgehen – galten dem Konzernherrn und seiner Politik." Das SPD-eigene Blatt fuhr fort: „Wer Wind sät, wird Sturm ernten, werden vielleicht die achselzuckend sagen, die etwas gegen Springer haben."[36] Nicht alle *Morgenpost*-Mitarbeiter dachten so.

Redakteur Michel R. teilte die massive Kritik am Axel Springer Verlag nicht. Zudem imponierte ihm der Verleger als Persönlichkeit, dass er feste Prinzipien hatte und diese auch vertrat. Nicht alles an der Berichterstattung der *BILD* gefiel R., aber das konnte kein Grund sein, eine Auseinandersetzung so zu führen. Wie er sahen auch andere *Morgenpost*-Mitarbeiter das Attentat als Anschlag „auf uns alle" und auf den Journalismus.[37]

Der *Mannheimer Morgen* fand es fast folgerichtig, dass die Terroristen sich das Hamburger Verlagshaus zum Ziel genommen hatten: „Weil Springer mit seinen Zeitungen, insbesondere mit *BILD*, wegen ihrer stramm konservativen Linie und oft provozierenden Einseitigkeit für die gesamte Linke in der Bundesrepublik bis hinein ins liberale Lager schon lange zu einem ‚Reizbegriff' geworden ist, spekulieren die Täter wohl auf irgend so etwas wie heimliche Sympathie."[38] Das Münchener Boulevardblatt *tz* kommentierte: „Es gibt gute Argumente gegen das Haus Springer, aber Bomben sind die schlechtesten und indiskutabel dazu."[39]

Der *Münchner Merkur* distanzierte sich deutlicher: „Wir können uns gut vorstellen, dass der Bombenanschlag auf das Springer-Gebäude in Hamburg einige Zeitgenossen mit heimlicher Genugtuung erfüllt. Das Gangstertum wird bekanntlich dann goutiert, wenn die Gangster so klug sind, sich bei der Wahl ihrer Opfer am Publikumsgeschmack zu orientieren." Der Verleger und seine Zeitungen seien seit Jahren Ziel einer üblen Kampagne. „Üblicherweise wird das beliebte, heuchlerische Argument aufgetischt werden, dass Springer und die *BILD*-Zeitung die Bombenwerfer herausgefordert hätten", so das Blatt weiter. Springer habe jedoch einen Teil der bundesdeutschen Öffentlichkeit nur damit provoziert, dass „einige seiner Zeitungen sehr konsequent eine politische Haltung vertreten, die den Mode-Torheiten des Tages nicht entspricht".[40]

Ein Beispiel lieferte der Kommentar zum Anschlag in der *BILD AM SONNTAG*. Chefredakteur Peter Boenisch fragte darin polemisch: „Wissen Kanzler und Staatsoberhaupt, dass das Kommunikationszentrum der Radikalen bekannt ist? Es sind 45 bekannte linksradikale Anwälte." Sie präparierten angebliche Zeugen, transportierten Sprengkörper, schmuggelten Kassiber in Gefängnisse und verwahrten Blankovollmachten von gesuchten Straftätern, fasste der Kommentar Aussagen von Innenminister Genscher, Generalbundesanwalt Ludwig Martin sowie des Bundeskriminalamtes zusammen.[41] Boenisch bilanzierte, schon einmal hätten Radikale in Deutschland ihr Unwesen getrieben: Auch damals, vor 1933, habe es mit kleinen Bomben angefangen, „dann starb die Demokratie, und zum Schluss lag das ganze Land in Schutt und Asche".[42] Den Vergleich zum Klima der Gewalt vor der Machtübernahme der Nationalsozialisten zog auch Axel Springer persönlich.[43]

Im linken Milieu fiel die Reaktion ganz anders aus. Eine „Proletarische Front" verteilte an der Hamburger Universität Flugblätter, die den Anschlag berechtigt nannten: „Die Bombe auf das Springer-Haus war gegen die Lügen Springers gerichtet." Nun würde Axel Springer die Zahl der Verletzten in seinem Haus nutzen, „um die Bombenleger ins Unrecht zu setzen".[44] Ein Sonderdruck der „Roten Fahne" und der Kommunistische Bund zweifelten, dass Baader-Meinhof hinter dem Anschlag stecke. Das Bekennerschreiben sei nur ein „plumper Trick", alles ähnele doch einer „Provokation faschistischer Elemente" und erinnere an Italien, wo Terrorakte rechtsradikaler Gruppen den Linken angehängt worden seien. Springers und Genschers Äußerungen machten klar, „was hier gespielt wird".[45] Man habe zwar in der linken Bewegung unterschiedliche Vorstellungen, in welcher Form gegen die „Ausbeutergesellschaft" vorzugehen sei, aber niemand wolle Bomben gegen Arbeiter legen und ein Blutbad riskieren wie am 19. Mai. Es müsse doch die Frage gestellt werden: „Wem nützen die Bomben bei Springer?" Die linken Grüppchen machten also den Verleger für den Anschlag verantwortlich, denn in seinem Interesse läge Unruhe durch die Attentatswelle – etwa angesichts der Debatte über die Ostverträge.[46]

Ausgerechnet Ulrike Meinhof widersprach derartigem Geraune. Sie wandte sich ihrer unverwechselbaren Stimme wegen per Tonband an Gesinnungsgenossen in mehreren Universitäten und forderte, den „Anschlag auf den Springerkonzern" nicht irgendwelchen Rechtsradikalen zuzuschieben oder die Unschuld der Linken zu beteuern. Auch lehnte sie die Behauptung ab, „die Bombenanschläge der letzten Zeit stünden in keinem Bezug zu den Klassenkämpfen in Westdeutschland und Berlin". Die Linke müsse sich stattdessen „mit der RAF auseinandersetzen". Das „System", wie Meinhof den demokratischen Rechtsstaat Bundesrepublik nannte, „kämpft jetzt, greift jetzt an". Also müsse Widerstand geleistet werden. Aber, so Meinhofs Fazit über die eigenen Sympathisanten: „Sie blicken nicht durch."[47]

Über Pfingsten war verschiedenen Medien ein weiteres Bekennerschreiben mit der Unterschrift „Kommando 2. Juni" zugegangen, unter anderem an die dpa. Es schloss an das erste Schreiben an, formulierte aber nun in einem zweiten Teil konkrete Forderungen: Axel Springer solle die „antikommunistische Hetze gegen die Neue Linke" und gegen „solidarische Aktionen der Arbeiterklasse wie Streiks" einstellen, ebenso die „Hetze gegen die Befreiungsbewegungen in der Dritten Welt, besonders gegen die arabischen Völker", und zugleich die „propagandistische und materielle Unterstützung für den Zionismus – die imperialistische Politik der herrschenden Klasse Israels". Erst wenn diese Forderungen erfüllt seien, werde man die Aktionen „gegen die Feinde des Volkes einstellen".[48] Die *Berliner Morgenpost* fasste kurz, aber treffend zusammen: „Die Unterstützung Israels und die antikommunistische Haltung der Zeitungen des Springer-Verlages sind der Grund für die Bombenanschläge auf das Hamburger Verlagshaus."[49]

Am 24. Mai 1972 wandte sich Axel Springer persönlich an die Öffentlichkeit, und zwar in einem Interview von Gerhard Löwenthal, dem Moderator des *ZDF-Magazins*. Zunächst drückte er sein Mitgefühl für die verletzten Mitarbeiter aus, dann griff er sein Bild von der „Teufelssaat der Linksradikalen" auf, die nun aufgegangen sei. Die Forderungen des „Kommando 2. Juni" kämen ihm vor wie die „extreme Vorwegnahme einer Wohlverhaltensklausel als Folge der Ostverträge". Als Löwenthal ihn auf den Vorwurf ansprach, einseitig Israel zu unterstützen, entgegnete der Verleger: „Wir werden darin auch nicht nachlassen. Ich habe nichts gegen die Araber, aber wer die leidvolle Geschichte unseres Volkes kennt, weiß wohl, welche Verpflichtungen wir haben, dem Volk von Israel treu zur Seite zu stehen." Der Verleger erinnerte daran, dass im Bekennerscheiben der Slogan „Enteignet Springer!" von 1967/68 reaktiviert worden war. Natürlich werde die Erklärung nicht, wie gefordert, in seinen Zeitungen verbreitet: „Nun, wir drucken Briefe von solchen Verbrechern nicht ab, aber wir lassen unsere Leser dennoch nicht zu kurz kommen und teilen ihnen das mit." Die Bundesregierung müsse stärker durchgreifen als bisher; notwendig sei die „Solidarität der Demokraten", die jede Form des Terrors ablehnten.[50]

Wie zur Bestätigung von Springers Warnungen forderte zwischen der Aufzeichnung des ZDF-Interviews und der Ausstrahlung am Abend ein Sprengstoffanschlag in Heidelberg drei Todesopfer und zahlreiche Verletzte. Kurz nach 18 Uhr waren am 24. Mai 1972 auf dem Parkplatz des Hauptquartiers der US-Streitkräfte in Europa zwei große Sprengsätze explodiert, die in Autos mit gestohlenen US-Kennzeichen offenbar unkontrolliert aufs Gelände hatten gefahren werden können. Captain Clyde R. Bonner und Corporal Charles Peck starben sofort, Corporal Ronald A. Woodward erlag auf dem Weg ins Krankenhaus seinen Verletzungen. Wieder war das Entsetzen groß: Innenminister Genscher nannte die anhaltende Terrorwelle noch am selben Abend im ZDF „nackten Mord".[51] Auch Axel Springer sah das so und schickte Schreiben der Anteilnahme an US-Kommandeure in Brüssel, Heidelberg und Berlin.

Auch zu diesem Anschlag gab es zwei Bekennerschreiben. Eines davon, aus Einzelbuchstaben zusammengeklebt, wurde der *Frankfurter Rundschau* zugespielt; unterschrieben war es mit „RAF-Kommando Thomas Weisbecker". Darin wurde der Beginn des „bewaffneten Kampfes" ausgerufen, der keinen Ausbeuter mehr ungestraft lasse und die „endgültige Befreiung des Proletariats" unterstützen werde. Gleich darauf folgte eine Attacke auf den Verleger: „Springer lügt, er wurde rechtzeitig informiert."[52] Zwar hatte dieses Schreiben nicht die RAF verfasst, sondern ein Trittbrettfahrer aus dem linksradikalen Milieu. Aber es zeigte, wie genau dort registriert wurde, was der Verleger sagte. Das echte Bekennerschreiben zum Anschlag in Heidelberg wurde per Eilbrief an die dpa, die *Frankfurter Rundschau* und den WDR geschickt; der Durchschlag für die Zeitung trug auf der Rückseite die Ergänzung: „Der Brief in der *FR* vom 26. Mai 1972 – angeblich von der RAF – ist eine Fälschung."[53]

Nach dem Auftritt im *ZDF-Magazin* widmete sich Axel Springer erst einmal privater Korrespondenz. Zum einen standen wegen des Kurzurlaubs in der Ägäis und der Aufregung um den Anschlag noch die Antworten auf zahlreiche Glückwunschschreiben zu seinem 60. Geburtstag am 2. Mai 1972 aus. Zum anderen hatte ihn nach dem 19. Mai eine „Riesenflut von Telegrammen und Briefen, von Anrufen, von sonstigen Bekundungen der Anteilnahme und der Empörung" erreicht.[54]

Gleich am 20. Mai hatte ihm Martha Funke, seine erste Ehefrau, geschrieben, mit der er auch Jahrzehnte nach der Scheidung noch in Kontakt stand: „Mein lieber Axel, versuchte Dich eben telefonisch zu erreichen, 18.30 Uhr. Sah die Flagge auf Deinem Pressehaus – wollte, wenn erforderlich, mich mit Deinen Leuten vor Dich stellen, ein schreckliches Gefühl, Dich alleine zu lassen, das darf doch nicht sein. ‚Dein Werk' und der Fleiß Tausender Menschen kann doch nicht von irregeleiteten Menschen-Fanatikern zerstört werden."[55]

Nicht minder emotional war der Brief einer früheren Mitarbeiterin aus Kiel, die sich bei Springers Vertrautem Ernst Cramer für Blumen und Genesungswünsche nach einer schweren Operation bedankte: „Meine Dankeszeilen fallen zeitlich zusammen mit dem entsetzlichen Anschlag und der Bedrohung gegen das Haus Axel Springer. Sie können sich vorstellen, wie empört wir darüber sind – und über die Machtlosigkeit, mit der man dem Terror und der Verteufelung zusehen muss. Wir stehen fortan erst recht zu unserem Verleger. Gerade jetzt ist es so wichtig und tröstlich, Freundschaften zu pflegen."[56]

Absender und Anrufer waren neben Familienangehörigen und Weggefährten auch Verleger wie Franz Burda und Hellmut Girardet, Politiker wie die früheren Kanzler Ludwig Erhard und Kurt Georg Kiesinger, Bundestagspräsident Kai Uwe von Hassel oder Bayerns CSU-Chef Franz Josef Strauß, Unternehmer, Kulturschaffende, Vertreter von Kirchen, Diplomaten, Bundeswehroffiziere, schließlich entsetzte Bundesbürger und Leser seiner Zeitungen. Das Israelische Philharmonische Orchester sprach dem Verleger und den Opfern telegrafisch Sympathie aus: „Ein auch noch so scheußlicher Akt des Terrors wird mutige Menschen aber nicht davon abhalten, weiterhin ihre unerschütterlichen Überzeugungen zum Ausdruck zu bringen."[57] Die Besatzung eines „Hanseatic"-Schiffes funkte nach Hamburg, der brutale Anschlag auf das Hamburger Haus beweise, wie berechtigt Springers Warnungen vor einem Linksruck seien.[58]

CDU-Chef Rainer Barzel erinnerte an Positionen, die Axel Springer und er teilten: „Leider sind unsere wiederholten Mahnungen, die Grenzen zwischen Kriminalität und politischem Radikalismus nicht zu bagatellisieren, oft von vielen Verantwortlichen überhört worden."[59] Der Präsident der Bundesvereinigung der deutschen Arbeitgeberverbände Otto A. Fried-

rich schrieb: „Hoffentlich rütteln diese schweren Vorgänge nun endlich das Volk auf, zu begreifen, dass unsere tätige Wirtschaft und unsere
arbeitende Bevölkerung mit allen Mitteln in Schutz zu nehmen sind und
dass unsere Ordnungsorgane und nicht Verbrecher Respekt und Unterstützung durch die gesamte Bevölkerung verdienen."[60] Auch Hanns
Martin Schleyer, Vorstandsmitglied der Daimler-Benz AG, drückte seine
Bestürzung aus.

Springers persönlicher Freund Max Schmeling sprach dem Verleger
telegrafisch Mut zu: „Dein gestriges Gespräch mit Löwenthal war ausge-
zeichnet und hoffe, es hat vielen Menschen zu denken gegeben. Nimm
auch auf diesem Wege unsere Anteilnahme an dem brutalen verwerflichen
Anschlag in Deinem Haus entgegen. Deinen verletzten Mitarbeitern alle
guten Genesungswünsche."[61] Der Moderator der beliebten ZDF-Show
Dalli Dalli Hans Rosenthal erinnerte, er habe „seit längerer Zeit auf die
gefährliche Entwicklung" hingewiesen, „die eine Tolerierung der linksradikalen Umtriebe mit sich bringt". Er bot dem Verleger seine Hilfe an:
„Sollten Sie für irgendwelche Aktionen, die sich gegen die linksfaschisti-
schen Gewalttäter wendet, Unterstützung benötigen, stehe auch ich Ihnen
jederzeit zur Verfügung." Er wünsche sich, dass „solche Anschläge" auf
Springer und seine Mitarbeiter „keinerlei Wirkung" entfalteten.[62]

Neben Ernst Cramer halfen auch Claus Dieter Nagel, der Leiter des
Verlegerbüros, sowie der Generalbevollmächtigte der Axel Springer AG,
Eberhard von Brauchitsch, auf die vielen Schreiben zu reagieren. Die Antworten enthielten oft standardisierte Formulierungen wie: „Diese Zeilen
schreibe ich wenige Tage nach den Explosionen in meinem Hamburger
Haus – erschrocken, aber bereit, den für richtig erachteten Weg zu Ende
zu gehen", oder: „Ihre Bekundung der Anteilnahme und Empörung anlässlich des Bombenanschlags auf unser Hamburger Verlagshaus hat Herr
Axel Springer mit Bewegung zur Kenntnis genommen". Häufig wurde auf
die neueste Ausgabe der *Nachrichten* hingewiesen, eines monatlich erscheinenden Informationsblatts des Verlages, das ausführlich Reaktionen auf
den Anschlag dokumentierte. Mitunter ergänzte der Verleger die Antworten persönlich. Bei Korrespondenzen mit Israelis oder Vertretern jüdischer
Gemeinden in Deutschland machte er zum Beispiel auf den Israel-Bezug
im RAF-Bekennerschreiben aufmerksam: „Es mag Sie interessieren, was

das ‚Kommando 2. Juni' als Grund für die Bombenlegungen angeführt hat. Die Fotokopie eines entsprechenden Briefes lege ich hier bei."[63]

Nur selten jedoch gewährte Axel Springer Einblick in seine Gemütslage. „Die Ereignisse überstürzen sich", schrieb er an den fast gleichaltrigen Bürgermeister von Jerusalem Teddy Kollek: „Ich hatte gedacht, nach 60 wird alles friedlicher. Weder bei Dir noch bei mir hat sich aber diese Hoffnung als wahr erwiesen. Ich habe Dir zu danken, für Deine guten Worte und Gedanken – zum Geburtstag ebenso wie jetzt nach dem Bombenanschlag."[64] Auch in anderen Schreiben zeigte sich Axel Springer mitunter pessimistisch. Den langjährigen Bundestagspräsidenten Eugen Gerstenmaier (CDU) fragte er rhetorisch: „Ob den Leuten in unserem Lande langsam die Augen aufgehen?"[65] Gegenüber Hermann Josef Abs, dem Aufsichtsratschef der Deutschen Bank, gestand der Verleger: „Ich weiß nicht, wie man die Dinge in den Griff bekommen soll. Der „Abfall von Gott" sei „wohl auch nicht durch noch so taktisch begabte Politiker" zu verhindern.[66] In einem Brief an Hamburgs früheren Finanzsenator Walter Dudek griff er den Slogan der SPD-Ostpolitik „Wandel durch Annäherung" auf. „Erlauben Sie mir noch eine zugespitzte Formulierung zur Situation", schrieb er: „Während ein großer Teil der sogenannten Bürgerlichen 1933 über Harzburg ‚Wandel durch Annäherung' mit den Braunen betrieben, sehe ich jetzt auf der Linken viele Leute, die eine Politik der Wandlung durch Annäherung mit den roten Nachfolgern der Braunen für aussichtsreich halten."[67]

Axel Springer tat der Zuspruch gut, den er besonders nach den Anstrengungen der letzten Tage brauchte, wie er an die Verlegerin Antje Broschek schrieb. Dem Unternehmer Friedrich Karl Flick dankte er: „Alles ist viel leichter zu ertragen, wenn man weiß, dass man nicht alleine ist."[68] Ingeborg Löwenthal, der Ehefrau des ZDF-Moderators Löwenthal, versicherte Springer, dass er ihr Geburtstagsgeschenk häufiger in die Hand nehme, auch wenn man die Ereignisse der vergangenen Tage „lieber nicht vergrößert sehen möchte". Bei dem Geschenk handelte es sich um die Lupe vom Schreibtisch ihres Vaters, des CDU-Politikers Ernst Lemmer.[69]

Ein offensichtlicher Gegner des Verlegers schickte ein Telegramm mit dem Text: „Ich begrüße den Anschlag auf Ihre Produktionsstätten, da Sie gemeingefährlich sind."[70] Andere überwiesen Geld zur Wiederherstellung der zerstörten Gebäudeteile. Solche Gesten gingen Axel Springer nahe, wie er mehreren Spendern schrieb: „Hoffentlich sind Sie damit einverstanden, dass wir Ihre Beihilfe etwas ,zweckentfremdet' haben: Sie wurde zusammen mit anderen Beiträgen, die wir erhalten haben, in einen Sonderfonds gegeben. Daraus sollen in besonderen Härtefällen Mitarbeiter noch zusätzlich unterstützt werden, die bei dem Anschlag auf unser Haus Schaden genommen haben."[71]

Ernst Cramer ging von einer Lebensgefahr für den Verleger aus. Das zeigte ein Brief, den er an Hans Habe schrieb, einen meinungsstarken Journalisten mit österreichisch-ungarischen Wurzeln, den Cramer aus dem Exil in den USA kannte und mit dem er nach 1945 zusammengearbeitet hatte, Cramer als Mitarbeiter der US-Militärregierung und Habe als Chefredakteur des US-Blattes für die deutsche Bevölkerung, der *Neuen Zeitung*. Habe, der nun in der Schweiz lebte, schrieb unter anderem Kolumnen für Blätter des Axel Springer Verlages, doch am 20. Mai hatte er diese „termingebundene regelmäßige journalistische Mitarbeit" gekündigt. Cramer bat ihn zu warten: „Anscheinend ist weiter weg vom Schuss noch nicht ganz klar geworden, was sich bei uns in Hamburg am 19. Mai nachmittags abgespielt hat und welche Nachwirkungen das seither Tag und Nacht hat. Die Explosionen vom vergangenen Freitag waren nicht nur ein Versuch, das Werk Axel Springers an der Wurzel zu zerschlagen, nämlich den technischen Apparat zur Produktion von Zeitungen am Ort der Hauptredaktionen zu zerstören, sondern auch ein direkter Angriff auf ihn selbst." Das bewiesen die beiden Bomben, die einige Meter von seinem Büro entfernt im zwölften Stock gefunden worden waren. Axel Springer brauche wie alle im Verlag „zumindest die moralische Hilfe der Freunde". Über eine Kündigung könne man vielleicht gegen Ende des Sommers sprechen, „nur jetzt nicht, nicht in diesen Tagen". Habes Ausstieg würde der Verleger „als Im-Stich-gelassen-Werden in einer Krisenstunde" empfinden: „Alle unsere Gegner würden jubeln, nicht nur die Bombenleger, sondern auch deren geistige Väter."[72]

Seine publizistische Angriffslust demonstrierte Hans Habe einen Tag nach Cramers Brief am 27. Mai mit einer Glosse in der *Kölnischen Rundschau*. Triefend sarkastisch schrieb der Kolumnist: „Wahrscheinlich war der Mordanschlag gegen das amerikanische Hauptquartier in Frankfurt von Südvietnamesen begangen worden. Wahrscheinlich hatte Rainer Barzel die Bomben im Springer-Haus gelegt. Beim Bundesrichter Buddenberg, der ‚fast jeden Haftbefehl‘ in der Sache Baader-Meinhof unterschrieben hatte, dürfte sich Innenminister Genscher persönlich bemüht haben.“ Es handele sich in Wirklichkeit um einen „gezüchteten Linksterror“, für den er beispielsweise Heinrich Bölls Polemik „Will Ulrike Gnade oder freies Geleit?“ im *Spiegel* vom 10. Januar 1972 und die Hetze gegen Axel Springer verantwortlich machte, „die heute den Antisemitismus von gestern ersetzt“. Habe warf den Linksextremen vor, dass sie sich von Rechten nicht mehr unterschieden: „Früher hieß es, links sei, wo das Herz schlägt. Links ist heute, wo die Gewalt zuschlägt.“[73]

Auch die Verbände der Zeitungs- und Zeitschriftenverleger standen zu Axel Springer. Demonstrativ besuchte BDZV-Präsident Johannes Binkowski, Mitinhaber der *Schwäbischen Post* in Aalen, am 24. Mai den Verlag, um bei seinem Treffen mit Peter Tamm und Mitgliedern der Geschäftsleitung den Wert der Pressefreiheit zu betonen. Axel Springer dankte und lobte ihn als „Mitkämpfer für die Erhaltung dieser Freiheit“.[74] VDZ-Präsident Alfred Strothe hatte sich schon vorab schriftlich positioniert und versprochen: „Alle Zeitschriftenverleger werden noch mehr als bisher sorgfältig darüber wachen müssen, dass die Informations- und Meinungsfreiheit durch Terrorakte nicht gefährdet wird.“ Dagegen müssten nun endlich all jene geschlossen Front machen, denen es mit Demokratie und Rechtsstaat ernst sei.[75]

Der Offenburger Verleger Franz Burda hingegen zweifelte Springer gegenüber an der gemeinsamen Front, die Strothe beschworen hatte – zumindest im Hinblick auf Henri Nannen, den Herausgeber des *Stern*: „Nach der Explosion in Deinem Hause wollte ich Dir schreiben und Dir meine Anteilnahme bekunden. Aber als ich dann den Brief mit dem Hilfsangebot von Herrn Nannen las, habe ich doch grinsen müssen. Von dieser ‚idealistischen‘ Seite her kannte ich ihn gar nicht. Ich bin felsenfest davon überzeugt, dass er sich im Stillen vor Wollust die Hände gerieben hat.“ Burda gratulierte Axel Springer und dessen Mitarbeitern zu der mutigen Haltung, „die Ihr an den Tag legt. Nur mit Beharrlichkeit und Kraft kommt man hier auf die Dauer zum Sieg.“[76]

Fünf Tage nach den beiden Detonationen hatte die Hamburger SPD eine Aktuelle Stunde zum Thema „Gewaltanwendung in der politischen

Auseinandersetzung" für die nächste Sitzung der Bürgerschaft angemeldet. Die SPD teilte zu ihrem Antrag mit: „Das Parlament muss ein deutliches Wort zu den Gewaltakten sagen." Nichts rechtfertige in der Bundesrepublik Terror, dem unschuldige Menschen zum Opfer fielen. In dieser Frage dürfe es kein politisches Hick-Hack zwischen den Parteien geben.[77]

Vielleicht um ein Zeichen der Unterstützung für diesen Antrag der Regierungsfraktionen zu setzen, beschloss der Hamburger Senat „im Verfügungswege" am 26. Mai 1972 die Auslobung einer Belohnung von 25.000 Mark für Hinweise, die „zur Ermittlung oder Ergreifung der Täter" der Bombenanschläge vom 11. bis 19. Mai 1972 führten. Der Form halber fügten die Juristen der Landesregierung hinzu: „Die Belohnung ist ausschließlich für Privatpersonen bestimmt und nicht für Beamte, zu deren Berufspflicht die Verfolgung strafbarer Handlungen gehört."[78] Auch der Axel Springer Verlag bot eine Belohnung an, zusätzlich zu der des Senats. Die ursprünglich vom Unternehmen ausgelobte Summe wurde am 31. Mai um 250.000 Mark auf 440.000 Mark erhöht.

Am gleichen Tag debattierte die Hamburger Bürgerschaft über den Anschlag – allerdings mit halbstündiger Verspätung, weil das Rathaus kurz vor Sitzungsbeginn geräumt werden musste. Ein anonymer Anrufer hatte mitgeteilt, dass im Rathaus zwei Bomben versteckt seien, die um 15 Uhr detonieren würden. „Die polizeiliche Durchsuchung der Rathausräume verlief ergebnislos", berichtete das *Hamburger Abendblatt*: „Polizei und Rathausverwaltung kontrollierten die Ausweise der Besucher."[79]

Auffallend war, dass die Redner der beiden Koalitionsparteien SPD und FDP in ihren Beiträgen während der Aussprache den Axel Springer Verlag und seinen Eigentümer nicht namentlich nannten; stattdessen kritisierten sie die Anschläge, „einer davon am 19. Mai in Hamburg". SPD-Fraktionschef Hans-Ulrich Klose sprach immerhin den „Bombenlegern, Mitgliedern der Rote Armee Fraktion und anderer anarchistischer Gruppen" jedes Recht ab, ihren Guerillakampf wie auch immer zu begründen; es handele sich ganz einfach um Verbrechen. Wer das nicht stets deutlich mache, stelle das „Prinzip der Rechtsstaatlichkeit und damit unsere demokratische Ordnung insgesamt infrage".[80] Zugleich warnte Klose: Mehr Sicherheit sei nicht durch weniger Demokratie zu erreichen. Im Interesse der demokratischen Ordnung verbiete es sich, „falsche Alternativen aufzubauen". Wer wollte, konnte das als Distanz zur Forderung Axel Springers nach „mehr Staat" und seinem Aufruf zur „Solidarität der Demokraten" verstehen.[81]

Als der CDU-Politiker Volker Rühe anschließend den Willen der Sozialdemokraten bezweifelte, wirksam gegen den Terror vorzugehen, kam es zum offenen Streit: „In den letzten Jahren ist auch von Leuten am linken Flügel der SPD das Bewusstsein einer uneingeschränkten Ablehnung der Gewalt als Mittel der Politik abgebaut worden." Einige sozialdemokratische Abgeordnete reagierten mit vehementen „Pfui!"-Rufen auf diesen Vorwurf, doch Rühe ließ sich nicht beeindrucken. Die Anschläge auf den Axel Springer Verlag und auf US-Einrichtungen könne man nicht isoliert von den politischen Diskussionen in der Bundesrepublik sehen, betonte er: „Die SPD und die Bundesregierung werden sich gefallen lassen müssen, dass man die Frage stellt, wie sich die zum Teil hemmungslose Form der Auseinandersetzung mit diesem Verlag auf das öffentliche Bewusstsein ausgewirkt hat."[82]

Innensenator Heinz Ruhnau führte die Debatte auf den Kern zurück: den angemessenen Umgang mit mörderischer Gewalt. „Manches ist auch deshalb so schwierig, weil wir in einer offenen Gesellschaft leben", sagte der SPD-Mann. Wie offen sie sei, zeige sich jetzt, „wenn es darum geht, uns selbst, andere und staatliche Einrichtungen zu schützen". Doch Offenheit sei „die Voraussetzung für eine freie und humane Gesellschaft". Sicherlich sei es schwer zu ertragen, wenn 800 junge Menschen bei einem Uni-Treffen den Verkündern einer „neuen ideologischen Legende" applaudierten, wonach die Bomben vom Verfassungsschutz gelegt worden seien, damit „der repressive Staat mit Argumenten richtig zuschlagen kann". Man müsse aber auch mit dieser Generation „ohne staatliche Repression" darüber reden können, auf welche Art und Weise man Verhältnisse verändern könne. Wichtig war ihm klarzustellen, dass die Täter sich zu Unrecht auf die Arbeiterbewegung beriefen: „Die Arbeiterklasse, meine Damen und Herren, hat mit Terror und Gewalt nie etwas zu tun gehabt!" Das Protokoll vermerkte dazu: „Beifall bei allen Fraktionen." Weiter warnte Ruhnau vor der Gewöhnung, die eintrete, wenn über Brandflaschen „nur noch auf Seite 24 in der Zeitung" berichtet werde. Abschließend versprach der Innensenator, dass sich die Bürgerschaft auf Polizei und Verfassungsschutz in Hamburg verlassen könne, und fügte eine geschickte Volte hinzu: „Ich bin sicher, dass unsere Mitarbeiter sich auch auf Bürgerschaft und Senat verlassen können." Darauf konnte auch die oppositionelle CDU nur mit Beifall reagieren.[83]

Trotz dieses versöhnlichen Fazits sah sich Ernst Cramer in seiner Skepsis bestätigt. Er konnte sich noch gut an die Anwürfe gegen Axel Springer und das Unionslager in den vergangenen Jahren und im Frühjahr 1972 erinnern und hatte seinem Bekannten Heinrich Guttmann geschrieben: „Was mir aber große Sorgen macht, ist, dass allzu viele der Verantwortlichen, statt nach den Tätern zu suchen, immer wieder die Mär auftischen, Strauß und Springer seien eigentlich die Schuldigen."[84]

Am Tag der Parlamentsdebatte bat Axel Springer die beim Anschlag verletzten Mitarbeiter in sein Büro im Verlagshaus. Nicht alle konnten der kurzfristigen Einladung des Verlegers folgen; einige lagen noch im Krankenhaus, waren krankgeschrieben oder aus anderen Gründen verhindert. Zugegen waren auch Vertreter der Verlagsspitze: ein Zeichen des Respekts und der Zusammengehörigkeit. Axel Springer begrüßte alle mit Handschlag und hielt eine emotionale, persönlich gehaltene Rede. Er erinnerte an das Schicksal der eigenen Familie: Anfang Februar 1943 war das Wohnhaus der Springers in Hamburg-Othmarschen von Bomben zerstört worden, zwei Kinder seiner Schwester starben im verschütteten Luftschutzkeller. Er könne nachvollziehen, wie sich seine Mitarbeiter gefühlt hatten, als nach den Explosionen im Verlagshaus alles herumgeflogen sei, sagte Axel Springer. Alle Betroffenen bekämen einen mehrwöchigen Sonderurlaub, um sich von dem traumatischen Erlebnis erholen zu können, sowie 5.000 Mark netto.[85] Heinz-Jörg B. von der Gesamtexpedition fand diese Unterstützung sehr bewegend, denn es handelte sich für ihn um viel Geld – immerhin fast ein halbes Durchschnittsjahresgehalt.[86] Zwar war „Blut (…) nicht mit Geld aufzuwiegen", wie Peter Tamm gesagt hatte, dennoch freute sich auch der noch krankgeschriebene Setzer Hans G. über die Geste des Verlegers.[87] Dem Korrektor Helmut R., der weiter in der Klinik lag, hatte Axel Springer einige Tage zuvor einen Brief geschrieben, in dem es hieß: „Ihr Leid hat mich tief betroffen. Voller Bewegung gedenke ich noch immer des Besuchs an Ihrem Krankenbett und hoffe nun zuversichtlich, dass Sie sich schnell erholen und bald wieder völlig gesund sind." Damit er sich nach der Genesung mit der Familie angemessen erholen könne, „sollten Sie zusätzlich zu Ihrem Normalurlaub für vier Wochen ausspannen. Eine Zuwendung, natürlich steuerfrei, wird Ihnen sicherlich helfen, diese Zeit unbeschwerter zu verleben."[88]

Der Verleger war nicht der Einzige, der die Geschädigten unterstützte. Die *BILD*-Leserredaktion teilte Helmut R. mit, dass er aus der „Schnapskasse", in die für gesellige Feiern eingezahlt wurde, 170 Mark bekommen werde. „Bitte verfügen Sie darüber", schrieb die zuständige Mitarbeiterin und ergänzte aufmunternd: „Hoffentlich bald möchten wir, dass Sie mit uns und Ihren Kollegen ein fröhliches Wiedersehen feiern. Alle Kollegen der Briefredaktion würden sich darauf freuen." Der Betriebsrat stellte Helmut R. aus einer Spendenaktion für die Verletzten 80 Mark in Aussicht, und auch am Standort Berlin wurde Geld gesammelt. Die Leiterin des Ressorts „Von Mensch zu Mensch" des *Abendblatts* zeigte sich erschrocken, dass der Korrektor noch immer mit Schmerzen im Krankenhaus liege, und schickte ebenso wie die Chefredaktion Besserungswünsche mit Blumen. Die Gewerkschaft IG Druck und Papier bezog per Brief an R. Position: „Diese Attentate müssten eigentlich auch dem Letzten klar gezeigt haben, dass in unserer demokratischen Gesellschaft kein Platz für Gewalttäter ist, gleichgültig, ob sich diese gegen Sachen oder Personen richten." Ein Hotel in Bad Nauheim bot Helmut R. wie allen Verletzten des Anschlages eine Woche kostenlosen Urlaub an.[89]

Wie sehr Axel Springer diese Begegnung mit den verletzten Kollegen bewegte, aber auch wie angespannt seine Gemütsverfassung weiter war, belegt ein Brief an Hans Eberhard Friedrich, den Vorstandsvorsitzenden der Axel Springer Stiftung. Er habe viele Zuschriften erhalten, schrieb ihm der Verleger, „darunter sogar einige, die so gemeint wie niedergeschrieben sind". Als er vom Kurzurlaub in der Ägäis zurückgekehrt sei, „sagte der Bundestag Ja zu den Ostverträgen". Dann seien die Bomben hochgegangen, „und jetzt richten die Japaner in Israel ein Blutbad an" – eine Anspielung auf den schlimmen Terroranschlag auf dem Flughafen von Tel Aviv, bei dem drei japanische Terroristen am 30. Mai 1972 Passagiere und Personal angriffen; 26 Menschen starben.[90] Ein besonders erschütterndes Ereignis für Axel Springer: „Man möchte so gerne aufhören, Bücher lesen, spazieren gehen, Fayencen betrachten", gewährte er Hans Eberhard Friedrich

Einblick, aber man müsse weiter dort stehen, „wo der Herrgott einen hingestellt hat, da gibt es kein Ausweichen". Er werde nicht nachgeben, „wie gern das auch meine Gegner sehen möchten". Der Weg der deutschen Politik mache ihm größte Sorgen; aber er glaube, „es muss noch schlimmer werden, bis die Leute aufwachen und es dann wieder besser wird".[91]

Anarchistische Gewalttäter
– Baader/Meinhof-Bande –

Wegen Beteiligung an <u>Morden</u>, Sprengstoffverbrechen, Banküberfällen und anderen Straftaten werden steckbrieflich gesucht:

Meinhof, Ulrike,
7.10.34 Oldenburg   Baader, Andreas Bernd,
6.5.43 München   Enslin, Gudrun,
15.8.40 Bartholomae   Meins, Holger Klaus,
26.10.41 Hamburg   Raspe, Jan Carl,
24.7.44 verteidt

Stachowiak, Ilse,
17.5.54 Frankfurt/M.   Jünschke, Klaus,
6.9.47 Mannheim   Augustin, Ronald,
20.11.49 Amsterdam   Braun, Bernhard,
25.2.46 Berlin   Reinders, Ralf,
27.8.48 Berlin

Barz, Ingeborg,
2.7.48 Berlin   Möller, Irmgard,
11.5.47 Bielefeld   Mohnhaupt, Brigitte,
24.6.49 Rheinberg   Achterath, Axel,
15.4.45 Hannover   Hammerschmidt, Katharina,
14.12.44 Danzig

Keser, Rosemarie,
24.8.47 Ebersberg   Hausner, Siegfried,
24.1.52 Nelb.Bayern   Brockmann, Heinz,
1.3.48 Gütersloh   Fichter, Albert,
18.12.44 Stuttgart

Für Hinweise, die zur Ergreifung der Gesuchten führen, sind insgesamt **100 000 DM** Belohnung ausgesetzt, die nicht für Beamte bestimmt sind, zu deren Berufspflichten die Verfolgung strafbarer Handlungen gehört. Die Zuerkennung und die Verteilung erfolgen unter Ausschluß des Rechtsweges.

Mitteilungen, die auf Wunsch vertraulich behandelt werden, nehmen entgegen:

Bundeskriminalamt – Abteilung Sicherungsgruppe –
53 Bonn-Bad Godesberg, Friedrich-Ebert-Straße 1 – Telefon: 02229 / 53001
oder jede Polizeidienststelle

Vorsicht! Diese Gewalttäter machen von der Schußwaffe rücksichtslos Gebrauch!

Der RAF-Steckbrief des BKA, verteilt anlässlich der
Fernsehfahndung am 25. Mai 1972.

Ermittlung

Etwas über zwei Minuten – so lange dauerte es, bis Hamburgs Polizei von der Detonation einer Bombe im Axel-Springer-Haus erfuhr. 15.44 Uhr schrieb der diensthabende Beamte beim Lagedienst der Funkeinsatzzentrale als Zeitangabe neben die entsprechende Notiz; festgehalten wurde derlei immer erst nach Weitergabe der Meldung an die zuständige Dienststelle, in diesem Fall an die Feuerwehr, die allerdings bereits auch vom Pförtner des Verlages alarmiert worden war. Gerade war der Lagedienst-Beamte mit dem Eintrag fertig, als um 15.45 Uhr die zweite Explosion folgte.[1]

Kriminaldirektor Alfred Fischer, der Leiter der Kriminalinspektion Hamburg-Mitte, brauchte keine Information aus dem rund drei Kilometer östlich des Verlages am Berliner Tor gelegenen Polizeipräsidium, um alarmiert zu sein. Denn auf seiner Dienststelle wenige Hundert Meter weit weg hörte er den doppelten Knall mit eigenen Ohren. „Da der Explosionsherd nicht weit entfernt sein konnte, begab ich mich sofort mit einigen Beamten auf die Straße und stellte in Richtung Axel Springer Verlag eine Staubwolke fest. Nach circa zwei Minuten hatte ich mit den Beamten das Verlagsgebäude erreicht." Fischer sah, „dass ein Teil aus der Fassade herausgebrochen war", und nahm wahr, wie Mitarbeiter aus dem Haus strömten, mehrere Löschzüge der Feuerwehr eintrafen und auf den Straßen eine Anzahl Leichtverletzter auf Versorgung warteten: „Aufgrund der festgestellten Lage ordnete ich sofort die Alarmierung der Kräfte des Kriminalbereichs Innenstadt an."[2] Es war 15.50 Uhr. Bald standen Fischer 39 Polizisten zur Verfügung, drei Kommissare und 36 Beamte des mittleren Dienstes. Gemeinsam mit Feuerwehrleuten räumten sie das Verlagshaus.

Gegen 15.55 Uhr erfuhr Kriminalhauptmeister Hans R. vom Kriminalamt Hamburg im Polizeipräsidium von dem Anschlag und machte sich mit seinen Kollegen sofort auf den Weg. Zu den Aufgaben des 37-jährigen Sachbearbeiters im Referat K 42 gehörte es, Ermittlungsakten zu führen und so die Polizeiarbeit zu koordinieren: „Ich persönlich habe mir zunächst erstmal den dritten Stock angesehen von drinnen und auch von draußen." Doch bevor R. weitergehen konnte zum zweiten Tatort im sechsten Stock, mussten auch alle Feuerwehrleute und Polizisten das Haus verlassen – „eine Sicherheitskarenzzeit wollte man abwarten, und der Einsatzleiter der Kripo sagte, bis um 18 Uhr geschieht nichts".[3] Hans R. begann umgehend mit Ermittlungen und befragte den Sicherheitsbeauftragten des Verlages sowie die beiden Telefonistinnen Gertrud T. und Elisabeth R., die je eine der anonymen Warnungen entgegengenommen hatten.[4] Noch bevor die erste Durchsuchung des Verlages nach weiteren Sprengkörpern begann, hatte R. damit die wesentlichen Erinnerungen der Ohrenzeuginnen einschließlich Zeitangaben festgehalten. Seine Kollegen befragten derweil Passanten und Menschen in den umliegenden Häusern, überprüften die Kennzeichen der um den Tatort parkenden Autos und dokumentierten die Folgen der Detonation mit Kameras. Gegen halb neun Uhr abends zwang die Dämmerung die Kriminalbeamten, ihre Arbeit zu unterbrechen.

Am Samstagmorgen um acht Uhr war Hans R. wieder am Tatort und schaute sich gerade die Explosionsfolgen im sechsten Stock an, als ihn die Weisung zum Verlassen des Hauses erreichte. Nach der Entschärfung der im zwölften Stock entdeckten Bombe gegen 9.15 Uhr kehrte R. mit Zeichnern und Fotografen des Kriminalamtes zurück in den sechsten Stock, musste aber die Tatortarbeit gegen 14 Uhr erneut und nun für den Rest des Pfingstsamstags unterbrechen, weil der dritte Blindgänger entdeckt worden war. Der Kriminalhauptmeister nutzte die Zeit, unter dem Datum des 20. Mai 1972 einen ersten Bericht aufzusetzen, den er aber wohl erst am folgenden Sonntag mit den Details zur Entschärfung des letzten Sprengsatzes um 23.10 Uhr vervollständigte und dann abzeichnete.[5]

Auch am 21. Mai gingen die Ermittlungen mit Hochdruck weiter. Das K 42 bestellte den Ingenieur und Schweißfachmann Ernst O. zur Zeugenbefragung ein – offenbar wollte das Kriminalamt Hamburg nicht bis zum Eintreffen des Berichts der BKA-Bombenexperten warten. Der 51-jährige Mitarbeiter der Hamburger Gaswerke sollte die drei inzwischen entladenen Bombenhüllen begutachten, um Ermittlungsansätze zu gewinnen: Welche Fähigkeiten waren notwendig, um die aus 159 Millimeter durchmessendem Rohr bestehenden, 19 bis 20 Zentimeter langen Metallkörper herzustellen? Ernst O. lieferte eine erste Einschätzung: „Die Rohre der vorgelegten drei Objekte wurden wahrscheinlich maschinell, jedoch auf jeden Fall in mehreren Ansätzen gesägt", gab der Ingenieur zu Protokoll. Zur Herstellung sagte er: „Die Schweißnähte der eingeschweißten Böden und Deckel wurden von Hand elektrisch geschweißt", also nicht mit einem Gasbrenner – ein wichtiger Hinweis. Der Experte kam zum Ergebnis: „Die Gesamtausführung der Schweißarbeit lässt, soweit mit bloßem Auge erkennbar, darauf schließen, dass der Schweißer praktische Kenntnisse und im Schweißen Übung hat."[6] Damit konnten die Ermittler etwas anfangen: Um die Metallkörper der drei Blindgänger herzustellen, brauchte man zumindest einiges an Fachkenntnis und ein starkes Elektroschweißgerät; es handelte sich nicht um die Arbeit von Anfängern. Die sichergestellten Splitter der beiden detonierten Bomben zeigten, dass sie von identischer Bauart waren.

Vom ersten Tag an setzten die Fahnder auf die Mitarbeit der Bevölkerung. Daher erschienen bereits am 20. Mai in der *BILD*-Zeitung Fotos und Details von gefundenen Gegenständen, wie eine Tasche und ein nicht explodierter Sprengsatz aus dem Augsburger Anschlag. Die Ähnlichkeit der abgebildeten Bombe mit denen in Hamburg war frappierend, das war auch die Einschätzung des Landeskriminalamtes, und so lautete die Überschrift: „Die Bomben kommen alle aus derselben Werkstatt".[7] Mit gezielten Fragen wie „Wer hat für andere Personen Schweiß- und sonstige Arbeiten ausgeführt, die möglicherweise für die Herstellung der Bombe verwendet wurden?" oder „Wo wurden diese achtkantigen Verschlusskappen aus Gusseisen mit dem eingestanzten Zeichen ‚+ GF + 2 1/2‘ und ‚56‘ gebraucht, und wo wurden sie eventuell gestohlen?" erhofften sich die Ermittler verwertbare Hinweise und Spuren.[8]

Hamburgs Innensenator Ruhnau stimmte die Bevölkerung auf eine intensive Fahndung ein. Es könne zu Verkehrsstaus kommen, er bitte deswegen um Verständnis: „Aufgabe Nummer eins der Polizei ist es, die Bomben-Attentäter zu finden. Wir müssen manche Beamte daher von ihren sonstigen Aufgaben abziehen und in die Sonderkommission übernehmen."[9] Diese Sonderkommission war durch die Fahndungsgruppe des BKA und die Staatsschutzabteilung der Hamburger Kriminalpolizei gebildet worden. Ruhnau warnte zugleich die Unterstützer der Täter. „Ohne

Wasser schwimmt kein Fisch. Diesen Menschen aber, die das Wasser bilden, die eine kriminelle, anarchistische Kerntruppe unterstützen, sollte jetzt klar werden, dass Aktionen dort eine Grenze haben, wo die Gewalt anfängt."[10] Am 24. Mai wurde im *Hamburger Abendblatt* eine Verbindung des Anschlages auf das Springer-Hochhaus zu Baader-Meinhof für die Öffentlichkeit hergestellt, nachdem bei einer Durchsuchung eines Verstecks Baaders in West-Berlin Bauanleitungen und Zeichnungen für die Herstellung von Bomben gefunden worden seien, die genau den Blindgängern im Hamburger Verlagshaus entsprochen hätten.[11]

Das Einbeziehen der Öffentlichkeit basierte unter anderem auf einem Vorschlag des für die juristische Verfolgung der RAF zuständigen Bundesanwalts Siegfried Buback. Er hatte nach dem Überfall auf ein Bundeswehrdepot 1969 mit vier getöteten Soldaten – die Straftat hatte einen rein kriminellen, keinen terroristischen Hintergrund – ebenfalls die Medien eingeschaltet. Mit Hilfe der Presse und des Fernsehens konnte er die Bevölkerung zur „Fahndungsmitarbeit mobilisieren" und zur Aufklärung beitragen, wie die *Frankfurter Allgemeine* Buback zitierte. So wurde der Fall in der ZDF-Sendung *Aktenzeichen XY ... ungelöst* vorgestellt. Einen Unterschied konnte Buback jedoch 1972 ausmachen: die große Resonanz der Terroristen in der Sympathisantenszene. Dort sei die Erkenntnis, „dass man es mit Mördern und echten Kriminellen zu tun habe (...), noch nicht weit entwickelt".[12]

Die Berichterstattung über die Fahndung und die häufige Nennung der RAF gefielen nicht jedem. Beim Axel Springer Verlag gingen deswegen Beschwerden ein. Springers Bürochef Claus Dieter Nagel beantwortete die Briefe gleichlautend: Die Zeitungen des Verlages hätten sich „exakt an die mit den Sicherheitsbehörden getroffenen Absprachen gehalten". Gerade im Fall der Baader-Meinhof-Bande seien alle Details, „über die berichtet werden darf bzw. nicht geschrieben werden sollte", mit der Polizei koordiniert worden. Das betreffe sowohl die Nennung von Namen als auch die Beschreibung gewisser Vorgänge. „In allen Fällen, wo für betroffene Unbeteiligte Gefahr bestand oder besteht, werden derartige Veröffentlichungen unterlassen."[13]

Die intensive Fahndung nach den Tätern sorgte für Unmut in der linken Szene; in der Zeitschrift *Konkret* wurde er öffentlich. Das BKA habe – „unter massivem Druck der Öffentlichkeit und Springers Blättern" – am

25. Mai über die ARD die bisher umfangreichste Fernsehfahndung nach „RAF-Verdächtigen" gestartet. In gestelztem Deutsch ging es weiter: Da kriminalistisch gesicherte Ermittlungsergebnisse fast nicht vorhanden seien, erginge sich der fahndende Regierungskriminaldirektor in Spekulationen, „begleitet von kriminalistisch dilettantischer Detailschilderung von Bombenmänteln der unlängst noch intakt aufgefundenen Sprengkörper". Während der zehnminütigen Sendung habe das „crime-gierige Bundesvolk" mehrmals Durchmesser, Stärke und Gewindeart verwendeter Eisenrohre erfahren, jedoch kein Wort über die Art des verwendeten Sprengstoffes, obwohl das doch ein „klassischer" Ansatzpunkt zur Fahndung sei. Die Autoren mutmaßten, dass die BKA-Spezialisten dies nicht ermitteln konnten oder das Material aus US-Army-Beständen stammte. Dann allerdings, so die Schlussfolgerung, würde sich die Fahndung nach RAF-Mitgliedern erübrigen.[14]

Die Spurensicherung des Kriminalamtes Hamburg legte schon am 22. Mai 1972 ihren Tatortbericht vor. Knapp und trotzdem so detailliert wie nötig fassten die 14 Seiten mit zusätzlich mehr als zwei Dutzend Fotos die Befunde zusammen – die festgestellten Schäden an den beiden Explosionsorten, einige Zeugenaussagen von Verletzten wie Arnd P. von der *BILD*-Verlagsleitung und dem Korrektor Karl T. und die Fundumstände der drei nicht detonierten Bomben. Kriminalhauptmeister Hans R. schloss den Bericht: „Nach Angaben der Sachverständigen vom BKA Wiesbaden ist eine Übereinstimmung der hier in Hamburg gefundenen Sprengkörper mit denen, die am 11. Mai 1972 in Frankfurt und am 12. Mai 1972 in Augsburg verwendet wurden, vorhanden." Weiter waren die Wiesbadener Experten noch nicht: „Ob noch andere Bomben an anderen Tatorten wie München und Karlsruhe für die Übereinstimmung infrage kommen, muss noch eine genaue Untersuchung des BKA ergeben."[15]

Geklärt werden konnte relativ schnell, warum drei der fünf Bomben im Axel Springer Verlag nicht explodiert waren. Bei dem am 20. Mai im zwölften Stock hinter einem Stuhl gefundenen zündfertigen, mit Batterie und Kurzzeitmesser versehenen Sprengkörper war die auf 60 Minuten eingestellte Uhr zwar wie geplant abgelaufen. Die Kontakte hatten sich jedoch nicht berührt – ein Zwischenraum von zwei Millimetern verhinderte die Detonation. Zudem war eine Schraube, an der sich ein Kontakt am

Weckergriff befand, nicht fest angezogen. Bei der zweiten zündfertigen Rohrbombe aus dem zwölften Stock, platziert im Feuerlöschschrank des Toilettenvorraums, war der Uhrzeiger durch zu viel Lötzinn bei 40 Minuten stehengeblieben. Ein Schreck für die Spezialisten: Während der Entschärfung hatte das Uhrwerk den Widerstand überwunden und wieder angefangen zu ticken.[16]

Weitere Fragen zu Details der Bomben konnten bei späteren Ermittlungen zu den Anschlägen der Mai-Offensive gelöst werden. So wurde bei der im zwölften Stock im Flur abgelegten Bombe ein Stofffetzen gesichert, der als Unterlage für die Zeitzünder-Uhr auf der Schraubkappe angebracht war, die den Rohrkörper abschloss. Er wurde aus einem karierten Geschirrtuch herausgerissen, das in der von RAF-Mitgliedern benutzten und erst Monate später entdeckten Wohnung in der Paulinenallee 36 in Hamburg gefunden wurde. Beide Stücke passten genau zusammen. Bei dem in der Toilette im zwölften Stock gefundenen Sprengkörper war als Boden für die Zeitzünder-Uhr ein angesägtes Plastikteil eingesetzt worden. Das passende Teil wurde am 18. Juni in der „Bombenküche" im vierten Stock der Inheidener Straße in Frankfurt am Main sichergestellt. Dort lag auch die Verpackung des Kippschalters, der an dem im zweiten Stock des Axel Springer Verlages ebenfalls nicht detonierten Sprengkörper gefunden worden war, dazu die Verpackung eines nicht auffindbaren zweiten Schalters.[17] Ein gleichartiger Schalter wurde dafür später in Bad Homburg gefunden, in mehreren Taschen im Kurpark, in denen Sympathisanten der weitgehend zerschlagenen Gruppe den Inhalt einer weiteren konspirativen Wohnung „entsorgten".[18] Ebenfalls in einer RAF-Wohnung sichergestellt wurde eine aus Spachtelmasse hergestellte Dichtung, in welche die Zünddrähte eingegossen waren – baugleich mit der entschärften Bombe aus dem zweiten Stock des Springer-Hochhauses.

Parallel mit der Spurensicherung arbeiteten Schriftexperten an den Bekennerschreiben. Allerdings konnte die bei den beiden Selbstbezichtigungen zum Anschlag auf den Verlag verwendete Schreibmaschine (noch) keinen anderen Schriftstücken zugeordnet werden. Doch lieferte die Baugleichheit einer der in Frankfurt explodierten Bomben mit den Blindgängern in Hamburg ein deutliches Indiz für die Täterschaft. Dass dieselbe Tätergruppe für beide Anschläge verantwortlich zeichnete, war aufgrund der exakt gleichen Bearbeitung der zusammengeschweißten Rohrbomben eindeutig – bei einer der Explosionen im US-Hauptquartier in Frankfurt war der Boden der Stahlhülle am Stück durch eine 40 Zentimeter dicke Wand in den Nachbarraum geschossen worden. Es handelte sich um absolut identisches Ausgangsmaterial, und die Bearbeitungsspuren zeigten, dass mit hoher Wahrscheinlichkeit derselbe Schweißer beide Bombenhüllen hergestellt hatte. Das bestätigte die aufgrund der Bekennerschreiben anzunehmende Verantwortung für den Anschlag auf Springer. Der Kriminalbeamte Hans R. brachte es in einem Zwischenbericht vom 25. Mai 1972 auf die Formel: „Planungen und Ausführungen der Anschläge in letzter Zeit lassen danach bisher nur einen Täterkreis zu – Baader-Meinhof."[19]

Die Sachbeweise hatten die Hamburger Kriminalisten gesammelt und der Auswertung übergeben; jetzt begann für sie der wesentlich schwierigere Teil der Polizeiarbeit: die Auswertung von Zeugenaussagen. Sofort nach den Explosionen hatten sich zahlreiche Hamburger gemeldet und möglicherweise weiterführende Beobachtungen zu Protokoll gegeben. Doch wie immer bei aufsehenerregenden Straftaten zogen auch die Ermittlungen zum Springer-Anschlag Wichtigtuer und geistig Verwirrte an.

Die wohl erste Hinweisgeberin, die fast 71-jährige Hildegard K., erschien schon am Freitag, dem 19. Mai 1972, um 16.15 Uhr, gerade einmal eine halbe Stunde nach der zweiten Explosion, beim Revier 14. Kurz vor den Anschlägen habe sie aus ihrer Wohnung, die keinen halben Kilometer vom Springer-Haus entfernt im Parterre lag, „zwei Personen" gesehen, die zum Verlag hinüberschauten, einen Mann und eine Frau. „Nach der Explosion der Bomben gingen die beiden Personen eilig in unbekannter Richtung fort." Beide seien blond gewesen und hätten Sonnenbrillen getragen, trotzdem wollte Hildegard K. „in der Frau auf jeden Fall die Meinhof erkannt haben". Obwohl sie schon bei ihrer Anzeige verkündet hatte, dass sie „seit ihrer Kindheit hellseherische Fähigkeiten" besitze, gingen zwei Beamte dem Hinweis nach und suchten K. bereits gegen 17 Uhr in ihrer Wohnung auf. „Die Befragung gestaltete sich sehr schwierig, weil Frau K. mehrmals abschweifte und sich mehrmals in den Feststellungszeiten irrte", hieß es im Befragungsvermerk. Die vermeintliche Zeugin wies auf verschiedene Personen in der Fotomappe mit gesuchten Terroristen, die ihr die beiden Ermittler zeigten – darunter allerdings auch auf das bereits seit elf Wochen verhaftete RAF-Mitglied Manfred Grashof. „Aufgrund ihres Alters und ihrer Nervosität dürften ihre Beobachtungen für die kriminalpolizeiliche Bearbeitung ohne Bedeutung sein", bilanzierte der eingesetzte Kriminalbeamte.[20] Offenbar fühlte sich Hildegard K. nicht ernst genommen, jedenfalls meldete sie sich wenig später bei der Sonderkommission Baader-Meinhof des Kriminalamtes: Diesmal wollte sie „drei junge Männer" gesehen haben, die vor den Explosionen zum Verlagshaus schauten. Nach einer der Detonationen sei ein vierter hinzugekommen. „Alle vier Männer seien dann davongerannt."[21]

Doch nicht alle Hinweise waren so erkennbar erfunden. Im Zuge einer richterlich genehmigten Telefonüberwachung war schon am 14. Mai 1972 ein Gespräch aufgezeichnet worden, in dem sich zwei offenbar junge Männer über Bomben und Anschläge unterhielten. Sie sprachen über die Bestandteile einer Bombe („ein Stahlrohr, TNT und eine Batterie") und über die Möglichkeit, „im Hamburger Polizeipräsidium eine Bombe explodieren zu lassen, so dass das Gebäude einstürzt". Jedoch ergab ein erneutes Anhören der Aufzeichnung, dass es sich um „Wunschdenken" der beiden Gesprächspartner gehandelt hatte. Es ergaben sich keine „Gründe zur Weiterverfolgung dieser Spur".[22]

Gleiches galt für einen weiteren Hinweis. Die Ermittler waren überzeugt, dass zum Täterkreis mindestens eine Frau gehören musste, da ein Sprengsatz in der Damentoilette platziert gewesen war; ein Mann wäre dort aufgefallen. Genau das hatte allerdings eine Mitarbeiterin der *BILD*-Anzeigenabteilung zu Protokoll gegeben. Sie habe in der Toilette im sechsten Stock einen etwa 40-jährigen Mann in blauer Montur überrascht, der auf die Frage, ob er sich verlaufen habe, geantwortet habe: „Ich soll einen Wasserhahn reparieren." Während sich die Kollegin die Hände wusch, sei der Mann mit dem Satz „Hier ist nichts zu reparieren" verschwunden. Die Ermittlung ergab, dass es sich tatsächlich um einen Monteur gehandelt hatte.

Den Hinweis eines Zollmitarbeiters auf einen „linksradikal eingestellten" Schriftsetzer der Springer-Druckerei Ahrensburg namens „Reinhold P." oder „Reinhard P." prüfte die Kripo ebenfalls detailliert. Es stellte sich heraus, dass es diese Person tatsächlich gab und dass politisch linke Einstellungen bei Mitarbeitern der Druckgewerke auch in Betrieben des

Axel Springer Verlages keine Ausnahme waren; dennoch hatte P. mit dem Anschlag nicht das Geringste zu tun. Das Gleiche galt für den ehemaligen Springer-Angestellten Egon G., einen „Erzkommunisten", wie ihn der beim Anschlag verletzte Korrektor Georg H. genannt hatte. „Natürlich traue ich es dem G. nicht zu, dass er die Bombe gelegt hat", sagte H. aus. „Ich kann jedoch die Möglichkeit nicht ganz ausschließen, dass G. als Hinweisgeber für den Platz der Bombe infrage kommt."[23] Die vermeintliche Spur führte zu nichts.

Die Schilderungen der Verlagsbeschäftigten, ermuntert durch die Aufforderung der Behörden und Peter Tamms, entpuppten sich vielfach als Irrweg. Es wurden Dinge als ungewöhnlich gemeldet, die einfach zu erklären waren, die früher nie aufgefallen wären, aber jetzt zum Geschehen zu passen schienen – irgendwie. Ein Chemikalienbehälter ähnelte nun einem Bombenbehälter, sein Träger benahm sich verdächtig. Das Verhalten zweier junger Männer, die am Verlag Kartons aus einem Auto luden, wirkte ebenso auffällig wie der Mann in einer nahen Telefonzelle, der, so glaubte eine Verlagsmitarbeiterin zu erkennen, offensichtlich erfreut über die Ereignisse im Axel Springer Verlag berichtete. Einem Mitarbeiter der Buchhaltung kam im Nachhinein ein farbenfroher Karton am großen Lastenaufzug komisch vor, weil im Haus ansonsten nur Kartons im üblichen Braun verwendet würden. Auch habe er der abgebildeten „Bombenverpackung" in der Zeitung geglichen. Eine herrenlose braune Aktentasche auf einem Treppenabsatz, die der *BILD*-Anzeigenabteilung aufgefallen war, sei nach den Explosionen plötzlich verschwunden gewesen.[24]

Ein Zeuge, der am 19. Mai um oder kurz nach 15 Uhr das Hauptgebäude betreten hatte, berichtete, dass zwei Pförtner einen offenbar stark angetrunkenen Mann hinausbringen wollten, der am Boden lag und ihnen Schwierigkeiten bereitete. Die Pförtner seien dadurch abgelenkt gewesen, was angesichts der zeitlichen Nähe zu den Explosionen vielleicht bedeutsam sei. Ein anderer Mitarbeiter, der am Tag des Anschlages eine Berufsförderungsgruppe der Bundeswehr betreute, hatte nach der Explosion der ersten Bombe gesehen, wie ein anderer Pförtner einen jungen Mann aufhalten wollte, der aber durch eine Schwingtür „geflohen" sei. Auch diese Schilderung führte nicht weiter. Wenigstens klärte sich so die Schilderung eines weiteren Mitarbeiters über einen Bundeswehr-Jeep auf, dessen Besatzung nach den Explosionen aus dem Verlag gekommen war und sich seiner Ansicht nach verdächtig verhalten hatte.

Mitunter stießen sich Verlagsbeschäftigte am äußeren Erscheinungsbild von Personen, etwa langen Haaren. Einem Fotografen war am Pfingstsamstag ein junger Mann aufgefallen, der ins Hochhaus wollte. Ihm sei der knapp 25-Jährige in Jeans und Holzschuhen und mit einem umgehängten Bastbeutel verdächtig vorgekommen. Daher verfolgte er ihn unauffällig und stellte ihn zur Rede. Zuerst ohne Erfolg, doch als der Mann in einen höheren Stock wollte, habe er das verhindert, zumal in diesem Augenblick Axel Springer vorbeikam. Sehr schnell stellte sich der Verdächtige als Layouter der Programmzeitschrift *Hörzu* heraus.[25]

Weit mehr Betriebsamkeit lösten bei den Ermittlern zwei Schnappschüsse aus, die ein Fotograf des *Abendblatts* kurz nach den Explosionen gemacht hatte. Sie zeigten drei junge Leute, zwei bärtige Männer und eine Frau, die gegen die Richtung der zum Verlag strömenden Schaulustigen gingen. Dem Bildjournalisten waren sie verdächtig vorgekommen, und so brachte er Abzüge seiner Aufnahmen zur Polizei, die sie sofort der Baader-Meinhof-Sonderkommission weiterleitete. Dort verglich man die klar erkennbaren, einmal frontal und einmal annähernd im Profil festgehaltenen Gesichter mit Bildern der Fahndungskartei – und stellte bei 15 bekannten männlichen und acht weiblichen Mitgliedern der linksradikalen Szene „Ähnlichkeiten" fest. Darunter waren Brigitte Mohnhaupt und „Bommi" Baumann, also tatsächlich militante Terroristen, aber auch eher harmlose Möchtegern-Guerilleros. Für eine steckbriefliche Fahndung nach den drei jungen Leuten reichten die Verdachtsmomente nicht, also zeigten die Ermittler die Aufnahmen in Geschäften und Büros im Umkreis des Verlagsgebäudes herum. Tatsächlich kam der entscheidende Hinweis vom Springer-Mitarbeiter Ulrich B., der in einem der beiden Männer den Verkäufer eines Herrenausstatters erkannte, bei dem er gelegentlich eingekauft hatte. Die Identifizierung erwies sich als zutreffend und der vermeintliche Verdächtige Hans S. als Sohn des Geschäftsinhabers, der am 19. Mai 1972 wirklich mehr zufällig nahe dem Tatort gewesen war. Er kooperierte voll mit den Ermittlern und erlaubte die Durchsuchung seiner Wohnung ohne richterlichen Beschluss, was Zeit sparte. Gefunden wurde nichts, und so befand ein BKA-Mitarbeiter: „Aufgrund der bisherigen

Ermittlungen dürfte die Person jedoch nichts mit dem Tatgeschehen am 19. Mai 1972 oder überhaupt mit der Baader-Meinhof-Bande zu tun haben." Auch die beiden anderen Personen, die Hans S. nicht kannte, konnten durch klassische Polizeiarbeit von jedem Verdacht entlastet werden – es handelte sich eine Gymnastiklehrerin und einen Kraftfahrer.[26]

Eine ähnliche Situation auf der Straße beunruhigte einen weiteren Fotografen des Verlages. Ihm war am 19. Mai gegen 18 Uhr ein Mann aufgefallen, der vor dem Hotel „Columbus" stand, in dem die *BILD*-Redaktion ein Ausweichquartier eingerichtet hatte, und „in auffälliger Weise mehrmals Axel Springer jr. fotografierte". Der Verlegersohn arbeite damals als Chef vom Dienst bei *BILD* und *BILD AM SONNTAG*. Als der verdächtige Passant bemerkte, dass er selbst beobachtet werde, habe er sich schnell entfernt.[27]

Schilderungen wie diese gaben, auch wenn sie sich als haltlos erwiesen, der Befürchtung Nahrung, dass nach dem Anschlag neue Terrorakte gegen Führungskräfte des Verlages geplant sein könnten, zu denen Entführungen gehörten. Axel Springers Büroleiter Nagel hatte bereits Anfang 1972 auf diese Gefahr hingewiesen. Springers Vertrauter Ernst Cramer berichtete dem Journalisten Hans Habe, dass es Informationen gebe, die nicht nur Latrinengerüchte seien: Kurzfristig seien Einzelangriffe auf Spitzen des Verlages bis hin zu Entführungen geplant. Cramer wörtlich: „Der gefährdetste von allen ist Axel Springer."[28]

Aber auch Springers Familie war dem Risiko ausgesetzt, wie die Stadtpolizei Zürich feststellte. Unter dem Betreff „Androhung einer Entführung" schilderte die Polizei eine diffizile Situation. Ein Assistent der Taxi-Zentrale Zürich, selbst ehemaliger Polizist, hatte seine früheren Kollegen informiert. Bei den Bedrohten handelte es sich um die seit 1966 von ihrem Mann geschiedene Helga Springer und den gemeinsamen Sohn Raimund Nicolaus. Die Taxi-Zentrale hatte den Auftrag, den Jungen zur Schule oder in ein sogenanntes Lernstudio zu fahren, wenn es ihr selbst nicht möglich war. Die Polizei sollte nicht eingeschaltet werden, um jedes Aufsehen zu vermeiden. Doch der Anschlag in Hamburg am 19. Mai 1972 änderte diese Lage. Axel Springer war Tage später eigens nach Zürich gekommen und hatte gegenüber dem Oberbürgermeister „Bedenken wegen der angedrohten Entführung gegen seine geschiedene Frau Helga Springer und speziell gegen seinen Sohn, Raimund Springer, geäußert", notierte ein Wachtmeister; also wurde die Polizei aktiv. Helga Springer nahm die Drohung nicht auf die leichte Schulter, denn sie hatte schon früher einen Anruf aus Berlin erhalten, demzufolge aus Kreisen der Baader-Meinhof-Gruppe eine Entführung ihres Sohnes angedroht worden sei. Nach dem Anschlag kam ein anonymer Anruf hinzu. Ein Unbekannte hatte auf Hochdeutsch erklärt, man wisse jetzt, wo sie wohne, und sofort aufgehängt. Einer Nachbarin sei zudem vor dem Gebäude ein unbekannter Wagen mit deutschem Kennzeichen aufgefallen. Der Fahrer habe die Umgebung genau inspiziert und sei dann weggefahren. Helga Springer betonte gegenüber dem Wachtmeister, dass sie sich selbst nicht bedroht fühle, sich aber Sorgen um ihren Sohn mache. Angesichts der Vorkommnisse ergriffen die Polizeibehörden unter dem Decknamen „Studio" Maßnahmen: Hausbewohner, Taxi-Zentrale und Schulleitung wurden über die Androhung informiert. Sämtliche Reviere in Zürich erhielten in verschlossenen Couverts Weisungen für den Fall der Fälle, einschließlich Fahndungsfotos und „Signalementen der Bedrohten". Deutsche Behörden wurden ebenfalls in Kenntnis gesetzt.[29] Offenbar handelte es sich um leere Drohungen, denn weiter stellte die Züricher Polizei nichts fest.

Manche Zeugenaussagen ergaben jedoch konkrete Hinweise. Die *Abendblatt*-Mitarbeiterin Inge B. hatte möglicherweise tatsächlich einen der Bombenleger gesehen. „Am Freitag, dem 19. Mai 1972, gegen 14.30 Uhr kam ich mit dem Paternoster von der Kantine (7. Stock) und fuhr nach unten. Zwischen der vierten und der zweiten Etage habe ich einen Mann beobachtet, der von rechts nach links, so von meinem Blickfeld aus gesehen, am Paternoster vorbeiging", sagte die 45-Jährige aus: „Mir ist hier ein Farbfoto von dem Sprengkörper gezeigt worden, der in der zweiten Etage gefunden wurde. Ich kann mit Sicherheit sagen, dass dieser Mann ein solches Paket mit sich trug." Inge B. beschrieb den Mann, den sie „noch nie im Hause gesehen" hatte, als etwa 1,80 Meter groß, 20 bis 25 Jahre alt und schlank; später identifizierte sie ihn in der ihr vorgelegten Fotomappe als das untergetauchte RAF-Mitglied Klaus Jünschke.[30]

Während Kriminalhauptmeister Hans R. die Ermittlungen vor Ort koordinierte, bereitete der höchste Ermittler der Bundesrepublik eine Fahndungsaktion nie dagewesenen Ausmaßes vor. BKA-Präsident Horst

Herold wollte einen Tag lang sämtliche verfügbaren Polizisten für Personenkontrollen auf Durchgangsstraßen einsetzen. Dabei rechnete der einfallsreiche Behördenchef gar nicht damit, dass den Beamten tatsächlich Terroristen ins Netz gehen könnten; vielmehr wollte er „aufs Wasser schlagen", um die „versteckten Fische zum Schwimmen zu bringen".[31] In den Innenministerien der Bundesländer regte sich sofort Widerstand, denn Polizeiangelegenheiten gehörten zu ihren wesentlichen Aufgaben. Doch nach dem Bombenanschlag in Heidelberg und mit Unterstützung von Bundesinnenminister Genscher konnte sich Herold durchsetzen: Am 31. Mai unterstanden gleich 16.000 Polizeibeamte für einen Tag dem Kommando des BKA. Alle verfügbaren Hubschrauber drehten Schleifen über den Autobahnkreuzen, an allen Verkehrsknotenpunkten wurden Fahrzeuge überprüft, vorzugsweise schnelle Modelle mit jungen Insassen. Sämtliche Sender berichteten den Tag über aufgeregt über die Großfahndung.

Am Abend gab das BKA im *ZDF-Magazin* die „Arbeitsweise der Baader-Meinhof-Bande bekannt" und forderte „die Bevölkerung zur Mithilfe bei der Fahndung nach den Terroristen auf". Zum Beispiel solle man auf „typische Verhaltensweisen" beim Anmieten „konspirativer Wohnungen durch die anarchistischen Gewalttäter" achten. Geforderte Mieten und Kautionen würden stets umstandslos akzeptiert und bar bezahlt; meist sei sofortiger Einzug die wesentliche Bedingung. Möbel brächten die Terroristen selten mit, meist nur ein paar Matratzen. Stets würden umgehend Türschlösser ausgetauscht, und Vorhänge seien meist zugezogen. Fremde würden nicht in die Wohnung gelassen, und meist lägen konspirative Wohnungen in anonymen Hochhäusern oder Reihenbungalows.[32]

Auf den ersten Blick behielten die Bedenkenträger in den Landesinnenministerien recht. Sie hatten gewarnt, der Aufwand werde keine entsprechenden Ergebnisse bringen. Und tatsächlich konnte die Polizei an diesem Mittwoch keinen einzigen Terrorverdächtigen verhaften. An einer Autobahnausfahrt bei Ingolstadt hatte zwar ein Wagen mit Berliner Kennzeichen eine Polizeisperre durchbrochen, doch später stellte sich heraus, dass der Fahrer lediglich ein Scheckbetrüger auf der Flucht gewesen war. An einer Kontrollstelle südlich Hamburgs gab der Fahrer eines BMW plötzlich Gas, als er an die Beamten herangerollt war. Mehr als hundert Polizisten in 54 Streifenwagen und eine Hubschrauber-Besatzung verfolgten den

Flüchtigen, der rücksichtslos mit über 100 Stundenkilometern durch die Innenstadt raste, bis er am Bahnhof Dammtor gestellt wurde. Nach 29 Minuten Irrfahrt wurde er festgenommen und als gewöhnlicher Autodieb identifiziert. Im Bahnhof von Dillingen (Saar) fanden sich in Schließfächern zwei Sprengsätze, doch sie waren nicht scharf und stammten auch nicht aus der Bombenwerkstatt von Baader-Meinhof.[33]

Das störte Herold keineswegs, denn seine Falle war gestellt, und zwar mitten in Frankfurt, vis-à-vis des Hauptfriedhofs. Am 25. Mai 1972, einen Tag nach dem Anschlag in Heidelberg, hatte ein Mann das Frankfurter Präsidium angerufen und sich mit der dort wie in allen großen Städten eingerichteten Sonderkommission Baader-Meinhof verbinden lassen. „Ich wollte Ihnen einen Hinweis geben!", sagte er zum Wachhabenden: „Hier werden so viele Gasflaschen transportiert, und die jungen Leute fahren auffällig schwere Wagen." Der Beamte notierte: „Verdächtige Wahrnehmungen in der Umgebung des Hauses Hofeckweg 2–4."[34] Gasflaschen und junge Leute mit schweren Wagen – das genügte, um den Hinweis zu überprüfen. Diskret fanden die Ermittler heraus, dass ein gewisser „Gerhard Allemann" eine der vier hofseitigen Garagen des modernen Apartmenthauses mit 24 Wohnungen am 31. Januar 1972 gemietet hatte: ein falscher Name. Das reichte für die Durchsuchung, die unter anderem einen Kunststoffeimer, gefüllt mit neun bis zehn Kilogramm des grauen Sprengstoffgemisches, drei leere Kunststoffeimer, eine Kunststoffschaufel, einen Abfülltrichter sowie weiteres Abfüllgerät, an denen sich Spuren des grauen oder des roten Selbstlaborats fanden, eine noch gefüllte Flüssiggasflasche, baugleich zu der einen beim Anschlag in Heidelberg verwendeten, und das abgeschraubte Typenschild von der anderen im US-Hauptquartier explodierten Gasflasche. In der Garage stand ein gestohlener Sportwagen der italienischen Luxusmarke Iso Rivolta, in dem zwei klar erkennbare Fingerabdrücke von Andreas Baader gesichert werden konnten. Kein Zweifel: Dies war ein Lager der RAF.

Sofort organisierte die Sonderkommission eine Observation der Garage rund um die Uhr, nachdem die graue Sprengstoffmischung durch ähnlich aussehendes, aber ungefährliches Knochenmehl ersetzt worden war; außerdem installierten Beamte ein Mikrofon. Am Abend des 31. Mai luden sogar noch als Mitarbeiter des Gartenbauamtes verkleidete Kripobeamte

Anarchistische Gewalttäter
– Baader/Meinhof-Bande –

Wegen Beteiligung an Morden, Sprengstoffverbrechen, Banküberfällen und anderen Straftaten werden steckbrieflich gesucht:

Meinhof, Ulrike,
7. 10. 34 Oldenburg

Baader, Andreas Bernd,
6. 5. 43 München

Ensslin, Gudrun,
15. 8. 40 Bartholomae

Meins, Holger Klaus,
26. 10. 41 Hamburg

Raspe, Jan Carl,
24. 7. 44 Seefeld

Stachowiak, Ilse,
17. 5. 54 Frankfurt/M.

Jünschke, Klaus,
6. 9. 47 Mannheim

Augustin, Ronald,
20. 11. 49 Amsterdam

Braun, Bernhard,
25. 2. 46 Berlin

Reinders, Ralf,
27. 8. 48 Berlin

Barz, Ingeborg,
2. 7. 48 Berlin

Möller, Irmgard,
13. 5. 47 Bielefeld

Mohnhaupt, Brigitte,
24. 6. 49 Rheinberg

Achterath, Axel,
15. 4. 45 Hannover

Hammerschmidt, Katharina,
14. 12. 43 Danzig

Kray, Rosemarie,
24. 8. 47 Ebersberg

Hausner, Siegfried,
24. 1. 52 Sehr Bayern

Brockmann, Heinz,
1. 3. 48 Gütersloh

Fichter, Albert,
18. 12. 44 Stuttgart

Für Hinweise, die zur Ergreifung der Gesuchten führen, sind insgesamt 100 000 DM Belohnung ausgesetzt, die nicht für Beamte bestimmt sind, zu deren Berufspflichten die Verfolgung strafbarer Handlungen gehört. Die Zuerkennung und die Verteilung erfolgen unter Ausschluß des Rechtsweges.

Mitteilungen, die auf Wunsch vertraulich behandelt werden, nehmen entgegen:

Bundeskriminalamt – Abteilung Sicherungsgruppe –
53 Bonn-Bad Godesberg, Friedrich-Ebert-Straße 1 – Telefon: 02229 / 53001
oder jede Polizeidienststelle

Vorsicht! Diese Gewalttäter machen von der Schußwaffe rücksichtslos Gebrauch!

Der RAF-Steckbrief des BKA, verteilt anlässlich der Fernsehfahndung am 25. Mai 1972.

gemein" zu machen.[40] Peter Tamm reichte Beschwerde beim Presserat ein. Der *Stern*-Chef habe „die Ehre journalistischer Berufskollegen in einer Weise angegriffen, die in der deutschen Pressegeschichte ohne Vorbild sein dürfte". Nannen solle „nicht ungerügt Meinungsverschiedenheiten über den Weg der deutschen Politik zum Anlass maßloser Verunglimpfungen andersdenkender Berufskollegen" nehmen dürfen.[41]

Auch die siegreiche Koalition trat nach, in Person des Regierungssprechers Conrad Ahlers: Die Bundesregierung hoffe sehr, „dass dieses eindeutige Wahlergebnis auch die Beziehungen zwischen der Bundesregierung und einem bestimmten, ihr sehr feindlich gesonnenen Teil der Presse entspannen wird. Es ist klar, einer der großen Verlierer ist Axel Springer. Das ist unsere feste Überzeugung."[42] Unterstützung für Axel Springer kam in dieser Phase von Franz Josef Strauß, der Stimmen aus der CDU zurückwies, die dem Verleger die Schuld für die Wahlniederlage der Union geben wollten. Springer habe lediglich klare Haltung bewiesen.[43]

So ging ein „inhaltsreiches Jahr" zu Ende, wie Peter Tamm in seinem Weihnachtsbrief an Axel Springer formulierte. Das war gelinde gesagt untertrieben. Doch Tamm wusste das Jahr richtig einzuschätzen: „Die Zahl der Probleme, vor denen Deutschland und auch unser Haus standen, schienen und scheinen fast unüberwindlich. Die Skala der Ereignisse reicht von den Wahlen in Baden-Württemberg über die Bomben im Hamburger Haus bis hin zu den Bundestagswahlen. Allen zum Trotz hat gerade in diesem Jahr Ihr Unternehmen ein Rekordergebnis erzielt." Mit Blick auf das bevorstehende Jahr 1973 zitierte der Vorstand als Leitmotiv den Spruch des japanischen Admirals Togo nach der Seeschlacht von Tschushima 1905: „Nach der Schlacht binde den Helm fester."[44] Eine musikalische Aufmerksamkeit schickte Günter Stanienda, Urgestein unter den Berliner Lokaljournalisten und Hobby-Komponist. Zu seinem Notenblatt schrieb der Mitarbeiter beim Axel Springer Dienst (ASD), dem verlagseigenen Pressedienst: „Es ist das Echo eines der in diesem Jahr so häufigen aufregenden Tage beim ASD – deswegen wohl in d-Moll."[45]

Wie es um den Verleger selbst stand, mehr Moll oder mehr Dur, zeigte sich in den Zusammenkünften zum Jahresausklang: beim Adventstee mit Freunden und ausgewählten Gästen in Berlin, ferner bei Treffen mit den Führungskräften dort und in Hamburg. Tamm hatte Springer nach seinem Auftritt beim Betriebsfest vorgeschlagen, den Mitarbeitern Selbstbewusstsein zu demonstrieren. Doch das fiel ihm schwer, so wie er im Jahr 1972 unter Beschuss gestanden hatte; er wollte seine Enttäuschung auch nicht verstecken. Also sprach er auf diesen Treffen über die Kontroverse mit Innensenator Ruhnau und der SPD, den nicht aus der Welt zu schaffenden Monopolvorwurf, den verzerrten Wettbewerb der Zeitungshäuser mit dem Fernsehen, die Wahl und die Ostpolitik, die nach Springers Ansicht die Lage West-Berlins verschlechtern würde, und über die Wiedervereinigung, an die immer weniger Bundesbürger glaubten. Dass 55 Prozent der Deutschen laut einer repräsentativen Umfrage das Jahr 1972 „fabelhaft" fanden, konnte der Verleger nicht nachvollziehen.

Von Abschied war vor seinen Führungskräften in Berlin und Hamburg keine Rede mehr. Doch auch vor ihnen beklagte er sich, dass er alle Angriffe auf das Haus fast alleine habe abwehren müssen, „natürlich immer mit einem Kreis von tüchtigen Männern. Aber gezählt an der Gesamtzahl unseres Hauses ist es ein verschwindend kleiner Kreis."[46] Offenkundig erwartete er künftig von ihnen mehr Unterstützung, daher wiederholte der Verleger den Hinweis, „es geht um die ganzen Arbeitsplätze des gesamten Hauses". Angesichts der Kritik am Verlag rechnete Axel Springer vor: „Wir gehen jetzt – und das ist ganz interessant bei der Betrachtung der Epoche – in das siebente Jahr dieser Verketzerung durch eine veröffentlichte Meinung hinein, deren Urheberzahl ich nicht überschätzen will. Und ich frage mich ein bisschen, sind diese sieben Jahre eigentlich eine magische Zahl?"[47]

Dass dem Haus lange zumindest interne Krisen erspart geblieben waren, zählte der Verleger zu den Pluspunkten. Seit dem 19. Mai schien er sich aber nun nicht mehr sicher zu sein. „Ich habe immer das Bombenattentat hier im Hause eigentlich als die Krone der Angriffe gegen unser Haus empfunden. Ich bin leider der Meinung, dass die Bomben nicht nur hereingetragen worden sind von außen, sondern dass man von innen auch gesagt hat, wohin sie gelegt werden sollten." Dafür gab es allerdings nicht mehr als vage Indizien. Doch Springer wusste, dass nicht alle seinen Kurs mittrugen. Seine Äußerungen zu Brandt und Ruhnau hatten manche Beschäftigte als „politische Propaganda" kritisiert. Seinen Managern in Berlin sagte er, einige Verlagsleiter hätten „lieber geschicktere Zeitungen gemacht". Und er entgegnete: „Man kann immer bessere Zeitungen machen, aber geschicktere Zeitungen, also bei Preisgabe des Standpunktes auf Auflage zu setzen, das ist bei mir nicht drin."[48] An anderer Stelle erinnerte Axel Springer an ein Zitat seines Vorbilds Leopold Ullstein, das auch „für sein Haus schon immer gegolten" habe: „Wir sind nicht Parteigänger, wir sind Parteinehmer."[49]

Trotz solcher Misstöne appellierte er an die Manager, „aufmerksam zu sein, dass die Schräubchen oder die großen Schrauben, an denen gedreht wird, um das, was wir freie Presse nennen, zu beseitigen, nicht gedreht werden können". Die Versammelten könnten sicher sein, „dass ich wie bisher weiterkämpfen werde, selbst wenn im Einzelnen die Liebe zur Sache nicht mehr ganz so heiß sein mag. Aber die Pflicht wird auch in Zukunft mein Wegweiser sein." Was ihn dabei motivierte, bekannte Axel Springer ebenfalls. 1972 habe es „ein hervorstechendes Ereignis" für ihn gegeben: „Die Geschichte mit den Bomben in diesem Hause. Nicht nur das Mitfühlen mit den Betroffenen bewegt mich, sondern auch der Dank für alle aus Ihrem Kreis, die dann das Haus weitergeführt haben nach dem Schock."[50]

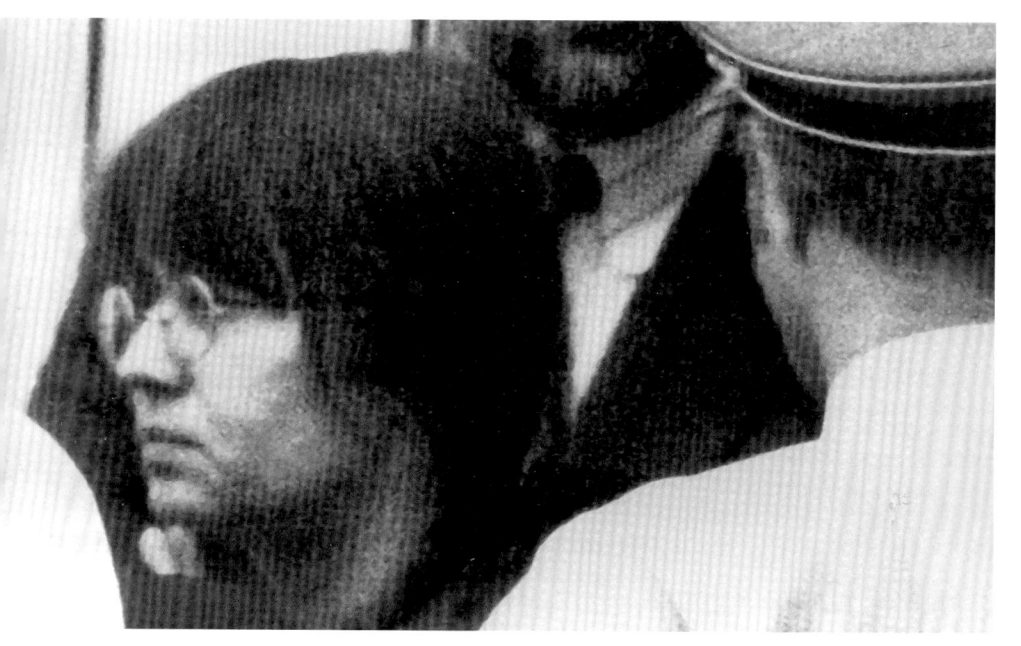

Ulrike Meinhof 1975 auf dem Weg in den Gerichtssaal
beim Gefängnis Stuttgart-Stammheim.

Verantwortung

Genau drei Jahre nach der Mai-Offensive der RAF begann am 21. Mai 1975 deren strafrechtliche Ahndung. Zuständig war das Oberlandesgericht Stuttgart, denn das mit drei Toten und sechs Verletzten folgenreichste der Bombenattentate an fünf Orten hatte in Heidelberg, also in Baden-Württemberg stattgefunden. Außerdem befand sich im nördlichen Stuttgarter Vorort Stammheim das modernste Gefängnis der Bundesrepublik, eröffnet erst 1963 mit dem ausdrücklichen Ziel, den Strafvollzug zu modernisieren: Der Neubau war konzipiert als „Idealbild eines Reformgefängnisses" oder, wie Kritiker es sahen, als „Hotel für Gangster und Ganoven".[1]

Angeklagt waren die drei Anführer der RAF Andreas Baader, Ulrike Meinhof und Gudrun Ensslin sowie Jan-Carl Raspe; Holger Meins, der ebenfalls zum engsten Kreis um Baader und Ensslin gezählt hatte, erlebte den Prozessbeginn nicht mehr, denn er war im November 1974 nach 58 Tagen Hungerstreik an den Folgen der verweigerten Nahrungsaufnahme gestorben. Andere mutmaßliche Mittäter der Mai-Offensive wie Klaus Jünschke oder Gerhard Müller wurden in Verfahren wegen weiterer Straftaten vor anderen Gerichten angeklagt, um den Stammheim-Prozess gegen die Köpfe der Gruppe nicht zu sehr auszudehnen. Fast drei Dutzend RAF-Mitglieder saßen wie Brigitte Mohnhaupt, Bernhard Braun, Manfred Grashof oder Helmut Pohl ebenfalls hinter Gittern, teilweise bereits rechtskräftig verurteilt, teilweise noch in Untersuchungshaft.

Eigens für das Verfahren gegen die Köpfe der RAF war direkt neben dem Gefängnis Stammheim für sechs Millionen Mark eine „Mehrzweckhalle" als Gerichtssaal errichtet worden. Fast tausend Zeugen und 80 Sachverständige wurden im Verlauf des Verfahrens hierher geladen. Etwa 40.000 einzelne Asservate lagen vor, vom gesicherten Fingerabdruck bis zur 33 Kilogramm schweren Propangasflasche, die zur hochgefährlichen Bombe umgebaut worden war. Die Ermittlungsunterlagen füllten mehr als

150 Leitz-Ordner. 353 Seiten umfasste die Anklageschrift. Es ging um die vier Morde im Zuge der Anschlagsserie, mehr als 50 weitere Mordversuche, dazu zahlreiche sonstige Delikte. Gleich neun Richter waren aufgeboten, sechs mehr als eigentlich notwendig; so sollte verhindert werden, dass das Verfahren platzte, falls mehrere Juristen hätten ausscheiden müssen. Denn mit Ablehnungsanträgen wegen angeblicher Befangenheit war ständig zu rechnen; am Ende waren es 95.

Insgesamt mehr als 30 Anwälte vertraten die Interessen der vier Angeklagten, was das Verfahren enorm aufblähte. Es handelte sich zum Teil um Pflicht- und zum Teil um Wahlverteidiger, doch die meisten von ihnen stammten aus dem linken Spektrum, von Linksliberalen wie Otto Schily bis hin zu Linksextremisten wie Hans-Christian Ströbele. Für die Kosten der Anwälte musste, da die Angeklagten praktisch mittellos waren, meist die Staatskasse aufkommen, also der Steuerzahler; 1,6 Millionen Mark flossen allein für die Pflichtverteidiger.[2] Den enormen Verteidigerauflauf hatte auch nicht bremsen können, dass der Bundestag nach schlechten Erfahrungen bei früheren RAF-Prozessen die Regeln des Strafprozessrechts angepasst hatte: Jeder Angeklagte durfte nicht mehr als drei Wahlverteidiger haben, jeder Anwalt nur noch einen Beschuldigten im selben Verfahren vertreten. Außerdem konnten Verteidiger nicht mehr wie bisher zu jedem Zeitpunkt eigene Erklärungen abgeben, sondern nur noch nach jeder einzelnen Beweiserhebung – so sollten endlose politische Ausführungen der Anwälte zugunsten ihrer Mandanten unterbunden werden.

Eine reguläre Verteidigung, also ein Bestreiten der Vorwürfe, schien sinnlos, denn die Indizienkette gegen die Angeklagten war so stabil wie eine Ankertrosse: An der unmittelbaren Verantwortung von Baader, Ensslin, Meinhof und Raspe für die Anschlagsserie konnte kein Zweifel bestehen, auch wenn sie nichts gestanden hatten. Denn die Ermittler des BKA hatten ganze Arbeit geleistet.

Fest stand zunächst, dass sämtliche Bomben in der konspirativen Wohnung in der Inheidener Straße präpariert worden waren.[3] Hier waren die von Meins mit Unterstützung und Deckung durch Raspe bei der Metallwerkstatt von Dierk Hoff beschafften Bombenhüllen mit dem ebenfalls hier selbstgemischten Sprengstoff gefüllt und mit Zündern versehen worden. Reste des dafür verwendeten Materials, die identisch waren mit bei den insgesamt vier Blindgängern sichergestellten Spuren, fanden sich in großer Zahl.[4] Typenschilder von zwei bei Anschlägen in Frankfurt und Heidelberg verwendeten Gasflaschen waren in der Inheidener Straße und der Garage im Hofeckweg gefunden worden, in der Baader und Meins festgenommen wurden.[5] In der Wohnung selbst hatten sich, zweifelsfrei verbürgt durch Fingerabdrücke, Baader, Ensslin, Raspe und Meins sowie Gerhard Müller aufgehalten; Ulrike Meinhofs Anwesenheit konte zwar nicht direkt nachgewiesen werden, aber dafür hatte sie bei ihrer Festnahme einen Schlüssel zu dieser Wohnung bei sich.[6] Relevante Spuren weiterer Personen gab es hingegen nicht. In der Inheidener Straße war zudem eine Reiseschreibmaschine des Fabrikats „Erika" gefunden worden, auf der sowohl die „Kriegserklärung" von Andreas Baader vom 23. Januar 1972, authentifiziert durch den Abdruck seines Daumens, als auch mehrere Bekennerschreiben zu Anschlägen von Mai 1972 geschrieben worden waren.[7] Die beiden Bekennerschreiben zum Anschlag auf den Axel Springer Verlag stammten mit hoher Wahrscheinlichkeit von einer anderen Schreibmaschine, die in einer konspirativen Wohnung in Hamburg gefunden wurde, zu der Ulrike Meinhof ebenfalls einen Schlüssel bei sich gehabt hatte.[8]

Durch unbezweifelbare Sachbeweise wie Spuren der selbstgemischten Sprengstoffe, Reste des Zündermaterials sowie Fingerabdrücke, identifizierte Schreibmaschinen und Wohnungsschlüssel konnte nachgewiesen werden: Die vier Angeklagten hatten die Bomben gebaut und nach den Anschlägen die Bekennerschreiben verfasst. Um die Schuld der Angeklagten zu belegen, musste die Bundesanwaltschaft also eigentlich gar nicht zurückgreifen auf weniger eindeutige Indizien wie Zeugenaussagen (z. B. von den Wurstverkäuferinnen eines Frankfurter Supermarktes und Nachbarn) oder Schriftvergleiche sichergestellter handschriftlicher Notizen (so ordneten Gutachter mehrere Entwürfe zu Bekennerschreiben der Korrekturen wegen Ulrike Meinhof zu, einen ausgefüllten Antrag für einen Telefonanschluss Gudrun Ensslin).[9] Ebenso wenig war es notwendig, die einleuchtende, aber letzlich nicht beweisbare Analyse des BKA-Terrorismus-Experten Alfred Klaus anzuführen: „Nach der für sie typischen abgehackten Schreibweise könnte ein Teil der Briefe von der Beschuldigten Meinhof verfasst worden sein."[10]

Angesichts der Beweislage war ein Bestreiten der Taten unsinnig, aber das strebten die vier Angeklagten gar nicht an. Statt sich zu verteidigen, wollten sie das Verfahren als Bühne nutzen. Dabei halfen ihnen ihre Verteidiger, die das Gericht mit unzähligen Anträgen beschäftigten, um den Prozess zu verzögern und durch Zeitverzug oder durch Ablehnungsanträge gegen die Richter zum Scheitern zu bringen. Erst am 26. Verhandlungstag konnte überhaupt der Anklagesatz verlesen werden, eine auf zwölf Seiten gekürzte Fassung der eigentlich 353 Seiten starken vollständigen Anklageschrift.[11] Geschickt spielten die Anwälte mit den Möglichkeiten des Rechtsstaates und behaupteten etwa, ihre Mandanten seien nicht verhandlungsfähig; deshalb dürfe gegen sie nicht prozessiert werden.[12] Doch die gesundheitlichen Einschränkungen von Baader, Meinhof, Ensslin und Raspe gingen auf ihre Hungerstreiks zurück, waren also selbst verursacht.[13]

Ein Großteil des Verfahrens fand ohne die vier RAF-Anführer statt. Denn wenn sie nicht aus angeblichen oder tatsächlichen gesundheitlichen Gründen fehlten, dann mussten die Angeklagten oft ausgeschlossen werden, weil sie die Richter auf übelste Weise beleidigten. So sagte Andreas Baader, das Gericht sei nichts anderes als ein „Rattenhaufen", und beschimpfte den Vorsitzenden Richter Theodor Prinzing als „faschistisches Arschloch".[14] Ulrike Meinhof nannte den Vorsitzenden zum Beispiel ein „imperialistisches Staatsschwein".[15] Gudrun Ensslin griff zu Bezeichnungen wie „altes Schwein" oder „alte Sau".[16] Wenn die Richter den Angeklagten nach solchen Verbalinjurien die Mikrofone abdrehten, reagierten sie mit Gebrüll, bis sie abgeführt wurden. Auch mehrere der Verteidiger schrien das Gericht an, selbst Otto Schily, der sich sonst so bürgerlich-seriös gab.[17]

Die Richter mussten das Verfahren unter verbalem Dauerfeuer von Angeklagten, Anwälten und Zeugen führen, jedenfalls wenn andere RAF-Mitglieder befragt wurden. Zum Beispiel schleuderte der schon im Sommer 1971 festgenommene Terrorist Werner Hoppe, wegen dreifachen versuchten Totschlages verurteilt zu zehn Jahren Haft, dem Vorsitzenden unmissverständlich entgegen: „Wir sind es nicht gewohnt, mit Leuten wie Ihnen zu reden, sondern auf Leute wie Sie zu schießen."[18] Dennoch durften die Richter keine Fehler machen, die später Gründe für eine Berufung oder eine Revision abgeben würden, denn dass die Anwälte jedes Rechtsmittel nützen und dazu auch die Strafprozessordnung maximal auslegen würden, war erwartbar. Deshalb bemühten sich Richter und Staatsanwälte trotz aller Beleidigungen, die Ruhe zu bewahren.

Manchmal gelang es ihnen sogar durchaus, die Angeklagten zu stellen. Einmal betonte Baader, niemand könnte behaupten, dass er oder die anderen Angeklagten mit der Geiselnahme in Stockholm am 24. April 1975 „etwas zu tun hätten", die sechs RAF-Mitglieder begangen hatten, um die Stammheimer Gefangenen freizupressen.[19] Geistesgegenwärtig fragte Richter Prinzing nach: „Wir schließen aus diesen Ausführungen, dass Sie sich sehr heftig gegen den Vorwurf einer Verbindung zwischen [Ihnen] und dem Stockholmer Anschlag ..." Nuschelnd unterbrach ihn Baader: „Es geht nicht darum, dass ich mich von der Aktion in Stockholm distanziere, das tue ich selbstverständlich nicht. Das ist nicht der Punkt."[20] Ein Geständnis war das trotzdem nicht, wiewohl die Stammheimer Angeklagten nachweislich aus dem Gefängnis heraus in Kassibern und über mündliche Aufträge an Anwälte eine Geiselnahme mit dem Ziel ihrer Freipressung gefordert hatten.[21]

Fünf Verhandlungstage lang beschäftigte sich das Gericht mit der Beweisaufnahme zum Anschlag auf den Axel Springer Verlag, am 100. bis 104. vom 20. bis 28. April 1976. Als Zeugen geladen waren neben neun der am 19. Mai 1972 vor Ort verantwortlichen Polizeibeamten die drei Telefonistinnen des Axel-Springer-Hauses, die Drohanrufe entgegengenommen hatten, alle 14 zum Zeitpunkt des Prozesses noch lebenden Mitarbeiter der Korrektur, die beim ersten Anschlag im dritten Stock gewesen waren, sowie 13 weitere Verlagsangestellte und Besucher, die sich in der Nähe der zweiten Detonation aufgehalten hatten, schließlich je ein Mitarbeiter von NDR und dpa, bei denen die beiden Bekennerschreiben gelandet waren.[22] Sie alle schilderten noch einmal ihre Erlebnisse.

Zu den geladenen Zeugen gehörte auch Liz H., die *BILD*-Mode- und Society-Reporterin; am selben Tag wie sie erschien Wolfgang B., der Cheflayouter der *BILD AM SONNTAG*, ein weiterer Kollege, der inzwischen in Bonn tätig war, und ein Meister aus der Setzerei. Am Ende ihrer Aussagen fragte das Gericht alle vier, wie sie schwören wollten. Sie antworteten spontan: „Auf die Bibel." Für Liz H. ein Indiz dafür, wie sehr sie selbst nach fast genau vier Jahren dieses Bombenattentat noch bewegte.[23]

Die Angeklagten erschienen nicht, mit Ausnahme von Jan-Carl Raspe, der sich am 20. April zweimal für insgesamt vier Minuten und am 27. April für „kurze Zeit" blicken ließ, um sich mit Anwälten zu beraten – allerdings nicht einmal mit seinen Verteidigern, worauf Richter Prinzing umgehend hinwies.[24] Da zum Zeitpunkt der beiden Explosionen am Nachmittag des 19. Mai 1972 weder Verleger Axel Springer noch Vorstand Peter Tamm im Hamburger Haus anwesend gewesen waren, brauchten sie in Stammheim nicht zu erscheinen – als Zeugen hätten sie zu den Vorgängen wenig aussagen können. Die Beweisaufnahme sowie die Befragung zweier Sachverständiger bestätigte weitgehend die in der Anklageschrift dargelegten, durch zahlreiche Asservate umfassend gestützte Sachverhaltsdarstellung.[25] Mit inhaltlichen Aussagen der Angeklagten rechneten längst weder die Bundesanwaltschaft noch das Gericht.

Umso erstaunlicher war, was sich gegen Ende des übernächsten Termins am 4. Mai 1976 ereignete. Der 106. Verhandlungstag hatte um neun Uhr morgens so begonnen wie die meisten zuvor: mit fruchtlosen Auseinandersetzungen zwischen Gericht und Anwälten. An diesem Dienstag stellte besonders Otto Schily eine Fülle von Anträgen auf Zeugenvernehmungen. So wollte er den früheren US-Präsidenten Richard M. Nixon und mehrere seiner Berater aus dem Mai 1972 befragen, um auf diese Weise die Selbstrechtfertigung der Angeklagten zu belegen, es habe sich bei den Bombenangriffen auf die US-Hauptquartiere in Frankfurt und Heidelberg um legitime Reaktionen auf Kriegshandlungen in Vietnam gehandelt – ein Begehr, das völlig widersinnig war. Ein weiterer RAF-Verteidiger sekundierte mit dem Antrag, die drei ehemaligen Bundeskanzler Ludwig Erhard, Kurt Georg Kiesinger und Willy Brandt zu vernehmen sowie den im Mai 1972 amtierenden Bundespräsidenten, Gustav Heinemann, und den damaligen Außenminister Walter Scheel, seit 1974 seinerseits Staatsoberhaupt.[26] Obwohl diese Antragsflut keinerlei Aussicht hatte, das Verfahren irgendwie voranzubringen, was alle Beteiligten auch wussten, ließ der Vorsitzende Richter sie geschehen, um sich nicht den nächsten Ablehnungsantrag einzufangen.

Prinzing erteilte an diesem Nachmittag sogar erst Andreas Baader, dann Gudrun Ensslin das Wort für persönliche Erklärungen, was er zu diesem Zeitpunkt nicht hätte tun müssen, warnte aber zugleich: „Sie haben die Gelegenheit, Erklärungen abzugeben, aber hier nicht Angriffe gegen Prozessbeteiligte loszulassen." Darum scherte sich Baader freilich nicht, sondern redete minutenlang ein unverständliches Politkauderwelsch, das in dem Vorwurf gipfelte, das Verfahren sei ein „ein faschistischer Militär-gerichtsprozess".[27] Dann verließ er, was Richter und Staatsanwälte längst ungerührt hinnahmen, den Saal, obwohl die Strafprozessordnung einem Angeklagten natürlich nicht gestattete, nach freier Entscheidung beim Prozess anwesend zu sein oder nicht.

Um 17.08 Uhr am 4. Mai 1976 folgte die persönliche Erklärung von Gudrun Ensslin, und sie hatte im Gegensatz zu vielen anderen ähnlichen Äußerungen der Angeklagten allerhöchste Bedeutung für das Verfahren. „Hier nochmal einfach", hob sie an: „Wir sind auch verantwortlich für die Angriffe auf das CIA-Hauptquartier und das Hauptquartier des V. US-Corps in Frankfurt am Main und auf das US-Hauptquartier in Heidelberg insofern, wie wir in der RAF seit 1970 organisiert waren, in ihr gekämpft haben und am Prozess der Konzeption ihrer Politik und Struktur beteiligt waren." Das war zum ersten Mal im Verlauf des Stammheimer Verfahrens so etwas wie ein konkretes Geständnis von der Anklagebank. Doch noch wichtiger war der folgende Satz Ensslins: „Insofern sind wir sicher auch verantwortlich für Aktionen von Kommandos, z. B. gegen das Springer-Hochhaus, deren Konzeption wir nicht zustimmen und die wir in ihrem Ablauf abgelehnt haben."[28] Ein paar der üblichen Politfloskeln folgten noch, dann verließ Ensslin gemeinsam mit Jan-Carl Raspe laut Protokoll um 17.11 Uhr den Gerichtssaal. Offenbar nahmen weder der Vorsitzende Prinzing noch die Anklagevertreter oder die Verteidiger Ensslins Äußerung besonders wichtig; jedenfalls ging laut Protokoll niemand in den verbleibenden zwei Minuten der Hauptverhandlung an diesem Tag darauf ein.[29]

Nicht mit eigenen Ohren gehört hatte Ulrike Meinhof die Bemerkung von Ensslin – sie war an diesem Tag nur eine Viertelstunde, von 14.09 bis 14.24 Uhr, anwesend und hatte dann den Saal wieder verlassen. Es war das letzte Mal, dass sie vor Gericht erschien, denn an den nächsten beiden Verhandlungstagen, dem 5. und dem 6. Mai 1976, blieben alle Angeklagten fern; nur Jan-Carl Raspe schaute einmal für weniger als eine Minute vorbei und verschwand dann wieder.[30]

Meinhof hatte zumindest geahnt, vielleicht auch gewusst, was kommen würde, und wollte sich vermutlich die Blamage ihrer Bloßstellung vor Gericht ersparen. Denn Ensslins Äußerung war nichts anderes als die Aufkündigung der angeblich so wichtigen Solidarität zwischen den Angeklagten. Durch ihre Bemerkung, „wir" – gemeint waren offensichtlich Baader und sie, vielleicht auch Raspe – hätten der „Konzeption" des Anschlages auf den Axel Springer Verlag nicht zugestimmt und die „Aktion" in „ihrem Ablauf abgelehnt", distanzierten sich die drei Mitangeklagten unmissverständlich von Ulrike Meinhof. Deren Verantwortung für die Auswahl des Hamburger Ziels war zwar zu dieser Zeit noch nicht Gegenstand der Hauptverhandlung gewesen, aber doch allgemein präsent. Vor der Verhandlung am 4. Mai 1976 war einer Justizbeamtin im siebten Stock des Stammheimer Gefängnisses aufgefallen, dass Baader und Raspe über einen Tisch hinweg heftig auf Meinhof eingeredet hatten – und sie nur kleinlaut geantwortet hatte: „Ja, wenn ihr meint ..."[31]

Anfang Mai 1976 befand sich Meinhof in einer psychischen Ausnahmesituation. Im Hochsicherheitstrakt im siebten Stock des Stammheimer Gefängnisses, in dem die vier Angeklagten tagsüber unkontrolliert zusammensitzen durften, hatte Baader sie ein ums andere Mal gedemütigt, indem er ihre des Nachts getippten Traktate zerriss, ohne nur ein Wort gelesen zu haben, und sie verhöhnte: „Diese Scheiße kannst du doch vergessen!"[32] Trotzdem hing Meinhof weiter mit einer Mischung aus unerwiderter Liebe und Unterwürfigkeit an ihm. Hinzu kam, dass Gudrun Ensslin ihr seit Längerem mit gruppeninterner Kritik Druck machte, ihr „Verrat" vorwarf und den angeblichen Grund dafür benannte: „die nicht mit Stiel und Stumpf ausgerissene falsche Klasse" – wohl ein Hinweis auf Meinhofs Luxusleben in Hamburg-Blankenese an der Seite ihres zeitweiligen Ehemanns Klaus Rainer Röhl Mitte der 1960er-Jahre. Geradezu hämisch schrieb Ensslin über die „deklassierte, gedemütigte, gefangene Kolumnistin" und nannte sie „giftig und triefäugig". Meinhof reagierte mit radikaler Selbstkritik: „Tatsache ist – ich habe mich fürchterlich weit von euch entfernt." Sie gab sich geradezu auf: „Ich war einfach eine elitäre Sau – ich wollte alles besser und aus mir selbst wissen. Eine blöde intellektuelle Schnalle." Ihre Selbstkritik schloss sie mit den Worten: „RAF oder Tod".[33]

Die geistige Ausweglosigkeit Meinhofs hatte auch physische Folgen, wie Horst Bubeck auffiel, der als stellvertretender Vollzugsdienstleiter für die Gefangenen im Hochsicherheitstrakt verantwortlich war: „Manchmal lallte sie richtig." Sie hatte Orientierungsprobleme, selbst in der abgeschlossenen Welt des siebten Stocks in Stammheim: „Dann ist sie in irgendeine

Ecke hineingelaufen und dort einfach stehen geblieben."[34] Auch ihren Hof-
gang auf der überdachten Terrasse machte sie immer öfter allein.

In dieser Situation war die Distanzierung Ensslins und mindestens
Baaders, vielleicht auch Raspes von dem Attentat auf den Axel Springer
Verlag, ihrem Anschlag, zu viel für Meinhof. Am Abend des 8. Mai 1976
zerriss sie eines der groben Gefängnishandtücher in ihrer Zelle zu Strei-
fen, verknotete diese zu einem Strick und erhängte sich irgendwann in der
Nacht zum 9. Mai an einer der Fensterstreben. Als die Frühschicht der Jus-
tizbeamten ihr am folgenden Morgen um 7.34 Uhr das Frühstück übergeben wollte, hing Ulrike Meinhof dort bereits seit Stunden. Zwei voneinan-
der unabhängige Obduktionen ergaben nicht „den geringsten ‚Anhalt für
Fremdmitwirkung‘".[35] Horst Bubeck wurde umgehend von seinen Kollegen gerufen und hatte die Aufgabe, den anderen Gefangenen im siebten
Stock die Nachricht von Meinhofs Selbstmord mitzuteilen: „Als ich es
ihnen sagte, war die Überraschung nicht sehr groß. Auch Trauer konnte
ich keine feststellen."[36]

Bald darauf bestätigten sowohl der Kronzeuge Gerhard Müller als auch
eher ungewollt Brigitte Mohnhaupt, die zu den radikalsten RAF-Mitgliedern zählte, die Hauptverantwortung von Ulrike Meinhof für den Anschlag
in Hamburg. Müller schilderte am 8. Juli 1976, wie sie ihren Vorschlag
offenbar am 13. oder 14. Mai 1972 in Frankfurt bei Baader, Ensslin, Meins
und Rapse durchgesetzt hatte, denn sie brauchte ja mehrere der selbstge-
bauten Bomben, auf die nur die vier Nutzer der Wohnung in der Inheidener Straße Zugriff hatten. Müller nannte auch die Namen der übrigen mutmaßlich Beteiligten an dem Anschlag, dies jedoch als im eigentlichen Sinne
nicht beweiskräftiges Hörensagen. Der Kronzeuge wusste, dass die Hamburger Zelle im Frühjahr 1972 neben Meinhof und ihm aus Klaus Jünschke,
Siegfried Hausner und Ilse Stachowiak bestand, doch konnte er keine
Angaben zur genauen Rollenverteilung beim Anschlag machen.[37]

Mohnhaupt wollte genau zwei Wochen später eigentlich die „Behauptung" widerlegen, „Ulrike hätte im Gegensatz zu Andreas oder Gudrun
oder überhaupt im Gegensatz zum Teil der Gruppe, Hamburg, also diesen
Anschlag auf das Springer-Hochhaus, gewollt und durchgeführt". Offenbar wusste sie nicht, dass Ensslin genau das am 4. Mai 1976 im Gerichtssaal bei laufendem Tonband angedeutet hatte, auch wenn vor dem Selbst-

mord die Bedeutung dieser öffentlichen Distanzierung niemandem aufgefallen war. Dann fügte Mohnhaupt jedoch hinzu: „Tatsache war, dass Ulrike …, dass die Aktion in Hamburg durchgeführt wurde." Es habe „nach der Aktion gegen Springer eine starke Kritik" innerhalb der RAF gegeben, sagte sie weiter und versuchte, ihre Aussage zu relativieren: Meinhof sei nach Hamburg geschickt worden, „um das zu klären, um da zu ermitteln".[38]

Ein hilfloser Versuch, denn da nun einmal in Hamburg fünf Bomben aus derselben Eigenproduktion verwendet worden waren wie an anderen Tatorten der Mai-Offensive, durfte die Aussage des Kronzeugen Gerhard Müller, die dazu genau passte, als besonders gewichtig gelten. Zumal es weitere Indizien gab, die Meinhof in einen direkten Zusammenhang mit dem Anschlag auf den Axel Springer Verlag brachten: In einer konspirativen Wohnung in Hamburg war nicht nur ein zerrissenes Geschirrtuch gefunden worden, zu dem exakt jenes Stück passte, das bei einem der drei Blindgänger gefunden worden war, sondern auch zwei Entwürfe für die zweifelsfrei von Meinhof gesprochene Tonbanderklärung von Ende Mai 1972.[39] In einer weiteren konspirativen Wohnung in Hamburg, in der Meinhofs Fingerabdrücke gefunden wurden und zu der sie bei ihrer Festnahme einen Schlüssel bei sich hatte, wurde die Schreibmaschine sichergestellt, auf der mutmaßlich die beiden Bekennerschreiben zum Springer-Anschlag getippt worden waren, und zwar noch am Abend des Tattages und in den folgenden Stunden.[40] Dagegen gab es in beiden Wohnungen keinerlei Spuren einer Bombenwerkstatt, was bestätigte, dass die Sprengkörper fertig aus Frankfurt nach Hamburg gebracht worden waren und sie hier nur noch scharf gemacht wurden, was genau der Aussage Müllers entsprach. Damit war die Federführung von Ulrike Meinhof für diesen Anschlag hinreichend nachgewiesen – auch wenn es keine Rolle mehr spielte, da sie sich durch ihren Freitod dem weiteren Prozess entzogen hatte.

Die drei mutmaßlichen Mittäter Meinhofs, Klaus Jünschke, Ilse Stachowiak und Siegfried Hausner, wurden jedoch vor allem durch den Kronzeugen belastet. Von Stachowiak gab es zwar Fingerabdrücke in zwei konspirativen Wohnungen der RAF in Hamburg, doch ansonsten keine Belege für eine Verwicklung in den Anschlag am 19. Mai 1972.[41] Ebenso bei Jünschke, dessen Identifizierung durch die *Abendblatt*-Mitarbeiterin Inge B.

für eine Strafverfolgung nicht reichte. Gegen Hausner hatte die Polizei nicht einmal solche Indizien sicherstellen können. Jünschke wurde allerdings wegen seiner nachweislichen Beteiligung am Polizistenmord beim Banküberfall in Kaiserslautern am 21. Dezember 1971 zu lebenslänglicher Haft verurteilt. Stachowiak und Hausner erhielten wegen minderschwerer Verbrechen mit RAF-Bezug nur viereinhalb und drei Jahre Jugendstrafe.[42] Hausner gehörte dann im April 1975, bald nach seiner Entlassung, zu den Geiselnehmern in Stockholm und erlitt bei der selbstverursachten Detonation schwerste Verletzungen, denen er wenig später erlag.

Dierk Hoff, der die Bombenhüllen geschweißt hatte und im Laufe dieses Auftrages, auf jeden Fall aber Anfang Mai 1972 gewusst hatte, wofür sie wirklich gedacht waren, bekam eine Freiheitsstrafe von vier Jahren und acht Monaten, so dass er nach der verbüßten Untersuchungshaft nur noch einige Monate hinter Gitter musste und anschließend in die USA auswandern konnte.[43]

Andreas Baader, Gudrun Ensslin und Jan-Carl Raspe wurden zwar in Stammheim am 28. April 1977 auch wegen ihrer indirekten Mitwirkung am Anschlag auf das Axel-Springer-Haus in Hamburg verurteilt, aber das wog gegenüber ihren sonstigen Verbrechen nicht besonders schwer. Von den eigentlichen Tätern des Attentats am Nachmittag des 19. Mai 1972 zog die Justiz letztlich niemanden zur Verantwortung.

Der leere Stuhl für den entführten Arbeitgeberpräsidenten
Hanns Martin Schleyer beim Ullstein-Festakt am
9. September 1977.

Einkehr

Es war noch nicht vorbei: Auf diese simple Formel lässt sich das Geschehen des Jahres 1977 bringen. Fünf Jahre nach der Mai-Offensive der RAF und der Verhaftung der führenden Köpfe der Baader-Meinhof-Gruppe im Juni 1972 hatte die Brutalität linksextremer Terroristen spürbar zugenommen. Neue Mitglieder und Unterstützer waren hinzugestoßen, die den Begründern der RAF hinsichtlich ideologischer Verblendung und krimineller Energie in nichts nachstanden. Sie hatten nun auch konkret zu einem Mittel der Gewalt gegriffen, das Axel Springer besonders fürchtete: Geiselnahmen. Nach dem selbstgewählten Hungertod des inhaftierten Terroristen Holger Meins am 9. November 1974 erschoss die Terrorgruppe „Bewegung 2. Juni" einen Tag später in West-Berlin bei einem gescheiterten Entführungsversuch den Präsidenten des Kammergerichts Günter von Drenkmann. Im Februar 1975 kidnappten dieselben Täter den Vorsitzenden der West-Berliner CDU, Peter Lorenz, um die Freilassung von Gesinnungsgenossen zu erpressen – mit Erfolg.

Zu dieser Zeit war Axel Springer schon mehrfach Zielscheibe von Anschlägen geworden: Im August 1973 steckten Unbekannte sein Gästehaus Klenderhof auf Sylt an, und im Januar 1975 brannte sein Berghaus im schweizerischen Rougement ab. In beiden Fällen wurden „Brandsätze und Hilfsapparaturen" mit Zeitschaltungen verwendet.[1] Am Tatort in den Alpen stellten die Schweizer Ermittler genügend Überreste sicher, um den Aufbau rekonstruieren zu können: „Der Zündmechanismus bestand aus einem im Wohn-Esszimmer zentral gelegenen Wecker als Uhrwerkszünder, einer Niedervoltbatterie als Stromquelle und drei Direktverbindungen zu den drei dezentralisierten Brandsätzen, welche durch Taschenlampenbirnen mit entferntem Glaskolben als Glühbrückenzünder gezündet wurden." Der verwendete Wecker stammte aus DDR-Produktion, die Batterie war in Großbritannien hergestellt worden.[2] Über die Täter konnte die

Schweizer Bundespolizei nichts feststellen.[3] Helga Springer sagte gegenüber der Bundesanwaltschaft Bern aus, es könnte sich „bei der Täterschaft um Angehörige der Baader-Meinhof-Gruppe handeln". Daraufhin ersuchten die Schweizer Behörden via Interpol das BKA in Wiesbaden um Amtshilfe: „Wir bitten um Bekanntgabe der Personalien von Personen, die in diesem Zusammenhang in die Schweiz gekommen sein könnten, auf welche Art von der erwähnten Gruppe Brände gelegt werden, sowie um Übermittlung allfälliger weiterer Hinweise."[4]

Nicht nur diese Aktionen gegen seine Wohnsitze bewiesen dem Verleger, dass er noch immer zu den am meisten gefährdeten Privatpersonen gehörte – und daher von den Behörden zu Recht unter Polizeischutz gestellt worden war. Laut einer mehrseitigen Übersicht der Sicherheitsabteilung des Verlages war Axel Springer seit 1973 offenbar sorgfältig ausgespäht worden. Vermutlich um ihn zu verunsichern, nannte ein Brief aus Zürich ihm nahestehende Personen als Quellen, die betriebliche und persönliche Geheimnisse verrieten. Wie zum Beleg beschrieb ein weiterer Brief, dieses Mal aus Paris, am 12. Januar 1974 tatsächlich vorhandene geheime Sicherheitsanlagen „in einer der Wohnungen des Verlegers sehr genau und sehr treffend".[5]

Nach dem Brandanschlag auf das Schweizer Berghaus am 6. Januar 1975 traf bei mehreren Zeitungen ein anonymes Schreiben ein: Springer versuche, mit seinen Blättern die Linke zu erledigen. Der Text schloss mit einer Drohung: „Es ist nötig, dass Springer und die Leute seines Schlages andernorts ein ruhiges Plätzchen suchen." Wenige Tage später behauptete ein Anrufer gegenüber der französischen Nachrichtenagentur AFP, der Anschlag sei eine Warnung an die „Springer-Presse", er spreche im Namen einer „Gruppe für die Befreiung von Baader-Meinhof". Unklar blieb, ob es sich nur um einen Trittbrettfahrer handelte oder wirklich um ein Mitglied der RAF.[6]

Am 17. Februar 1975 erreichte Springer erneut aus Paris eine maschinengeschriebene Mitteilung: „Nach der Zerstörung des Besitzes von Rougement wird die nächste die von Schierensee sein, so wie Du eines Tages oder an einem anderen auf dieselbe Art verschwinden wirst. Hüte Dich!"[7] In Schierensee in Schleswig-Holstein besaß der Verleger einen Landsitz, den er nach den wiederkehrenden Drohungen mit Panzerglas, sensorgespickten Zäunen und zusätzlichen Alarmanlagen sichern ließ. Zum Schutz des barocken Herrenhauses versah ein Wachmann seinen Dienst, zur nächsten Polizeistation gab es eine Direktverbindung, und 20 Beamte des Polizeibezirksreviers Rendsburg standen notfalls bereit. „Axel Springer wurde ein anderer", beschrieb ein enger Mitarbeiter die Wirkung dieser Drohungen auf den Verleger.[8]

Wie nahe die Ausspäher Springer waren, zeigte ein Schreiben von Ende März, in dem sogar exakt die Bekleidung eines Begleiters angeführt wurde: „Wenn Du meinst, wir wissen nicht, dass Du in Berlin bist, so irrst Du Dich gewaltig. Auch Deine Begleitung Frau L. und Herr R. (auf dem Hinflug im hellen Regenmantel und Rückflug Kamelhaarmantel und blaues Hemd) können und werden nicht verhindern, dass wir Dich eines Tages doch kriegen. (...) Wir haben Zeit, und es muss ja nicht heute, morgen oder übermorgen sein. Wir warten nur auf den günstigsten Moment." Egal, ob sich die Bedrohten in Begleitung von Polizisten oder Wachhunden befänden oder wo sie wären: „Wir haben überall unsere Leute und gute Leute, die nicht lockerlassen, wenn wir was erreichen wollen."[9] Unterschrieben war der Brief mit „Der 2. Juni". Zwischen der genannten Reise und der Zustellung lag nur ein Tag.

Ein weiterer Drohbrief vom März 1975 bezog sich wieder auf Schierensee, aber auch auf Springers Wohnung in Hamburg, die den ganzen Tag unter Beobachtung gestanden habe, „bis zu Ihrer Rückkehr samt Begleitung". Diesem Detail folgte die Drohung: „Wir kennen jeden Ihrer Schritte, aber der Zeitpunkt, wann wir Sie als blendendes Austauschobjekt in unsere Hände nehmen, müssen Sie uns überlassen." Beide Schreiben waren in Zürich aufgegeben worden. Das letzte in der Übersicht der Sicherheitsabteilung des Verlages genannte Drohschreiben stammte vom 17. September 1975 und war mit „R.A.F." unterzeichnet. Dieses Mal wurden Axel Springer und Friede Riewerts vor einer Reise an die Nordsee gewarnt: „Komm nur recht bald auf Sylt, Ihr werdet schon sehnsüchtig erwartet."[10] Es blieb nicht nur bei Drohbriefen. Die Kieler Polizei zeichnete bei der vorsichtshalber angeordneten Telefonüberwachung einen Anruf bei der Mutter von Friede Riewerts auf. Eine Frau stieß anonym Morddrohungen aus und kündigte Anschläge gegen Axel Springer an.

Falls es darum ging, Axel Springer und seinem Umfeld Angst zu machen, dürften die Briefschreiber ihr Ziel erreicht haben. Die Sicherheitsverantwortlichen des Verlegers vermuteten, „dass eine wohlorganisierte, in der Illegalität arbeitende Gruppe den Verleger Axel Springer sehr sorgfältig observiert, durch Desinformation in seiner Bewegungsfreiheit einzuschränken sucht und eine Aktion gegen ihn oder ihm nahestehende Personen ins Auge gefasst hat".[11]

Dafür sprach auch eine Entdeckung der französischen Polizei Ende Juni 1975: In einem Notizbuch, das in der Wohnung eines erschossenen libanesischen Doppelagenten im Pariser Quartier Latin sichergestellt worden war, fand sich auch der Name Axel Springer – neben zahlreichen anderen Personen wie dem Geigenvirtuosen Yehudi Menuhin, dem israelischen Diplomaten Asher Ben-Nathan und dem prominenten britischen Konservativen Keith Joseph. Das Büchlein wurde dem international gesuchten Terroristen „Carlos" zugeordnet.[12] Der Springer Auslandsdienst teilte der Verlagsspitze Erkenntnisse der Fahnder mit, laut denen der Venezolaner über „Einsatzpläne verfügen" sollte, „auf denen der Verleger Axel Springer als Protektor des Staates Israel an oberster Reihe rangiert". Er gehöre offensichtlich zu den Personen, gegen die der „rücksichtslose Guerillaführer, der kürzlich Verbindung zur Baader-Meinhof aufgenommen hat", Terroranschläge plane, „weil die einer pro-zionistischen Linie verdächtig sind".[13]

In einem Flugblatt von September 1975 war von „Niederlagen" zu lesen, von „Fehlern, die man gemacht hat". Es folgte ein direkter Verweis auf den Anschlag auf das Hamburger Verlagshaus am 19. Mai 1972. Der Fehler sei gewesen, anzunehmen, dass Axel Springer „sich ein einziges Mal nicht als Schwein erweisen würde und er das Haus nach rechtzeitiger Warnung räumen lassen würde".[14] Obwohl die anonymen Briefeschreiber drei Jahre nach dem Anschlag inzwischen wissen mussten, dass der Verleger an diesem Tag gar nicht in Hamburg gewesen war, wärmten sie die „hergeholte Verantwortungs-These" für die verletzten Beschäftigten des Verlages wieder auf, schrieb Springers Sicherheitsbeauftragter an die Kieler Kriminalpolizei. Dem Fehlereingeständnis schloss sich eine Morddrohung an: Die Guerilla werde ihm die gebührende Antwort erteilen, „so wie die Erschießung des obersten Berliner Richters DRECKMANN die Antwort auf den Mord von Holger Meins war!"[15] Wohl bewusst wurde hier der getötete Günter von Drenkmann verunglimpft.

In die Kategorie „Mordabsicht" gehörte 1976 auch ein Schreiben, in dem es hieß: „Macht ist nicht käuflich / Macht ist machbar / Daraus folgt: Wer Axel Springer 1976 umbringt, der hat Macht!" Das Original des Schreibens schickte Springers Sicherheitsbeauftragter an den Staatsschutz Hamburg; im Begleitbrief fügte er hinzu: „Wichtig an diesem Schreiben erscheint mir, dass damit die Befürchtungen eines Attentats (...) erhärtet worden sind."[16]

Eine neue Phase des Linksterrorismus in Deutschland begann am Gründonnerstag 1977: Generalbundesanwalt Siegfried Buback, als oberster Ankläger zuständig für die Verfahren gegen die RAF, wurde in Karlsruhe von einem „Kommando Ulrike Meinhof" erschossen. Mit ihm saßen in seinem Auto der Chauffeur Wolfgang Göbel und der Leiter der Fahrbereitschaft der Bundesanwaltschaft Georg Wurster – beide starben ebenfalls. Der Mercedes hatte keine Panzerung. Der Dreifachmord änderte nichts an der Verurteilung von Andreas Baader, Gudrun Ensslin und Jan-Carl Raspe in Stammheim drei Wochen später.

Die Zeitungen des Axel Springer Verlages berichteten ausführlich über den Anschlag auf Buback und das Urteil gegen die RAF-Gründer: „ein Urteil im Namen des Volkes", wie die *BILD*-Zeitung ausdrücklich hervorhob und damit wohl ein „im Interesse des Volkes" meinte.[17] Leser wie Mitarbeiter fühlten sich an die Vorkommnisse der Mai-Offensive der RAF von 1972 erinnert. Das *Hamburger Abendblatt* kommentierte das Urteil: „Alle Bürger, die das verbrecherische Treiben terroristischer Banden zutiefst verabscheuen, werden den Richterspruch im Stammheimer Prozess mit Genugtuung bejahen. Er zeigt, dass der freiheitliche Rechtsstaat nicht wehrlos ist." Das Gericht habe zudem nicht „Politiker" schuldig gesprochen, „wie Baaders Freunde glauben machen wollen, sondern Mörder".[18]

Axel Springer richtete seinen Blick mehr auf die Ermordung des Generalbundesanwalts. „Die Zeitungen sind voll von Buback", schrieb er am 8. April 1977 an Peter Bachér, den Chefredakteur der Programmzeitschrift *Hörzu*. Der Verleger griff zu einer Formel, die er in den kommenden Monaten noch häufiger verwenden sollte: „Der Fall erhellt die Szene, nämlich dass es bisher nicht gelungen ist, vom Unrechtsstaat" – gemeint war das NS-Regime – „auf einen wirklichen Rechtsstaat umzuschalten." Springer bedauerte, dass es keine Hinweise auf die Pläne der Terroristen gegeben hatte: „Ach, hätte doch eine kleine Wanze den vortrefflichen Generalbundesanwalt gerettet."[19] Eine Anspielung auf den Stammheimer Abhörskandal, der am 17. März 1977 bekannt geworden war.[20]

Bubacks gewaltsamem Tod folgten der Mord an Dresdner-Bank-Chef Jürgen Ponto bei einem misslungenen Entführungsversuch am 30. Juli in seinem Haus in Oberursel bei Frankfurt am Main und am 5. September die Entführung von Arbeitgeberpräsident Hanns Martin Schleyer in Köln. Dabei erschoss das „Kommando Siegfried Hausner" der RAF die vier Begleiter Schleyers: seinen Fahrer Heinz Marcisz sowie die in einem Auto folgenden Polizisten Reinhold Brändle, Roland Pieler und Helmut Ulmer.

Die Anschläge erschütterten Axel Springer, da er Ponto wie Schleyer gut kannte und beide oft zu Gast in seinem Verlag waren. Zudem sorgte er sich noch mehr um seine eigene Sicherheit, die er persönlich als unzureichend empfand, wie er dem Schweizer Filmproduzenten Arthur Cohn schrieb. Dabei war der Personenschutz für den Verleger im Laufe der Jahre verstärkt worden: Die Routen der Fahrten von den Wohnsitzen zum Verlag wurden regelmäßig geändert, die Fahrzeuge gewechselt. Der Verleger hatte neben den von der Polizei gestellten Personenschützern auch private Sicherheitsleute engagiert. Der Zugang zu seinen persönlichen Räumen neben dem Büro in der zwölften Etage des Hamburger Hochhauses wurde erschwert. Ähnlich scharf waren die Sicherheitsvorkehrungen am Standort Berlin, den Axel Springer grundsätzlich über einen Hintereingang betrat.[21] Seine besondere Sorge galt seiner Lebensgefährtin, der späteren Ehefrau Friede Springer, die nicht unter dem Schutz des Staates stand. Einen Mitarbeiter kritisierte er mit dem Satz „Sie können Frau Springer nicht mit einem Schraubenzieher verteidigen", weil bei einer Fahrt kein privater Leibwächter dabei gewesen war.[22]

Der Verleger stand in engem Austausch mit den Behörden. Im Sommer 1977 wurde ihm geraten, sich zur Sicherheit für eine Zeit ins Ausland zu begeben. Axel Springer folgte der Empfehlung, wobei sich anbot, dass er jedes Jahr um diese Zeit nach Norwegen „in eine Hütte, abseits jeder Zivilisation" reiste. Dort erfuhr er aus dem Radio von Pontos Ermordung. Hinzu kam, dass die norwegische Presse 14 Tage nach seiner Ankunft von dem Aufenthalt Kenntnis erhielt. Das Osloer *Arbeiterbladet* berichtete darüber mit Abbildungen und einer Karte. Springer brach darauf seinen „Sicherheitsurlaub" ab und kehrte nach Deutschland zurück.[23]

Dort hatte Ernst Cramer die Stellung gehalten und am 2. August der Witwe Ignes Ponto nach dem „ruchlosen Anschlag" seine Anteilnahme ausgedrückt. „Ich kann mir Ihren Schmerz und den Ihrer Kinder vorstellen, und ich weiß, dass es wirksame Worte des Trostes nicht gibt", schrieb Cramer. Vielleicht stärke sie das Wissen, dass nicht nur Freunde und Bekannte, sondern auch ein Großteil der Bevölkerung Anteil nähmen.[24] Die Zeitungen des Axel Springer Verlages berichteten ausführlich; *BILD* zum Beispiel zitierte den Frankfurter Oberbürgermeister Walter Wallmann: „Wir erleben einen Krieg mitten im Frieden. Nur verdrängen wir das häufig."[25] Das Stadtoberhaupt verwahrte sich dagegen, jene als Befürworter eines „Polizeistaates" zu diffamieren, die nach klaren Gesetzen und ihrer Anwendung verlangten. Das *Hamburger Abendblatt* konzentrierte sich auf Susanne Albrecht, die Schwester von Pontos Patentochter Julia. Sie hatte den RAF-Mitgliedern Brigitte Mohnhaupt und Christian Klar Zugang zum Haus der Pontos verschafft. Ein Artikel trug die Überschrift „Terror-Zentrum Hamburg", denn nicht nur Susanne Albrecht, sondern auch mehrere andere RAF-Mitglieder stammten aus der Hansestadt oder hatten sich hier radikalisiert.[26]

„Die Ereignisse überstürzen sich", hatte Axel Springer 1972 nach seinem Geburtstag und dem Bombenanschlag an den Jerusalemer Bürgermeister Teddy Kollek geschrieben und ergänzt: „Ich hatte gedacht, nach 60 wird alles friedlicher. Weder bei Dir noch bei mir hat sich aber diese Hoffnung als wahr erwiesen."[27] Nun war der Verleger 65 Jahre alt, und seine enttäuschte Feststellung traf noch immer zu. Deshalb wurde die Feierstunde zum hundertjährigen Bestehen des Ullstein Verlages am 9. September 1977 im Berliner Verlagshaus zu einer Stunde der Einkehr mit Blicken auf Geschichte und Gegenwart.

Zunächst nannte Axel Springer als Gastgeber den abwesenden Bundespräsidenten Walter Scheel, der als prominentester Redner vorgesehen gewesen war, aber seine Teilnahme in letzter Minute hatte absagen müssen. Anschließend fand Springer Worte für die Opfer des Terrorismus aus jüngster Zeit. „Ich begrüße zwei Männer und Freunde des Hauses, die frohen Herzens heute bei uns sein wollten: Ich begrüße Jürgen Ponto in memoriam. Ich grüße Hanns Martin Schleyer, für den wir in der ersten Reihe einen Platz frei gelassen haben. Und ich gedenke der vier Männer, die bis zuletzt bei ihm waren und die auch wohl hier in dieser Halle gewesen wären."[28]

Ein leerer Stuhl mit dem Namensschild „Dr. H.-M. Schleyer" – diese Geste berührte alle Anwesenden. Ein Zeichen der Zuneigung, des Mitgefühls, aber auch der Unbeugsamkeit und der Entschlossenheit, den eingeschlagenen Weg unbeirrt weiterzugehen. Das war eine Formulierung, die Axel Springer im Mai 1972 häufig benutzt hatte, um sich für die Anteilnahme nach dem Bombenanschlag auf sein Verlagshaus zu bedanken – auch beim nun entführten Spitzenmanager. Er gehörte zu den Wirtschaftsvertretern, mit denen Axel Springer stets in engem Austausch gestanden hatte. Ein Zuhörer, Mittler und Anreger in einem, dessen Urteile Springer wichtig waren.

Ein besonderes Anliegen war es Axel Springer, an die Ziele von Leopold Ullstein zu erinnern, der seinen Verlag 1877 in Berlin gegründet hatte und im Sinne des Ausbaus, der Einheit, Freiheit und Macht Deutschlands wirken wollte. Axel Springer erkannte Parallelen zur gegenwärtigen Lage der zerrissenen Nation: „Heute erschrecken wir fast vor der Aktualität, der geistigen Gegenwärtigkeit seines Wollens. Die Einheit des Vaterlandes in Freiheit ist auch unser Auftrag." Wenn der Begriff der Macht irritiere, so sei er als Gegensatz zur Ohnmacht zu sehen. Macht sei als Kraft zu verstehen, Recht und Unrecht zu unterscheiden.[29]

In vielerlei Hinsicht bewunderte Axel Springer das Haus Ullstein und seinen Gründer. Leopold Ullstein war erfolgreicher Kaufmann, einflussreicher Publizist und politisch denkender wie handelnder Mensch. Seine fünf Söhne machten aus dem Unternehmen im ersten Drittel des 20. Jahrhunderts das größte Medienhaus Europas. Axel Springer erinnerte sich vor den 500 Gästen der Festveranstaltung, darunter auch Mitgliedern der Familie Ullstein, an die Zeit, als er als junger Mann fassungslos vor dem, wie ihm schien, gigantischen Ullstein-Haus in der Kochstraße in Berlin stand. Der junge Mann aus Altona, wie Springer über sich in der dritten Person sprach, „bewunderte die reiche Palette der brillanten, amüsanten, geistvollen im Handwerk des Zeitungs-, Zeitschriften- und Büchermachens souverän geerdeten Erzeugnisse. Es war ein Eindruck, der sich nie verlor."[30]

Springer nahm sich die Ullsteins zum Vorbild, auch in ihrer Zielstrebigkeit. „Rückschauend kann ich nur sagen, dass der Weg des Hauses Ullstein in einen verlegerischen Erfolg führte, den die Neider nicht zerstörten, die Nachahmer nicht erreichten und die Bewunderer nicht entbehren konnten."[31]

Axel Springer strebte nach 1945, nun selbst Verleger in Hamburg, eine Kooperation an, die 1959 in die Übernahme des Traditionsverlags mündete. Um ihn leiten zu können, legte er im gleichen Jahr den Grundstein für seinen Berliner Verlagssitz in der Kochstraße, schräg gegenüber dem einstigen Hauptsitz der Ullsteins: im alten Zeitungsviertel, das bis 1933 für sein weitgehend liberales Klima, seine Innovationsfreude und die Meinungsvielfalt berühmt gewesen war. Dieses Viertel wiederzubeleben war der Hauptgrund für Springers Wahl des Standortes in Berlin. Dass nur wenige Meter entfernt von der Baustelle die Demarkationslinie zum sowjetischen Sektor lag, störte Axel Springer wenig. Er war sich jedoch der politischen Wirkung bewusst, die ein Verlag, der für Presse- und Meinungsfreiheit eintrat, an dieser Stelle erzielte, vor allem nach dem Mauerbau am 13. August 1961, den sich niemand, auch Axel Springer bei der Grundsteinlegung nicht, vorstellen konnte. Das Eintreten des Verlages für die westliche Demokratie und seine Kritik an den Menschenrechtsverletzungen in der DDR provozierten das SED-Regime und schließlich die westdeutsche Studentenbewegung.

Die Einheit der deutschen Nation war nach Springers Ansicht nur in einem vereinten Europa vorstellbar. „Der Weg zu dem von uns erstrebten Großraum der Freiheit, Europa, ist jedoch gepflastert mit der Notwendigkeit der Einkehr bei uns selbst." Einkehr bedeutete nicht nur das Erkennen der Pflicht eines stabilisierten Deutschlands in der Mitte Europas und die Bejahung der Tatsache, dass die Beziehungen zu den Juden und zu Israel keine normalen, sondern in jedem Falle besondere sind. Einkehr bedeute auch „Maßhalten in materiellen Forderungen und Nichtwiederzulassung ideologischer, praxisferner Heilslehren, deren Unnachgiebigkeit wir in den östlichen Ländern täglich studieren können". Schließlich nötig sei „die energische Abkehr vom Radikalismus unserer Tage".[32] Unverkennbar variierte Axel Springer damit die vier Grundsätze der publizistischen Arbeit seines Verlages, die er zehn Jahre zuvor in einer Rede vor dem Übersee-Club in Hamburg erstmals öffentlich präsentiert hatte.

Der freie Stuhl für Hanns Martin Schleyer war ein Zeichen der Hoffnung auf seine Freilassung. Die Situation war auch Thema eines privaten Treffens von Axel Springer und Friede Riewerts mit dem Ehepaar Lorenz. Der CDU-Politiker Peter Lorenz hatte sich 1975 fünf Tage lang in der Gewalt von Terroristen befunden. Axel Springer bedankte sich am 12. September 1977 für den Abend und fügte hinzu: „Seit Ponto und Schleyer häufen sich bei mir Briefe und Anrufe, die mich zur Vorsicht mahnen."[33]

Der Verleger blickte auch aus einem anderen Grund mit Skepsis auf das Geschehen des Jahres. Neben den Terroropfern waren in den zurückliegenden Monaten wichtige Weggefährten verstorben: Karl Andreas Voss, der väterliche Berater aus den Anfangsjahren; sein Freund Pierre Pabst, der Cheflektor des Verlages; die Publizisten Hans Wallenberg und Hans Habe sowie Ludwig Erhard, der Vorkämpfer der sozialen Marktwirtschaft, deren Grundsätze Axel Springer vehement vertrat. „Das Umfeld der Freunde wird lichter, und gleichzeitig verdüstert sich das politische Umfeld, in dem wir leben", schrieb der Verleger an den Schriftsteller Curt Riess. Viele glaubten, dass Terroristen nur von Terroristen, Feinde der Freiheit nur von anderen Feinden der Freiheit wirkungsvoll bekämpft werden könnten, konstatierte der Verleger und endete mit der Frage: „Aber wo um Himmels Willen führt das hin?"[34]

Mitte Oktober spitzte sich die Situation dramatisch zu. Am 13. Oktober 1977 wurde das Lufthansa-Flugzeug „Landshut" auf dem Weg von Mallorca nach Frankfurt am Main von palästinensischen Terroristen entführt und landete nach einer Odyssee durch den Mittleren Osten schließlich auf dem Flughafen der somalischen Hauptstadt Mogadischu. Die Entführer forderten die Freilassung der verurteilten RAF-Häftlinge. Nahezu jede Titelseite der Zeitungen Axel Springers widmete sich diesem Geschehen und der Frage: Was ist mit der Geisel Schleyer?

Axel Springer schrieb an den ehemaligen Generalbevollmächtigten des Verlages, Eberhard von Brauchitsch, am 14. Oktober: „Die Fernsehnachrichten zeigen, dass sich die Lage für Hanns Martin Schleyer zuspitzt. Man mag an keine anderen Dinge denken."[35] Drei Tage später hieß es in einem Schreiben an Schleswig-Holsteins Kultusminister Walter Braun: „Es fällt in diesen Tagen schwer, an etwas anderes als an die Saat des Terrorismus zu denken, die unheilvoll in unserem Lande aufgegangen ist."[36]

Die Hoffnung auf ein glückliches Ende der Entführung Schleyers erfüllte sich nicht. Nach 44 Tagen Geiselhaft ermordeten die Entführer den Arbeitgeberpräsidenten, kurz nachdem die Spezialeinheit des Bundesgrenzschutzes GSG 9 am 18. Oktober 1977 die „Landshut" befreit hatte.

Axel Springer schrieb nach der erschütternden Nachricht zwei Briefe. Ignes Ponto versicherte er: „Ich merkte, dass auch ich mich nie mit dem Verlust werde abfinden können. Meine sorgenvolle Frage an Sie: Wie geht es Ihnen?"[37] Waltrude Schleyer bekannte Axel Springer gleich zu Beginn: „Nun sind Sie mit Ihren Kindern in das tiefste Dunkel gestürzt. Ohnmächtig suchen die Freunde Ihres Mannes nach einem gültigen Trostwort." Springer schilderte dann, wie er sich während der Geiselnahme an Schleyers Besuch auf seinem Gut Schierensee erinnerte, ihm in einem Zimmer mit dem Bild *Schmerzensmann* von Lukas Cranach an der Wand in Gedanken Wünsche schickte und aus dem Regal dessen Buch *Das soziale Modell* mit warmherziger und freundschaftlicher Widmung zog. „Als ich dann durch den Herbstwald spazierte, kamen mir die Worte eines Dichters in Erinnerung." Es waren Verse aus *An die Nachgeborenen* von Bertolt Brecht: „Was sind das für Zeiten, wo / ein Gespräch über Bäume fast ein / Verbrechen ist. / Weil es ein Schweigen über so viele / Untaten einschließt." Der Brief schloss: „Von Ihrem Mann verwöhnt mit Freundschaft, schicke ich Ihnen und Ihren Kindern einen Teil davon in diesen furchtbaren Tagen."[38]

Parallel schrieb Axel Springers Vertrauter Ernst Cramer an die Witwe. Er erinnerte an die vielen Treffen „im großen Rahmen ebenso wie im kleinen Kreis" und daran, dass der Ermordete ein wacher Gesprächspartner war, wenn es zum Beispiel um die „überhöhten, im besten Sinne politischen Ziele", ging, die sich das Verlagshaus gesetzt hatte. Mehr noch: „Er hat Anregungen aus dem Verlag unterstützt und weitergereicht." Dafür werde man ihm immer dankbar sein.[39] In einem weiteren Brief bat Cramer den israelischen Botschafter in der Bundesrepublik Deutschland Yohanan Meroz um Material über palästinensische Ausbildungslager für Terroristen. Der für die *WELT* tätige Publizist Rolf Tophoven arbeite an einer Broschüre, die in populärer Sprache den Terrorismus erklären und seine internationalen Verbindungen aufdecken solle. Ferner werde das Heft „auch noch Anweisungen für den Einzelnen enthalten, wie er sich verhalten soll, wenn er selbst auf irgendwelche Weise mit dem Terrorismus in Berührung kommt".[40]

Axel Springers Brief an Waltrude Schleyer wühlte sie sehr auf, wie ihre Antwort zeigte: „Die Last des Ringens um Worte, wofür es eigentlich keine gibt, trägt sich besonders schwer, wenn man Briefe beantworten will, die einen zutiefst bewegt haben."[41] Sie bedankte sich auch bei Cramer und schilderte ihre Situation: „Wir müssen lernen zu begreifen, dass wir die Lücke, die der Tod meines Mannes in unsere Familie gerissen hat, niemals schließen können. Erinnerungen müssen Brücken bauen in die Zukunft. Seine Gegenwart kann uns der Tod nicht rauben, und so lebt er mit uns weiter." Zugleich müsse die Familie damit leben, die Geiselhaft ihres Mannes, „diese sechs Wochen tödliche Einsamkeit, diese seine Konfrontation mit dem absolut Bösen" bis an ihr Lebensende zu tragen, „und das wird schwer sein".[42]

Die Konfrontation mit dem Bösen war schon ein Thema in Axel Springers Rede zum Ullstein-Jubiläum am 9. September 1977 gewesen. Der Wiederaufbau nach dem Krieg und bei der Sicherung des Ganzen zu helfen seien Teil der Wiedergutmachung für die Zerstörung Europas durch Deutschland gewesen. Manchmal zweifle er jedoch, ob sich alle in Deutschland noch auf diesem Weg wähnen: „Wieder sind Termiten am Werk, die das Fundament unserer Freiheit und damit unsere Existenz zerstören wollen. Worüber viele gar eine klammheimliche Freude nicht unterdrücken können", beklagte Axel Springer, Schleyers leeren Stuhl im Blick. Und verwies auf die in Heidelberg zu lesende Schmähung der Geisel durch Terrorsympathisanten: „Warum die Freude ver-Schleyern".[43]

Am Ende kam Springer auf das Wort Einkehr zurück, im Sinne einer Selbstvergewisserung, einer Prüfung der eigenen inneren Situation im Ringen mit den äußeren Umständen. Die Essenz daraus habe er in seinen publizistischen Grundsätzen festgeschrieben, „deren Berechtigung nach zehnjähriger Verteufelung von immer mehr Mitbürgern anerkannt wird". Er hatte sie nicht zufällig formuliert zu einer Zeit, als er das Feindbild eines Teils der Öffentlichkeit wurde. Der blutige Höhepunkt dieser Konfrontation war der Sprengstoffanschlag vom 19. Mai 1972. Skrupellos hatten die Bombenleger den Tod Hunderter Menschen in Kauf genommen, die Beschäftigten des Verlages für lange Zeit geängstigt und verunsichert, denn weitere Drohungen gegen das Haus und die verschärften Sicherheitsmaßnahmen machten einen normalen Arbeitsalltag unmöglich. In der bundesdeutschen Geschichte ist dieser Terrorakt gegen ein Medienunternehmen einzigartig und gilt als bis heute brutalste Aktion gegen Pressefreiheit und offenen Meinungsstreit in der Demokratie.

Nachwort

von Thomas Schmid

Als das Jahr 1972 begann, schien es ein Jahr der entschärften Konflikte und der Aufbrüche zu werden. Richard Nixon bereitete mit dem ersten Besuch eines US-Präsidenten in der kommunistischen Volksrepublik China einer neuen Ära der Koexistenz den Boden. In Deutschland trat das Transitabkommen zwischen der Bundesrepublik und der DDR in Kraft. Ende des Jahres wurde der Grundlagenvertrag unterzeichnet. In Rom gab das Erscheinen der industriekritischen Schrift *Die Grenzen des Wachstums* der Umweltbewegung Auftrieb. In Münster fand die erste deutsche Schwulendemonstration statt, das Bundesministerium des Inneren untersagte den Behörden den Gebrauch der Bezeichnung „Fräulein". Zum Wort des Jahres wurde „aufmüpfig" gewählt. Heinrich Böll bekam den Nobelpreis für Literatur. Und die übergroße Mehrheit der Revoltierenden von 1968 hatte längst begonnen, ihren Platz *in* der Gesellschaft zu suchen. Trotz des Radikalenerlasses, den Bund und Länder Ende Januar 1972 beschlossen hatten.

Und doch wurde 1972 auch ein Jahr der Gewalt, wie es die Bundesrepublik zuvor nicht gekannt hatte. Im Mai kam es im Laufe von nur 13 Tagen zu sechs Bombenanschlägen. Sie gingen alle auf das Konto einer terroristischen Gruppe, die zwar nie mehr als ein paar Handvoll Mitglieder hatte, sich aber großspurig „Rote Armee Fraktion" (RAF) nannte. Bei den Attentaten kamen zwar durch Zufall „nur" vier Menschen ums Leben, leicht hätten es aber auch Dutzende oder noch viel mehr sein können. Der vorletzte der sechs Anschläge, denen die RAF den Namen „Mai-Offensive" gab, galt dem Axel Springer Verlag in Hamburg. Das Hamburger Bombenattentat fällt aus der Anschlagsserie heraus. Die Bomben, die in Frankfurt am Main und Heidelberg explodierten, galten der US-Armee. Die in Augsburg und München der Polizei. Und der Anschlag von Karlsruhe sollte einen Richter am Bundesgerichtshof töten. Alle diese Anschläge richteten sich – in der Logik der RAF – gewissermaßen gegen die Hardware des „Systems". Anders der Hamburger Anschlag vom

19. Mai 1972. Es war das einzige Attentat der RAF, das auf die Software, auf den Prozess der Meinungsbildung zielte. Und zynischerweise auch das einzige, bei dem der Tod vieler einfacher Arbeiter und Angestellter in Kauf genommen wurde. Umfassender als je zuvor wird der Hamburger Anschlag in diesem Buch dargestellt. Minutiös berichten die Autoren über die Vorbereitung des Attentats und anderer Aktionen der RAF und charakterisieren das Milieu, in dem sich die Terroristen bewegten. Das Feld der heimlichen oder gar nicht so heimlichen Sympathisanten zeichnen sie ebenso nach wie das Innenleben des Axel Springer Verlags, seine Reaktion auf den Anschlag sowie die Antworten von Politik und Medien auf das Attentat.

Jahre vor diesem Anschlag war, vor allem in West-Berlin, aus der Studentenbewegung von 1968 heraus die Anti-Springer-Kampagne entstanden, die in der Parole „Enteignet Springer!" gipfelte. Das Bekennerschreiben, das nach dem Hamburger Anschlag auftauchte, endete mit dem Satz: „Enteignet Springer!" Hat also die RAF ausgeführt, was die Studentenbewegung gefordert und mit dem versuchten Sturm auf das Berliner Springer-Haus Ostern 1968 in die Tat umzusetzen versucht hatte? Gibt es einen direkten Verbindungssteg zwischen studentischem Protest und Terrorismus?

Kein Zweifel, der Gedanke an die gewaltsame Aktion war der Bewegung von 1968 nicht fremd. Er war von den Theoretikern der antikolonialistischen Unabhängigkeitsbewegungen, etwa dem Algerier Frantz Fanon, inspiriert. Und er entgegnete der komplexen Wirklichkeit der modernen Demokratien und Industriegesellschaften mit einem schlichten Postulat: Das „System" sei so wenig zu wirklicher Veränderung im Interesse der Mehrheit fähig wie die Regierenden zum Verzicht auf ihre Macht. Also brauche es Gewalt, um „die Verhältnisse zum Tanzen zu bringen".

Zu wirklicher Gewalt schritten die allermeisten freilich nicht. Schon das spitzfindige, beschönigende Bemühen, Gewalt gegen Sachen zu bejahen, Gewalt gegen Menschen aber abzulehnen, zeigt ja, dass es das Bewusstsein eines Tabubruchs gab und der humanistische Imperativ keineswegs vergessen war. Für die meisten war das Liebäugeln mit der Gewalt ein Spiel, wenn auch ein böses. Und es waren dann gerade die Anschläge der RAF, die einen Prozess des Umdenkens einleiteten. Joschka Fischer meinte es sehr ernst, als er nach dem Tod von Ulrike Meinhof an Pfingsten 1976 die RAF zur Abkehr von der Gewalt aufrief. Viele hatten mit der

RAF sympathisiert. Es gab aber keinen direkten Weg, der von '68 in den Terrorismus führte. Wer das behauptet, entstellt die Tatsachen. Wer aber behauptet, '68 habe nichts mit dem Terrorismus des darauffolgenden Jahrzehnts zu tun gehabt, entstellt ebenfalls die Tatsachen.

Als die Zeitungen des Axel Springer Verlages ab Mitte der 1960er-Jahre zunehmend auf Ablehnung stießen, gab es gute Gründe für diese Kritik. Etwa an dem oft scharfen, bösartigen und vor sprachlichen Entgleisungen nicht zurückschreckenden Umgang mit der aufmüpfigen Jugend und den damals neuen Protestformen. Doch wie die Blätter des Verlages überzogen, so überzog auch die andere Seite. Sie sah ein riesiges Spinnennetz der Manipulation und in dessen Mitte das Haus Springer. Dafür, dass die übergroße Mehrheit der Bevölkerung zu dem Aufstand ganz und gar nicht bereit war, den die Revoltierenden damals herbeisehnten, machte man wesentlich den Verlag verantwortlich. Dieser halte seine Leser mit Crime, Sex, Kitsch und Sensationellem, kurz mit „Ersatzbefriedigungen" bei der Stange und hindere sie daran, „ihre wahren Interessen wahrzunehmen". Hinter dieser Kritik stand eine geradezu fantastische Überschätzung von Medien und ihrem Vermögen, Menschen zu gängeln und zu manipulieren. Umgekehrt heißt das aber auch: Die Revoltierenden, nicht zufällig in ihrer Mehrheit Studenten, hatten einen heiligen und heillos übertriebenen Respekt vor der wirklichkeitsschaffenden Kraft des Wortes, des Bildes, des Arguments. Die Kampagne „Enteignet Springer!", die manche medialen Konkurrenten mit großem Wohlwollen verfolgten und unterstützten, verlief am Ende im Sande. Der Rochus auf Springer blieb zwar bei vielen bis heute, aber man lernte, dass das Ausbleiben einer revolutionären Bewegung nicht Springers Stärke, sondern der eigenen Schwäche zu verdanken war. Man lernte, nicht die Wirklichkeit der große Fehler war, sondern die eigenen Ideen nicht zu dieser passten. Jetzt war klar, dass Angriffe auf einen Verlag, dass die Verhinderung von Zeitungsauslieferungen oder die Zerstörung von Druckmaschinen die Welt zu keinem besseren Ort machen würden.

Der Angriff auf den Axel Springer Verlag in Hamburg war der einzige Anschlag der RAF, der sich direkt gegen ein Pressehaus richtete. Und er war der einzige, für den ein RAF-Mitglied verantwortlich war, das selbst eine lange journalistische Berufserfahrung hinter sich hatte: Ulrike Meinhof. Zwar ist nicht restlos geklärt, ob sie das Attentat geplant und durchgeführt hat, die Aussagen mehrerer RAF-Angehöriger legen das jedoch sehr nahe. Auch existiert eine Tonbandaufnahme, in der Ulrike Meinhof – im Gegensatz zu einigen ihrer Genossen – davor warnte, den linksradikalen Hintergrund der Hamburger Bomben zu bestreiten. Das vorliegende Buch greift diese Geschichte auf.

Der Weg Ulrike Meinhofs von der Hamburger Journalistin über die Berliner Aktivistin und Baader-Befreierin bis zur Bombenlegerin in Hamburg war lang – und doch auf seine Weise folgerichtig. Auch das eine linke Geschichte, typisch und doch singulär.

Ulrike Meinhof, 1934 geboren, also deutlicher älter als fast alle anderen RAF-Mitglieder, rieb sich früh an den politischen Verhältnissen der Bundesrepublik. Sie engagierte sich gegen die Gründung der Bundeswehr und für ein kernwaffenfreies Deutschland. In den 1950er-Jahren war sie eine orthodoxe Linke, gehörte zeitweilig der 1956 verbotenen KPD an. Das Leben in der Illegalität gehörte früh zu ihrer Vorstellungswelt. 1959 wurde sie Redakteurin der in Hamburg erscheinenden und zeitweise von der SED (mit-)finanzierten Zeitschrift *Konkret*, des Linkesten, was damals auf dem Markt war. Sie schrieb meinungsstarke, scharf formulierte Artikel, etwa gegen Frankreichs Algerienkrieg, für die kubanische Revolution und gegen die geplanten Notstandsgesetze. Ihr unbedingter, oft herrischer Ton half, sie prominent werden zu lassen. Meinhof heiratete 1961 Klaus Rainer Röhl, den Gründer und Chefredakteur von *Konkret*. Ein linker Salonlöwe, den ein zeitweiliger Weggefährte als „Kotzbrocken" bezeichnete. Meinhof und Röhl waren scharf links, gehörten gleichwohl aber zur besseren Gesellschaft der Hansestadt. Und genossen das, sie mehr noch als er. Der Lyriker Peter Rühmkorf, damals Mitarbeiter von *Konkret,* schrieb später: „Wenn einer von den Röhls zielsicher und kontaktstrebig auf die Society zusteuerte, dann war es vor allem Ulrike."

So funkelnd ihre Artikel waren, sie zeichneten sich früh schon durch Apodiktik aus: „Entweder – oder" und eine klare Aufteilung in „Ihr" und „Wir". Es gab kaum Ambivalenzen, Selbstreflexion hatte keinen Platz. So luzide sie auch schrieb, ihre Artikel hatten einen Schlag ins Agitatorische, waren eher Aufrufe als Überlegungen. Im Rückblick sieht man, dass sie Journalismus nicht als Beitrag zur Schaffung und Sicherung eines öffentlichen Raums für

Diskurs, Streit und Anerkennung anderer Meinungen verstand, sondern als Aufruf zur Tat. Daher lässt sich durchaus eine zwar nicht zwingende, aber doch folgerichtige Linie von der Kolumnistin Ulrike Meinhof zu der Aktivistin und am Ende Terroristin ziehen. Als sie um 1968 mit dem Hamburger Leben brach, setzte bei ihr ein Prozess der Selbstradikalisierung ein, der ihre Sprache rasant verwahrlosen, sie aggressiv, martialisch und primitiv werden ließ. Die „Bullen" waren nun „Schweine", und „natürlich darf geschossen werden". Wie andere RAF-Mitglieder auch trainierte sie sich Empathie, Mitleid und die Achtung vor dem Anderen ab. Es muss so etwas wie ein Prozess der Selbstenthemmung gewesen sein, in dem Bedenken und Zweifel immer schneller über Bord geworfen wurden. Am Ende stand dann ein Bekennerschreiben zu dem Hamburger Anschlag, in dem es hieß: „Wir sind zutiefst betroffen darüber, dass Arbeiter und Angestellte verletzt worden sind." Das ist an Zynismus und verdrehter Wahrnehmung schwer zu überbieten: Die Attentäterin realisierte nicht einmal mehr, dass es allein *ihre* Bomben waren, die – an einem intensiven Produktionstag des Verlages – 37 Menschen zum Teil schwer verletzten. Wie weit sich die RAF 1972 vom emanzipatorischen Impuls der Linken entfernt hatte, belegt auch das Bekennerschreiben zum Anschlag auf das Heidelberger Hauptquartier der US-Armee in Europa. Dort wird, wahrheitswidrig, behauptet, die Menschen in der Bundesrepublik unterstützten die Sicherheitskräfte nicht bei der Fahndung, „weil sie Auschwitz, Dresden und Hamburg nicht vergessen haben". Da werden die US-Soldaten, die Deutschland befreit haben, mit den Tätern des Holocaust gleichgesetzt.

Vor und nach den Anschlägen im Mai 1972 war die RAF in ihren Terroraktionen fast nur mit sich selbst beschäftigt. Es ging um die Beschaffung von Geld und die Freipressung von Häftlingen. Mit politischer Aktion hatte das nichts zu tun. Auch in der Linken schwand das Verständnis, das man anfangs noch den angeblich konsequenteren Genossen entgegenbrachte. Als Ulrike Meinhof in Hannover knapp einen Monat nach dem Bombenanschlag auf den Axel Springer Verlag verhaftet wurde, war es der linke Lehrer Fritz Rodewald, der der Polizei den entscheidenden Hinweis gab. Davor und danach blieb aber weit in linke und auch liberale Kreise hinein ein Rest von Verständnis für die RAF.

Der prominenteste, der das formulierte, war der Schriftsteller Heinrich Böll. Zum Anlass nahm er die Überschrift eines Artikels, der am

23. Dezember 1971 in der *BILD*-Zeitung erschienen war: „Baader-Meinhof-Bande mordet weiter." Das bezog sich auf einen Banküberfall in Kaiserslautern, bei dem ein Polizist erschossen worden war. In einem zornigen Artikel, den der *Spiegel* veröffentlichte, sah Böll darin eine Vorverurteilung, ja „eine Aufforderung zur Lynchjustiz". Recht hatte Böll darin, dass zu diesem Zeitpunkt die Urheberschaft der RAF noch nicht erwiesen war, in der Sache aber hatte – wie sich schnell erweisen sollte – die *BILD*-Zeitung recht, wie in diesem Buch nachgewiesen wird. Heinrich Böll erregte sich jedoch mehr über Springers Berichterstattung als über den Terrorismus. Nachdem er sich in dem Artikel unverständlicherweise darüber empört hatte, dass die *BILD*-Zeitung nicht nur die bei RAF-Überfällen erbeuteten Geldsummen, sondern auch die Schadenssumme der Frankfurter Kaufhausbrandstiftung zu den von der RAF verursachten Kosten gezählt hatte, holte er zu einem aberwitzigen Urteil über das Blatt aus: „Das ist nicht mehr kryptofaschistisch, nicht mehr faschistoid, das ist nackter Faschismus. Verhetzung, Lüge, Dreck." Nicht nur, dass damit der Nationalsozialismus verharmlost wurde – Bölls Sprache näherte sich mit diesen Worten erstaunlich nah dem enthemmten Polit-Slang der RAF an.

Eine Programmschrift der RAF von äußerster militaristischer Klarheit nannte Böll „eine Kriegserklärung von verzweifelten Theoretikern, von inzwischen Verfolgten und Denunzierten, die sich in die Enge begeben haben, in die Enge getrieben worden sind und deren Theorien weitaus gewalttätiger klingen, als ihre Praxis ist". Letzteres war offenkundig falsch, und das war damals auch zu erkennen. Doch Böll blieb, stellvertretend für viele, bei dieser fahrlässigen Blindheit. Und er prägte die Formel, es handle sich um einen „Krieg von 6 gegen 60.000.000". So fiel es ihm leicht, die Aktionen der RAF zu einem aussichtslosen David-gegen-Goliath-Kampf zu verklären und im Staat, nicht in den Mördern das Böse zu sehen. Das machte Schule. Röhl nannte seine ehemalige Frau eine „irregeleitete Idealistin". In Flugblättern wurde davor gewarnt, die RAF-Taten zur „politischen Hetze" zu nutzen, und in einer Gewerkschaftszeitung hieß es, das Haus Springer habe Hass geschürt und damit wesentlich dazu beigetragen, „solche Wahnsinnstaten zu provozieren". Mit anderen Worten: Die Opfer seien die eigentlichen Täter.

So kam es, dass die von Terroristen Getöteten und Verletzten zumeist anonym blieben, während ehemalige RAF-Angehörige dann viele Jahre lang als gern gesehene Gäste in Talkshows auftraten. Dass Gewalt von links legitim sei, behaupten heute jenseits der Antifa nicht mehr viele. Doch das klammheimliche Verständnis für sie lebt weiter. Die Geschichte der RAF und des deutschen Terrorismus insgesamt ist mental noch nicht an ihr Ende gekommen.

Zeitungen und Verlage zielen auf eine möglichst große Leserschaft, sind in diesem Sinne öffentliche Angelegenheiten. Axel Springer erreichte mit seinen Zeitungen und Zeitschriften ein in die Millionen gehendes Publikum. Und es war ihm wichtig, dass der Verlag ein offenes Haus war. Dass Leser direkten Kontakt zu den Redaktionen haben konnten. Damit war es nach dem Anschlag auf das Hamburger Verlagshaus schlagartig vorbei. Der Zugang musste stark reglementiert werden, ohne Ausweiskontrolle kam niemand mehr hinein. Diese Abschottung wiederholte sich, als im neuen Jahrtausend die Zahl der islamistisch motivierten Attentate zunahm. Als die dänische Tageszeitung *Jyllands-Posten* 2005 Karikaturen veröffentlichte, die unter anderem den Propheten Mohammed zeigten, löste das in der muslimischen Welt militante Proteste und Demonstrationen aus, bei denen mehrere Menschen zu Tode kamen. Einer der Zeichner, Kurt Westergaard, musste wegen Morddrohungen fortan an einem geheimen Ort unter Polizeischutz leben. Zehn Jahre später verübten islamistische Täter in Paris einen Anschlag auf die Satirezeitschrift *Charlie Hebdo*, die ebenfalls Mohammed-Karikaturen publiziert hatte. Zwölf Menschen kamen ums Leben, darunter ein Großteil der Redaktion. Fortan wagten viele Verlage es nicht mehr, Karikaturen und Beiträge zu veröffentlichen, an denen radikale Muslime Anstoß nehmen könnten. Der Meinungskorridor wurde enger. Und viele Redaktionshäuser, auch das des Axel Springer Verlags, waren gezwungen, sich durch scharfe Sicherheitsmaßnahmen regelrecht einzuigeln. Die Zeit der offenen Verlagshäuser war vorbei, und sie ist es leider noch immer.

Thomas Schmid, Jahrgang 1945, war aktiv in der Studentenbewegung, wurde Verlagslektor und Journalist. Zuletzt war er Chefredakteur und Herausgeber der *WELT*-Gruppe.

Anhang

Abkürzungen

BArch: Bundesarchiv
BfV: Bundesamt für Verfassungsschutz
BGBl.: Bundesgesetzblatt
BKA: Bundeskriminalamt
BStU: Bundesbehörde für die Stasi-Unterlagen
CH-BAR: Schweizerisches Bundesarchiv
HA: Hauptabteilung des Ministeriums für Staatssicherheit
HIS: Hamburger Institut für Sozialforschung
KOK: Kriminaloberkommissar
MfS: Ministerium für Staatssicherheit der DDR
OLG: Oberlandesgericht
RAF: Rote Armee Fraktion
StAL: Staatsarchiv Ludwigsburg
StE: Aktenzeichen des Stammheim-Verfahrens
UA AS: Unternehmensarchiv der Axel Springer SE

Anmerkungen

Anschlag

1   Jacobi (Hrsg.): *50 Jahre*, S. 75.
2   UA AS Varia, Brief v. Rudolf Sch. v. 30. September 2021; Aussage Rudolf Sch., in: StAL, Stammheim-Wortprotokoll, Bl. 9131–9134; Materialsammlung Helmut R.
3   Hans G. im Gespräch mit Lars-Broder Keil.
4   Heinrich M. im Gespräch mit Lars-Broder Keil.
5   Aussage Elisabeth (Liz) H., in: Stammheim-Wortprotokoll, Bl. 9104–9108 sowie *Springer aktuell* v. Mai 1996.

6   Heinz-Jörg B. im Gespräch mit Lars-Broder Keil.

7   *Hamburger Morgenpost* u. *BILD* v. 20. Mai 1972 sowie *Hamburger Abendblatt* v. 19./20. Mai 2012; vgl. die teilweise abweichende Schilderung von Gertrud T., in: Stammheim-Wortprotokoll, Bl. 9030–9036.

8   BArch Koblenz B 362/3072, Bl. 10; vgl. Aussage Elisabeth R., in: StAL, Stammheim-Wortprotokoll, Bl. 9037–9040.

9   *Springer aktuell* v. Mai 1996 sowie *Hamburger Abendblatt* v. 19./20. Mai 2012.

10   Vgl. Aussage Kurt B., in: StAL, Stammheim-Wortprotokoll, Bl. 8909–8928 u. Urteil des OLG Stuttgart gegen Andreas Baader u. a. (2 StE 1/74) v. 28. April 1977, S. 18f. (Sammlung Kellerhoff).

11   *Hamburger Morgenpost* v. 20. Mai 1972.

12   Brief v. Rudolf Sch. v. 30. September 2021; Lorenz B. und Helmut R. im Gespräch mit Lars-Broder Keil; Sammlung v. Helmut R.; BArch Koblenz B 362/3072, Bl. 39f. u. 3074, Bl. 275; Aussagen Lorenz B. u. Helmut R., in: StAL, Stammheim-Wortprotokoll, Bl. 9061–9066.

13   Hans G. im Gespräch mit Lars-Broder Keil; vgl. Aussage Georg H., in: StAL, Stammheim-Wortprotokoll, Bl. 9067–9069.

14   *Hamburger* Morgenpost v. 20. Mai 1972.

15   *Frankfurter Rundschau* v. 23. Mai 1972 sowie *BILD* u. *Hamburger Morgenpost* v. 20. Mai 1972.

16   BArch Koblenz B 362/3072, Bl. 11; die Aussage von Gerda P. darüber, in: StAL, Stammheim-Wortprotokoll, Bl. 9072–9075 blieb sehr ungenau.

17   Arnd P. im Gespräch mit Lars-Broder Keil; vgl. *BILD* v. 20. Mai 1972 sowie Aussagen Arnd P. u. Klaus H., in: StAL, Stammheim-Wortprotokoll, Bl. 9114–9120 u. Bl. 9141–9144.

18   *BILD* u. *Hamburger Morgenpost* v. 20. Mai 1972.

19   Ortwin B. im Gespräch mit Lars-Broder Keil.

20   BArch Koblenz B 362/3072, Bl. 43 u. Bl. 100.

21   *Springer aktuell* v. Mai 1996 u. *Hamburger Morgenpost* v. 20. Mai 1972; vgl. Aussage Wolfgang B., in: StAL, Stammheim-Wortprotokoll, Bl. 9121–9124.

22   *Hamburger Abendblatt* v. 20. Mai 1972.

23   Dieter S. und Hans-Peter K. im Gespräch mit Lars-Broder Keil sowie *Hamburger Abendblatt* (Hrsg.): *Hamburg 72*, S. 178.

24   Heinz-Jörg B. im Gespräch mit Lars-Broder Keil.

25   BArch Koblenz B 362/3072, Bl. 16 u. Bl. 7.

26   *BILD* v. 20. u. *Frankfurter Rundschau* v. 23. Mai 1972.

27   BArch Koblenz B 362/3248, Bl. 227–274 sowie BfV 086–S–150654 (1/72), Bl. 21; vgl. *Frankfurter Rundschau* v. 23. Mai 1972.

28   Friede Springer im Gespräch mit Lars-Broder Keil.

29   *Hamburger Abendblatt* v. 19./20. Mai 2012, Peter Tamm jr. im Gespräch mit Lars-Broder Keil.

30   BArch Koblenz B 362/3072, Bl. 26, Bl. 12, Bl. 24 u. Bl. 28.

31 *BILD* u. *Hamburger Morgenpost* v. 20. Mai 1972.

32 Hans G. im Gespräch mit Lars-Broder Keil u. *Springer aktuell* (Sonderausgabe) v. 25. Mai 1972; vgl. UA AS Varia, Bewegtbildmaterial des NDR v. 19. Mai 1972.

33 Michel R. im Gespräch mit Lars-Broder Keil.

34 UA AS Dokumentation zum Anschlag vom 19. Mai 1972.

35 Arnd P. und Helmut R. im Gespräch mit Lars-Broder Keil sowie Notizen von Helmut R.

36 Heinrich M., Heinz-Jörg B. und Jürgen K. im Gespräch mit Lars-Broder Keil; Schreiben v. Rudolf Sch. v. 30. September 2021; vgl. Aussagen Jürgen K. u. Heinrich M., in: StAL, Stammheim-Wortprotokoll, Bl. 9145–9149.

37 Michel R. im Gespräch mit Lars-Broder Keil.

38 UA AS Bestand Dokumentation zum Anschlag vom 19. Mai 1972; UA AS Bestand *WELT*-Verlagsleitung/Ernst-Dietrich Adler: Sicherheit 1970–1983; *Hamburger Abendblatt* v. 20. Mai 1972.

39 UA AS Bestand Dokumentation zum Anschlag vom 19. Mai 1972; UA AS Bestand *WELT*-Verlagsleitung/Ernst-Dietrich Adler: Sicherheit 1970–1983; vgl. zum Bummelstreik *WELT* v. 18. bis 20. Mai 1972.

40 BArch Koblenz B 362/3072, Bl. 18.

41 *Hamburger Morgenpost* v. 20. Mai 1972; *Springer aktuell* v. Mai 1996.

42 BArch Koblenz B 362/3072, Bl. 8–12 u. Bl. 27f.; vgl. Aussage Heinrich K., in: StAL, Stammheim-Wortprotokoll, Bl. 8987–8991 u. Urteil des OLG Stuttgart gegen Andreas Baader u. a. (2 StE 1/74) v. 28. April 1977, S. 22 (Sammlung Kellerhoff).

43 Arnd P., Hans G. und Heinz-Jörg B. im Gespräch mit Lars-Broder Keil.

44 *Hamburger Abendblatt* v. 20. Mai 1972; Urteil des OLG Stuttgart gegen Andreas Baader u. a. (2 StE 1/74) v. 28. April 1977, Bl. 19f. (Sammlung Kellerhoff).

45 BArch Koblenz B 362/3072, Bl. 20 u. Bl. 25.

46 *Hamburger Abendblatt* v. 20. Mai 1972.

47 BArch Koblenz B 362/3072, Bl. 12 sowie *Hamburger Abendblatt* u. *WELT* v. 20. Mai 1972.

48 BArch Koblenz B 362/3072, Bl. 8.

49 UA AS Bestand Dokumentation zum Anschlag vom 19. Mai 1972; vgl. *Frankfurter Rundschau* v. 23. Mai 1972;

50 UA AS Bestand Adam Vollhardt/Informationen 1969–1973; vgl. RAF: *Stadt-Guerilla & Klassenkampf. April 1972* (Sammlung Kellerhoff), S. 39 u. S. 45f.

51 *Hamburger Abendblatt* v. 20. Mai 1972 u. *WELT* v. 23. Mai 1972.

52 *BILD* u. *Hamburger Abendblatt* v. 20. Mai 1972.

53 *Hamburger Morgenpost* v. 20. Mai 1972.

54 *BILD* v. 20. Mai 1972.

55 *Hamburger Abendblatt* v. 20. Mai 1972.

56 UA AS Bestand Axel Springer/Box 179.

Feindbild

1   Schwarz: *Springer*, S. 425.
2   *Berliner Zeitung* u. *Neue Zeit* v. 21. u. 22. April 1966.
3   *Neues Deutschland* v. 22. April 1966.
4   *Spiegel* v. 1. August 1966.
5   Zit. n. Arnim: *„Und dann werde ich …"*, S. 226f.
6   Springer: *Von Berlin aus gesehen*, S. 142.
7   SDS-eigene Angaben zit. n. *WELT AM SONNTAG* v. 16. Juni 1968; vgl. die umfassende Dokumentation Dezember 1966 bis Dezember 1968 in: www.Medienarchiv68.de.
8   *Berliner Extra-Dienst* v. 5. Februar 1969.
9   *Berliner Extra-Blatt* v. 12. Februar 1967.
10   *Berliner Extra-Blatt* v. 13. Mai 1967.
11   *Spiegel* v. 10. Juli 1967.
12   Springer: *Von Berlin aus gesehen*, S. 152.
13   Springer: *An meine Kinder und Kindeskinder*, S. 60.
14   Vgl. Enzensberger: *Die Jahre der Kommune I*, S. 243f.
15   Vgl. https://www.welt.de/geschichte/article175345305/Mythen-von-1968-Wie-der-Sturm-auf-das-Springer-Haus-wirklich-ablief.html sowie UA AS Bestand Michael Ludwig Müller/Aufzeichnungen 1967/68, ferner Peter Tamm im Gespräch mit Sven Felix Kellerhoff.
16   Baumann: *Wie alles anfing*, S. 42.
17   Friede Springer im Gespräch mit Lars-Broder Keil.
18   Zit. n. Backhaus u. a. (Hrsg.): *Bild Dir Dein Volk*, S. 150.
19   BStU MfS HA IX 16906, Bl. 38f.
20   RAF: *Das Konzept Stadt-Guerilla* (Sammlung Kellerhoff).
21   Am 29. März 1970 hatten japanische Linksextremisten, deren selbstgewählter Name „Sekigun-ha" im Englischen als „Red Army Fraction" wiedergegeben wurde, eine Passagiermaschine nach Nordkorea entführt. Deutsche Zeitungen nannten die Gruppe nur „Rote Armee". Vgl. *BILD* u. *WELT* v. 1. u. 2. April 1970.
22   *Spiegel* v. 26. April 1971.
23   *Hamburger Abendblatt* v. 16. Juli 1971 u. *WELT* v. 17. Juli 1971.
24   Vgl. https://www.welt.de/geschichte/raf/article232510247/Linker-Terror-So-starb-das-RAF-Mitglied-Petra-Schelm.html.
25   Vgl. https://www.welt.de/geschichte/raf/article234571322/Polizistenmord-der-RAF-1971-Der-Tod-des-Norbert-Schmid.html.
26   *BILD, Hamburger Abendblatt* u. *WELT* v. 27. bis 30. Oktober 1971 sowie *Spiegel* v. 1. November 1971.
27   Urteil des LG Kaiserslautern gegen Manfred Grashof u. a. (Ks 2/75) v. 2. Juni 1977, S. 69–96; vgl. https://www.welt.de/geschichte/raf/article235818176/Polizistenmord-der-RAF-Doubletten-Trick-der-Baader-Meinhof-Gruppe.html.
28   *Hamburger Abendblatt* v. 23. Dezember 1971.

29 *BILD* v. 23. Dezember 1971.

30 Urteil des LG Kaiserslautern gegen Manfred Grashof u. a. (Ks 2/75) v. 2. Juni 1977, S. 256.

31 Nach Ansicht des BKA hatte die RAF 1972 mindestens 39 Mitglieder; vgl. Klaus: *Sie nannten mich Familienbulle*, S. 151f.

32 *Spiegel* v. 10. Januar 1972; vgl. https://www.welt.de/geschichte/raf/plus236151998/RAF-Heinrich-Boell-forderte-freies-Geleit-fuer-Ulrike-Meinhof.html.

33 *Spiegel* v. 31. Januar 1972.

34 Baader-Brief an die dpa v. 23. Januar 1972 (Sammlung Kellerhoff) sowie *Hamburger Abendblatt* v. 24. u. 25. Januar 1972.

35 *Spiegel* v. 24. Januar 1972.

36 *Spiegel* v. 25. September 1967; vgl. Jung: *Der Kampf gegen das Presse-Imperium*, S. 146ff.

37 UA AS Bestand Axel Springer/Box 159.

38 Friede Springer im Gespräch mit Lars-Broder Keil.

39 UA AS Bestand Axel Springer/Box 48; UA AS, Bestand Justiziar Edgar Kull.

40 *WELT* v. 3. Februar 1972.

41 *Hamburger Abendblatt* v. 8. Januar 1972.

42 UA AS Bestand Stabsabteilung Recht/Angriffe gegen unser Haus (SPD, KPD, Gewerkschaften – Vorwurf Volksverhetzung 1968–1973); vgl. UA AS Bestand Axel Springer/Box 160.

43 Springer: *Aus Sorge um Deutschland*, S. 220–230.

44 *Handelsblatt* v. 4. Mai 1972.

45 *Frankfurter Allgemeine* v. 2. Mai 1972.

46 UA AS Bestand Axel Springer/Box 159.

47 *WELT AM SONNTAG* v. 13. Februar 2005; siehe auch Kloepfer: *Friede Springer*, S. 116.

48 UA AS Bestand Axel Springer/Box 180.

Aufrüstung

1 Brief von Andreas Baader an die dpa v. 23. Januar 1972 (Sammlung Kellerhoff).

2 Aussage Wolfgang P., in: StAL, Stammheim-Wortprotokoll, Bl. 8124–8139 u. Urteil des OLG Stuttgart gegen Andreas Baader u. a. (2 StE 1/74) v. 28. April 1977, S. 50 (Sammlung Kellerhoff) sowie *Spiegel* v. 26. Juni 1972 u. *BILD AM SONNTAG* v. 15. Juli 1973.

3 *Zeit* v. 23. Juni 1972.

4 Aussage Gerhard Müller, in: StAL, Stammheim-Wortprotokoll, Bl. 10219 u. Bl. 10231.

5 Aussage Wolfgang P., in: StAL, Stammheim-Wortprotokoll, Bl. 8131.

6 Urteil des OLG Stuttgart gegen Andreas Baader u. a. (2 StE 1/74) v. 28. April 1977, S. 200 (Sammlung Kellerhoff); vgl. Aussagen Maria S. u. Slavka M., in: StAL, Stammheim-Wortprotokoll, Bl. 8450 u. Bl. 8466.

7 Powell: *Anarchist Cookbook*, S. 116.

8 Aussage Gerhard Müller, in: StAL, Stammheim-Wortprotokoll, Bl. 10234.

9 Aussage Gerhard Müller, in: StAL, Stammheim-Wortprotokoll, Bl. 10233.

10 Verurteilt wurde Ströbele 1980 lediglich wegen des sogenannten Info-Systems der RAF, einer von den Wahlverteidigern betriebenen illegalen Kommunikation der Untersuchungsgefangenen via Rundschreiben; vgl. https://www.focus.de/politik/deutsch land/gericht-sah-stroebele-als-raf-aufbauhelfer-an-80er-jahre_id_1776606.html.

11 Aussage Gerhard Müller, in: StAL, Stammheim-Wortprotokoll, Bl. 10258.

12 Urteil des OLG Stuttgart gegen Andreas Baader u. a. (2 StE 1/74) v. 28. April 1977, S. 67 (Sammlung Kellerhoff) u. Aussage Gerhard Müller, in: StAL, Stammheim-Wortprotokoll, Bl. 10231f.

13 *Spiegel* v. 12. Juli 1976.

14 Aussage Gerhard Müller, in: StAL, Stammheim-Wortprotokoll, Bl. 10232.

15 Vgl. Urteil des OLG Stuttgart gegen Andreas Baader u. a. (2 StE 1/74) v. 28. April 1977, S. 51 (Sammlung Kellerhoff).

16 Aussage Gerhard Müller, in: StAL, Stammheim-Wortprotokoll, Bl. 10256.

17 Aussage Gerhard Müller, in: StAL, Stammheim-Wortprotokoll, Bl. 10261.

18 Durchaus zu Unrecht – am 1. Juni 1972 entzündete sich selbstgemischter Sprengstoff in einer konspirativen Wohnung der RAF am Zoologischen Garten in Berlin und gab der Polizei den entscheidenden Hinweis auf Brigitte Mohnhaupt und Bernhard Braun, die beiden lokalen Statthalter der RAF. Vgl. *Spiegel* v. 5. Juni 1972 u. https:// www.welt.de/regionales/berlin/article2453325/Im-Westen-Berlins-begann-der-Amok lauf-der-RAF.html.

19 Vgl. Urteil des OLG Stuttgart gegen Andreas Baader u. a. (2 StE 1/74) v. 28. April 1977, S. 48 (Sammlung Kellerhoff) sowie Peters: *Tödlicher Irrtum*, S. 283.

20 Urteil des OLG Stuttgart gegen Andreas Baader u. a. (2 StE 1/74) v. 28. April 1977, S. 45f. (Sammlung Kellerhoff).

21 Aussage Dierk Hoff, in: StAL, Stammheim-Wortprotokoll, Bl. 5917–6044 u. Urteil des OLG Stuttgart gegen Andreas Baader u. a. (2 StE 1/74) v. 28. April 1977, S. 64 (Sammlung Kellerhoff).

22 *Hamburger Abendblatt* v. 28. Januar 1976.

23 Urteil des OLG Stuttgart gegen Andreas Baader u. a. (2 StE 1/74) v. 28. April 1977, S. 40–42 (Sammlung Kellerhoff).

24 Aussage Gerhard Müller, in: StAL, Stammheim-Wortprotokoll, Bl. 10250 u. *BILD* v. 28. Januar 1976.

25 Aussage Gerhard Müller, in: StAL, Stammheim-Wortprotokoll, Bl. 10249.

26 *Spiegel* v. 2. Februar 1976 u. v. 27. November 1977.

27 Aussage Gerhard Müller, in: StAL, Stammheim-Wortprotokoll, Bl. 10248.; Urteil des OLG Stuttgart gegen Andreas Baader u. a. (2 StE 1/74) v. 28. April 1977, S. 65 (Sammlung Kellerhoff).

28 Aussage Gerhard Müller, in: StAL, Stammheim-Wortprotokoll, Bl. 10254. Diese gestohlenen Gasflaschen wurden zu Bomben umgebaut und zum Teil beim Anschlag in Heidelberg am 25. Mai 1972 gezündet.

29   Urteil des OLG Stuttgart gegen Andreas Baader u. a. (2 StE 1/74) v. 28. April 1977, S. 57 (Sammlung Kellerhoff).

30   Aussage Gerhard Müller, in: StAL, Stammheim-Wortprotokoll, Bl. 10245.

31   Urteil des OLG Stuttgart gegen Andreas Baader u. a. (2 StE 1/74) v. 28. April 1977, S. 1, S. 46, S. 66 u. S. 204 (Sammlung Kellerhoff).

32   Aussage Gerhard Müller, in: StAL, Stammheim-Wortprotokoll, Bl. 10238.

33   Aussage Werner A., in: StAL, Stammheim-Wortprotokoll, Bl. 8548–8551.

34   *BILD* v. 13. Mai 1972 u. *Spiegel* v. 23. Juni 1974.

35   *Hamburger Abendblatt* v. 3. u. *Berliner Morgenpost*, *BILD*, *Frankfurter Allgemeine* u. *WELT* v. 4. Februar 1972 sowie *Spiegel* v. 7. Februar 1972, S. 86–98.

36   *BILD* u. *Hamburger Abendblatt* v. 3. März 1972.

37   Carmen Roll wurde 1973 zu vier Jahren Haft verurteilt und 1976 entlassen.

38   Es handelte sich um Wolfgang Grundmann; wegen Mitgliedschaft in einer kriminellen Vereinigung wurde er zu vier Jahren Haft verurteilt. Doch weil sich das Verfahren durch die bis zu 15 Wahlverteidiger des Angeklagten ungewöhnlich lang hingezogen hatte, erhielt er sogar für die über die Strafe hinaus verbüßte Untersuchungshaft Haftentschädigung. Vgl. *Hamburger Abendblatt* v. 3. Juni 1976 u. https://www.shz.de/regionales/schleswig-holstein/im-kugelhagel-der-raf-id285446.html.

39   *Berliner Morgenpost* u. *Hamburger Abendblatt* v. 4. März 1972.

40   *BILD*, *Frankfurter Allgemeine* u. *WELT* v. 13. April 1972.

41   *Hamburger Abendblatt* v. 13. April 1972.

42   Zit. n. Aust: *Der Baader-Meinhof-Komplex*, S. 373.

43   Urteil des OLG Stuttgart gegen Andreas Baader u. a. (2 StE 1/74) v. 28. April 1977, S. 68 (Sammlung Kellerhoff).

44   Aussage Gerhard Müller, in: StAL, Stammheim-Wortprotokoll, Bl. 10259.

Offensive

1   Aussage Gerhard Müller, in: StAL, Stammheim-Wortprotokoll, Bl. 10267.

2   Vgl. BArch Koblenz B 362/3251, Bl. 238.

3   Urteil des OLG Stuttgart gegen Andreas Baader u. a. (2 StE 1/74) v. 28. April 1977, S. 3f. (Sammlung Kellerhoff) sowie *Frankfurter Allgemeine* v. 12 u. *BILD* v. 13. Mai 1972.

4   Anklageschrift 1 StE 1/74 v. 26. September 1974, S. 18 (Sammlung Kellerhoff).

5   Aussage Gerhard Müller, in: StAL, Stammheim-Wortprotokoll, Bl. 10269.

6   *WELT* u. *Hamburger Abendblatt* v. 12. u. 13. Mai 1972.

7   BArch Koblenz B 362/3251, Bl. 246f.

8   Aussage Gerhard Müller, in: StAL, Stammheim-Wortprotokoll, Bl. 10271f.

9   Urteil des OLG Stuttgart gegen Andreas Baader u. a. (2 StE 1/74) v. 28. April 1977, S. 6–8 (Sammlung Kellerhoff).

10   Anklageschrift 1 StE 1/74 v. 26. September 1974, S. 18 (Sammlung Kellerhoff).

11   Aussage Gerhard Müller, in: StAL, Stammheim-Wortprotokoll, Bl. 10274f.

12   Vgl. Peters: *Tödlicher Irrtum*, S. 286f.

13   Anklageschrift 1 StE 1/74 v. 26. September 1974, S. 19 (Sammlung Kellerhoff).

14   Aussage Ingeborg F., in: StAL, Stammheim-Wortprotokoll, Bl. 7929–7932.

15   Aussage Johann D., in: StAL, Stammheim-Wortprotokoll, Bl. 7874–7878 sowie Urteil des OLG Stuttgart gegen Andreas Baader u. a. (2 StE 1/74) v. 28. April 1977, S. 9–12 (Sammlung Kellerhoff).

16   Aussage Gerhard Müller, in: StAL, Stammheim-Wortprotokoll, Bl. 10272f.

17   *WELT* v. 13. Mai 1972.

18   Vgl. Kraushaar: *Verena Becker*, S. 52–54 sowie *BILD* u. *Hamburger Abendblatt* v. 15. Mai 1972.

19   *BILD* v. 13. Mai 1972.

20   Aussage Gerhard Müller, in: StAL, Stammheim-Wortprotokoll, Bl. 10271.

21   Bekennerschreiben v. 14. Mai 1972 (Sammlung Kellerhoff); vgl. *WELT* v. 16. Mai 1972.

22   Vgl. BArch Koblenz B 362/3074, Bl. 117.

23   Vgl. BArch Koblenz B 362/3249, Bl. 284, Aussage Gerta Buddenberg, in: Stammheim-Wortprotokoll, Bl. 8632–8640 u. Urteil des OLG Stuttgart gegen Andreas Baader u. a. (2 StE 1/74) v. 28. April 1977, S. 14–16 (Sammlung Kellerhoff).

24   *Spiegel* v. 21. Mai 1972.

25   Aussage Gerhard Müller, in: StAL, Stammheim-Wortprotokoll, Bl. 10276.

26   Aussage Gerta Buddenberg, in: StAL, Stammheim-Wortprotokoll, Bl. 8638f.

27   *BILD, Hamburger Abendblatt, Frankfurter Allgemeine, Süddeutsche Zeitung* u. *WELT* v. 17. Mai 1972.

28   *Spiegel* v. 21. Mai 1972.

29   *WELT* v. 19. Mai 1972.

30   *Spiegel* v. 21. Mai 1972.

31   Bekennerschreiben v. 16. Mai 1972 (Sammlung Kellerhoff).

32   Vgl. BArch Koblenz B 362/3074, Bl. 119.

33   *Zeit* v. 19. u. *Hamburger Abendblatt* v. 17. Mai 1972.

34   *Zeit* v. 19. Mai 1972.

35   Vgl. BArch Koblenz B 362/3251, Bl. 241.

36   Urteil des OLG Stuttgart gegen Andreas Baader u. a. (2 StE 1/74) v. 28. April 1977, S. 110 (Sammlung Kellerhoff).

37   Aussage Gerhard Müller, in: StAL, Stammheim-Wortprotokoll, Bl. 10278.

38   Vgl. Urteil des OLG Stuttgart gegen Andreas Baader u. a. (2 StE 1/74) v. 28. April 1977, S. 61 u. S. 213 (Sammlung Kellerhoff).

39   Aussage Gerhard Müller, in: StAL, Stammheim-Wortprotokoll, Bl. 10278.

Reaktionen

1   Zum Verhältnis von RAF und „Bewegung 2. Juni" vgl. Kellerhoff: *Eine kurze Geschichte der RAF*, S. 42 u. 52–54.

2 Bekennerschreiben der RAF v. 20. Mai 1972 (Sammlung Kellerhoff); vgl. BArch Koblenz B 362/3074, Bl. 8 u. UA AS Dokumentation zum Anschlag vom 19. Mai 1972.

3 Axel Springer Inlandsdienst Nr. 15, Mai 1972.

4 Vgl. BArch Koblenz B 362/3074, Bl. 87 u. Aussage Geerd H., in: StAL, Stammheim-Wortprotokoll, Bl. 9048f.

5 *BILD* v. 20. Mai 1972. Das *Hamburger Abendblatt* und *WELT* brachten in ihren Ausgaben von Pfingstsamstag nur noch Berichte über den Anschlag, aber keinen Kommentar mehr unter.

6 *Stuttgarter Nachrichten* v. 20. Mai 1972.

7 *Kölnische Rundschau* v. 20. Mai 1972.

8 *Hamburger Morgenpost* v. 20. Mai 1972.

9 Heinz-Jörg B. und Hans-Joachim L. im Gespräch mit Lars-Broder Keil; UA AS Dokumentation zum Anschlag vom 19. Mai 1972.

10 BArch Koblenz B 362/3072, Bl. 12. u. Aussage Helga K., in: StAL, Stammheim-Wortprotokoll, Bl. 9149–9153.

11 Heinz-Jörg B. im Gespräch mit Lars-Broder Keil.

12 BArch Koblenz B 362/3072, Bl. 29.

13 Aussage Heinrich K., in: StAL, Stammheim-Wortprotokoll, Bl. 8991–8993.

14 BArch Koblenz B 362/3072, Bl. 13 u. Bl. 30–32.

15 BArch Koblenz B 362/3072, Bl. 14.

16 *Hamburger Abendblatt* v. 19./20. Mai 2012; Bahnsen: *Tamm*, S. 154ff.

17 Helmut R. im Gespräch mit Lars-Broder Keil; Notizen von Helmut R.

18 Friede Springer im Gespräch mit Lars-Broder Keil.

19 Vgl. Aussage Heinrich K., in: StAL, Stammheim-Wortprotokoll, Bl. 8993–9013.

20 *Hamburger Abendblatt* v. 19./20. Mai 2012; vgl. *Frankfurter Rundschau* v. 23. Mai 1972. Bei einer Anreise mit dem Zug wäre die Entschärfung um rund acht Stunden verzögert worden; vgl. BArch Koblenz B 362/3072, Bl. 33.

21 BArch Koblenz B 362/3072, Bl. 33f. u. Bl. 48.

22 *BILD* v. 23. Mai 1972.

23 *Frankfurter Rundschau* u. *WELT* v. 23. Mai 1972; vgl. *Hamburger Abendblatt* v. 24. Mai 1972 (dort mit der Angabe „200 bis 300 Tote").

24 Heinz-Jörg B. im Gespräch mit Lars-Broder Keil; vgl. *Springer aktuell* v. Mai 1996.

25 *Hamburger Abendblatt* v. 24. Mai 1972.

26 *BILD* v. 23. Mai 1972.

27 *BILD AM SONNTAG* v. 22. Mai 1972.

28 *BILD AM SONNTAG* v. 22. u. *Frankfurter Allgemeine* v. 23. Mai 1972.

29 *BILD* v. 23. Mai 1972.

30 *Frankfurter Allgemeine* v. 20. Mai 1972; Axel Springer AG (Hrsg.): *Nachrichten* Nr. 58, Mai 1972; *Axel Springer Inlandsdienst* Nr. 10, Mai 1972. Die *Frankfurter Allgemeine* spielte auf den Sozialpsychologen Peter Brückner (Hannover) an, der am 20. Januar 1972 wegen Unterstützung der Baader-Meinhof-Gruppe (bei allerdings weiterlaufenden Bezügen von 3.500 Mark pro Monat) suspendiert worden war, und auf den Schriftsteller Heinrich Böll.

31 *Kölnische Rundschau* v. 20. Mai 1972.

32 *Hamburger Abendblatt* v. 24. Mai 1972.

33 Axel Springer AG (Hrsg.): *Nachrichten* Nr. 58, Mai 1972.

34 *Schwäbische Zeitung* zit. n. *Axel Springer Inlandsdienst* Nr. 10, Mai 1972.

35 *BILD AM SONNTAG* v. 22. Mai 1972.

36 *Hamburger Morgenpost* v. 20. Mai 1972.

37 Michel R. im Gespräch mit Lars-Broder Keil.

38 *Mannheimer Morgen* v. 23. Mai 1972.

39 *tz* v. 23. Mai 1972.

40 *Münchner Merkur* v. 23 Mai 1972.

41 Heinrich Hannover, ein bekannter linker Anwalt aus Bremen, fühlte sich von Boe-
nischs Kommentar angesprochen und erstattete am 12. Juni 1972 Strafanzeige wegen
Volksverhetzung nicht gegen den Verfasser, sondern gleich gegen Axel Springer
(Sammlung Kellerhoff). Allerdings erwies sich, dass Boenisch völlig richtig gelegen
hatte: Ein halbes Dutzend linker Anwälte (wenngleich nicht Hannover, der aber auch
nicht genannt worden war) wurde in den kommenden Jahren wegen Unterstützung
der RAF rechtskräftig verurteilt, zwei sogar wegen Sprengstoff- und Waffenschmug-
gels in ein Gefängnis. Zwei andre gingen selbst in die Illegalität und schlossen sich
der RAF an. Vgl. Kellerhoff: *Kurze Geschichte der RAF*, S. 65–71, S. 81f. u. S. 100f.

42 *BILD AM SONNTAG* v. 22. Mai 1972.

43 UA AS Bestand Axel Springer/Box 180.

44 UA AS Dokumentation zum Anschlag vom 19. Mai 1972; Brandanschlag auf das
Hamburger Verlagshaus am 19. Mai 1972 – Presseecho.

45 UA AS Dokumentation zum Anschlag vom 19. Mai 1972; Brandanschlag auf das
Hamburger Verlagshaus am 19. Mai 1972 – Presseecho.

46 *Konkret* v. 27. Mai 1972.

47 Abschrift des Tonbandes (Sammlung Kellerhoff); vgl. *Stern* v. 11. Juni 1972.

48 Zweites Bekennerschreiben der RAF v. 20. Mai 1972 (Sammlung Kellerhoff); vgl.
BArch Koblenz B 362/3074, Bl. 17.

49 *Berliner Morgenpost* v. 25. Mai 1972.

50 Zit. n. *WELT* v. 25. Mai 1972; vgl. *Springer*: Aus Sorge um Deutschland, S. 216–218.

51 *Hamburger Abendblatt* v. 25. Mai 1972.

52 *Frankfurter Rundschau* v. 26. Mai 1972.

53 BArch Koblenz B 362/3074, Bl. 121.

54 Zit. n. *WELT* v. 25. Mai 1972; vgl. *Springer*: Aus Sorge um Deutschland, S. 216–218.

55 UA AS Bestand Axel Springer/Box 164.

56 UA AS Bestand Axel Springer/Box 158.

57 *Axel Springer Inlandsdienst* Nr. 19, Mai 1972.

58 *Axel Springer Inlandsdienst* Nr. 1, Mai 1972.

59 *Axel Springer Inlandsdienst* Nr. 10, Mai 1972.

60 *Axel Springer Inlandsdienst* Nr. 1, Mai 1972.

61 UA AS Bestand Axel Springer/Box 179.

62 UA AS Bestand Axel Springer/Box 170.

63 UA AS Bestand Axel Springer/Box 180.

64 UA AS Bestand Axel Springer/Box 180.

65 UA AS Bestand Axel Springer/Box 180.

66 UA AS Bestand Axel Springer/Box 180.

67 UA AS Bestand Axel Springer/Box 175.

68 UA AS Bestand Axel Springer/Box 175.

69 UA AS Bestand Axel Springer/Box 180.

70 UA AS Bestand Axel Springer/Box 675.

71 UA AS Bestand Axel Springer/Box 180.

72 UA AS Bestand Axel Springer/Box 180.

73 *Kölnische Rundschau* v. 27. Mai 1972.

74 UA AS Bestand Axel Springer/Box 180.

75 *BILD AM SONNTAG* v. 22. Mai 1972.

76 UA AS Bestand Axel Springer/Box 176.

77 *Hamburger Abendblatt* v. 24. Mai 1972.

78 BArch Koblenz B 362/3074, Bl. 83; vgl. UA AS Bestand Hausmitteilungen/1971–1973.

79 *Hamburger Abendblatt* v. 1. Juni 1972.

80 Plenarprotokoll der Bürgerschaft Hamburg, VII/66, S. 3459f.

81 Plenarprotokoll der Bürgerschaft Hamburg, VII/66, S. 3460.

82 Plenarprotokoll der Bürgerschaft Hamburg, VII/66, S. 3460f.

83 Plenarprotokoll der Bürgerschaft Hamburg, VII/66, S. 3462f.

84 UA AS Bestand Axel Springer/Box 160.

85 Heinz-Jörg B. im Gespräch mit Lars-Broder Keil.

86 1972 betrug das durchschnittliche Brutto-Jahresentgelt in der Bundesrepublik 16.355 Mark, also abzüglich 27,5 Prozent Sozialabgaben und Steuern je nach Familienstand netto zwischen 10.000 und 11.800 Mark; vgl. BGBl. I 2002, S. 869f.

87 Heinz-Jörg B. u. Hans G. im Gespräch mit Lars-Broder Keil.

88 Helmut R. im Gespräch mit Lars-Broder Keil; vgl. Notizen von Helmut R.

89 Notizen v. Helmut R.

90 *BILD, Hamburger Abendblatt* u. *WELT* v. 1. Juni 1972; vgl. https://www.welt.de/geschichte/article231399485/Terror-gegen-Israel-Die-Waffen-versteckten-die-Moerder-in-Geigen koffern.html.

91 UA AS Bestand Axel Springer/Box 159.

Ermittlung

1 BArch Koblenz B 362/3072, Bl. 16 u. Bl. 35; vgl. Aussage Hans R., in: StAL, Stammheim-Wortprotokoll, Bl. 8953.

2 BArch Koblenz B 362/3072, Bl. 7 u. Aussage Alfred Fischer, in: StAL, Stammheim-Wortprotokoll, Bl. 8903.

3   Aussage Hans R., in: StAL, Stammheim-Wortprotokoll, Bl. 8931.

4   BArch Koblenz B 362/3072, Bl. 10f. u. Aussage Hans R., in: StAL, Stammheim-Wortprotokoll, Bl. 8932.

5   BArch Koblenz B 362/3072, Bl. 9–15.

6   BArch Koblenz B 362/3072, Bl. 197.

7   *BILD* v. 20. Mai 1972.

8   *BILD* v. 20. Mai 1972 u. *Hamburger Abendblatt* v. 24. Mai 1972.

9   *Hamburger Morgenpost* v. 23. Mai 1972.

10   *Hamburger Morgenpost* v. 23. Mai 1972.

11   *Hamburger Abendblatt* v. 24. Mai 1972.

12   Frankfurter Allgemeine v. 26. Mai 1972.

13   UA AS Bestand Axel Springer/Box 176.

14   UA AS Bestand Dokumentation zum Anschlag vom 19. Mai 1972.

15   BArch Koblenz B 362/3072, Bl. 49.

16   Urteil des OLG Stuttgart gegen Andreas Baader u. a. (2 StE 1/74) v. 28. April 1977, S. 23 (Sammlung Kellerhoff).

17   Anklageschrift 1 StE 1/74 v. 26. September 1974, S. 279 (Sammlung Kellerhoff).

18   Einige der Gegenstände waren in Seiten der Ausgabe von *BILD* v. 26. Juli 1972 eingewickelt; sichergestellt wurden sie ab dem 27. Juli. Insgesamt fand die Polizei sechs Bomben, vier Schusswaffen, 35 gefälschte Autokennzeichen sowie zahlreiche Schriftstücke, Munition und weiteres Material wie Wecker, Batterien und Zündkapseln. Vgl. *BILD* v. 4. August 1972.

19   BArch Koblenz B 362/3074, Bl. 88.

20   BArch Koblenz B 362/3247, Bl. 28f.

21   BArch Koblenz B 362/3247, Bl. 46f.

22   BArch Koblenz B 362/3248, Bl. 126f.

23   UA AS Bestand Axel Springer/Box 675.

24   BArch Koblenz B 362/3247, Bl. 46f.

25   BArch Koblenz B 362/3074, Bl. 275f..

26   BArch Koblenz B 362/3248, Bl. 227–248.

27   UA AS Bestand Axel Springer/Box 675.

28   UA AS Bestand Axel Springer/Box 180.

29   CH-BAR E4320C#1994-121/520-4, Bl. 1–4.

30   BArch Koblenz B 362/3074, Bl. 454 u. Bl. 457f.

31   Zit. n. Scheicher: *60 Jahre Staatsschutz*, S. 7.

32   *WELT* v. 1. Juni 1972.

33   Vgl. *BILD, Frankfurter Allgemeine, Hamburger Abendblatt* u. *Süddeutsche Zeitung* v. 1. Juni 1972 sowie *Zeit* v. 2. Juni 1972.

34   *Stern* v. 11. Juni 1972.

35   Vgl. Anklageschrift 1 StE 1/74, S. 312–324 u. Urteil des OLG Stuttgart gegen Andreas Baader u. a. (2 StE 1/74) v. 28. April 1977, S. 77–85 (beide Sammlung Kellerhoff) sowie *BILD, Frankfurter Allgemeine, Hamburger Abendblatt, Süddeutsche Zeitung* u. *WELT* v. 2. Juni 1972, ferner *Spiegel* v. 5. Juni 1972 u. *Stern* v. 11. Juni 1972.

36   *Spiegel* v. 5. Juni 1972.

37   Vgl. Anklageschrift 1 StE 1/74, S. 324–328, Urteil des OLG Stuttgart gegen Andreas Baader u. a. (2 StE 1/74) v. 28. April 1977, S. 85–87 (beide Sammlung Kellerhoff) sowie *BILD*, *Hamburger Abendblatt* u. *WELT* v. 8. Juni 1972.

38   *BILD*, *Hamburger Abendblatt* u. *WELT* v. 10. Juni 1972.

39   Vgl. Anklageschrift 1 StE 1/74, S. 329–334 (Sammlung Kellerhoff) sowie *Hamburger Abendblatt* v. 16. Juni 1972 (Teilausgabe Hamburg-Stadt), *BILD AM SONNTAG* v. 18. Juni 1972 u. *WELT* v. 19. Juni 1972.

Folgen

1   Hans-Joachim L. im Gespräch mit Lars-Broder Keil.

2   Heinrich M. im Gespräch mit Lars-Broder Keil.

3   Arnd P. im Gespräch mit Lars-Broder Keil.

4   Helmut R. im Gespräch mit Lars-Broder Keil.

5   Heinz-Jörg B. im Gespräch mit Lars-Broder Keil.

6   Hans G. im Gespräch mit Lars-Broder Keil.

7   UA AS Bestand Axel Springer/Box 180.

8   *Springer aktuell* (Sonderausgabe) v. 25. Mai 1972.

9   Jürgen K. im Gespräch mit Lars-Broder Keil.

10   Brief Tamm v. 19. Mai 1972, abgedruckt in *Springer aktuell* (Sonderausgabe) v. 25. Mai 1972; vgl. UA AS Bestand Hausmitteilungen/1971_1973.

11   UA AS Bestand Axel Springer/Box 160; *Springer aktuell* (Sonderausgabe) v. 25. Mai 1972.

12   UA AS, Bestand *WELT*-Verlagsleitung/Ernst-Dietrich Adler: Sicherheit 1970–1983.

13   *Springer aktuell* v. Mai 1996.

14   UA AS Bestand Axel Springer/Box 675.

15   UA AS Bestand *WELT*-Verlagsleitung/Ernst-Dietrich Adler: Sicherheit 1970–1983.

16   UA AS Bestand *WELT*-Verlagsleitung/Ernst-Dietrich Adler: Sicherheit 1970–1983.

17   UA AS Bestand Axel Springer/Box 675.

18   UA AS Bestand Dokumentation zum Anschlag vom 19. Mai 1972; UA AS Sitzungs-protokoll der Geschäftsführung Nr. 73 v. 4. Juli 1972.

19   UA AS Bestand *WELT*-Verlagsleitung/Ernst-Dietrich Adler: Sicherheit 1970–1983.

20   UA AS Bestand Dokumentation zum Anschlag vom 19. Mai 1972.

21   UA AS Bestand *WELT*-Verlagsleitung/Ernst-Dietrich Adler: Sicherheit 1970–1983.

22   UA AS Bestand Axel Springer/Box 163.

23   UA AS Bestand Axel Springer/Box 164.

24   UA AS Bestand Axel Springer/Box 180.

25   UA AS Bestand Peter Tamm/Redemanuskript v. 7. Juni 1972.

26   Ortwin B. im Gespräch mit Lars-Broder Keil.

27   Hans-Peter K., Dieter S. und Heinz-Jörg B. im Gespräch mit Lars-Broder Keil.

28   UA AS Bestand Peter Tamm/Redemanuskript v. 7. Juni 1972.

29   UA AS UA AS Dokumentation zum Anschlag vom 19. Mai 1972.

30   UA AS Bestand Peter Tamm/Redemanuskript v. 7. Juni 1972; UA AS Bestand Axel Springer/Box 675.

31   Vor allem Heinrich Böll hatte die Verwendung des Wortes „Bande" scharf kritisiert; vgl. *Spiegel* v. 10. Januar 1972. In Wirklichkeit benutzten keineswegs nur die Zeitungen des Axel Springer Verlages dieses Wort; selbst die linksliberalen Hamburger Redaktionen *Zeit* und *Spiegel* druckten öfters die Formulierung „Baader-Meinhof-Bande"; vgl. z. B. *Zeit* v. 19. Februar, 23. Juli, 29. Oktober u. 5. November 1971 sowie *Spiegel* v. 15. Februar u. 10. Mai 1971 sowie 14. Februar u. 1. Mai 1972. Das ZDF benutzte 1971/72 eher die Bezeichnung „Baader-Meinhof-Bande", die ARD sprach in der Regel von der „Baader-Meinhof-Gruppe". In Polizei- und Justizakten wurden beide Begriffe synonym verwendet.

32   UA AS Bestand Peter Tamm/Redemanuskript v. 7. Juni 1972.

33   *Konkret* v. 29. Juni 1972.

34   *Konkret* v. 29. Juni 1972 u. *Stern* v. 25. Juni 1972.

35   *Rote Fahne* v. 14. Juni 1972 u. *Unsere Zeit* v. 30. Juni 1972.

36   UA AS Bestand Dokumentation zum Anschlag vom 19. Mai 1972 u. UA AS Bestand Brandanschlag auf das Hamburger Verlagshaus am 19. Mai 1972 – Presseecho.

37   UA AS Bestand Axel Springer/Box 675 u. UA AS, Bestand Dokumentation zum Anschlag vom 19. Mai 1972.

38   Hans-Joachim L. im Gespräch mit Lars-Broder Keil.

39   UA AS Bestand Axel Springer/Box 160.

40   UA AS Bestand Axel Springer/Box 160.

41   UA AS, Bestand Sitzungsprotokolle der Geschäftsführung Nr. 74 u. Nr. 73 v. 28. Juli u. v. 4. Juli 1972.

42   Claus L. und Dieter S. im Gespräch mit Lars-Broder Keil.

43   Claus L. im Gespräch mit Lars-Broder Keil; UA AS Bestand Sitzungsprotokolle der Geschäftsführung Nr. 73 v. 4. Juli 1972.

44   UA AS Bestand Sitzungsprotokolle der Geschäftsführung Nr. 73 v. 4. Juli 1972.

45   UA AS Bestand Sitzungsprotokolle der Geschäftsführung Nr. 73 v. 4. Juli 1972.

Nachwirkungen

1   UA AS Bestand Nachlass Ernst Cramer/Reden 1963–1972.

2   UA AS Bestand Nachlass Ernst Cramer/Reden 1963–1972.

3   *Frankfurter Rundschau* v. 31. Mai 1972.

4   *Druck und Papier* v. 29. Mai 1972.

5   *Druck und Papier* v. 26. Juni 1972.

6   *WELT* v. 1. Juli 1972 und *Konkret* v. 13. Juli 1972.

7   *Konkret* v. 15. Juni 1972.

8   UA AS Bestand Axel Springer/Box 48.

9   *Kölner Stadtanzeiger* v. 10. Juni 1972.

10   *Hamburger Morgenpost* v. 14. Juni 1972; *WELT* v. 14. Juni 1972, *BILD* v. 15. Juni 1972.

11   *WELT* v. 15. Juni 1972, in der Presseschau.

12   Zit. n. *BILD* v. 15. Juni 1972.

13   *WELT* v. 15. Juni 1972, in der Presseschau.

14   *Zeit* v. 23. Juni 1972.

15   *Frankfurter Rundschau* v. 13. Oktober 1972.

16   *Tagesspiegel* v. 2. November 1972.

17   Axel Springer AG (Hrsg.): *Nachrichten* Nr. 63, Oktober 1972; vgl. UA AS Bestand Axel Springer/Box 159 u. 160.

18   *Capital* v. Oktober 1972.

19   UA AS Bestand Stabsabteilung Recht/Angriffe gegen unser Haus (SPD, KPD, Gewerkschaften – Vorwurf Volksverhetzung 1968–1973).

20   UA AS Bestand Axel Springer/Box 177.

21   UA AS Bestand Axel Springer/Box 177.

22   UA AS Bestand Axel Springer/Box 177.

23   UA AS Bestand WELT-Verlagsleitung/Ernst-Dietrich Adler: Sicherheit 1970–1983.

24   UA AS Bestand Axel Springer/Box 675.

25   Material Helmut R.

26   UA AS Bestand Adam Vollhardt/Informationen Dr. Kull laufend 1969–1973.

27   BArch Koblenz B 362/3074/Bl. 103–106.

28   UA AS Bestand Dokumentation zum Anschlag vom 19. Mai 1972.

29   *Berliner Stimme* v. 19. August 1972; vgl. UA AS Bestand Axel Springer/Box 220.

30   Springer: *Von Überläufern, Mitläufern und Leerläufern.*

31   UA AS Bestand Axel Springer/Box 220.

32   *Spiegel* v. 17. September 1972.

33   *Spiegel* v. 12. Juni 1972.

34   UA AS Bestand Axel Springer/Box 175.

35   UA AS Bestand Axel Springer/Box 176.

36   UA AS Bestand Axel Springer/Reden, Redemanuskript v. 18. November 1972.

37   UA AS Bestand Axel Springer/Reden, Redemanuskript v. 18. November 1972.

38   UA AS Bestand Axel Springer/Reden, Redemanuskript v. 18. November 1972.

39   Naeher: *Mensch, Macht, Mythos*, S. 334.

40   *Stern* v. 26. November 1972.

41   UA AS Bestand Axel Springer/Box 161.

42   UA AS Bestand Axel Springer/Box 162.

43   UA AS Bestand Axel Springer/Box 179.

44   UA AS Bestand Axel Springer/Box 161.

45   UA AS Bestand Axel Springer/Box 161.

46   UA AS Bestand Axel Springer/Reden, Redemanuskripte v. 18. November und v. 29. Dezember 1972.

47   UA AS Bestand Axel Springer/Reden, Redemanuskript v. 29. Dezember 1972.

48 Naeher: *Mensch, Macht, Mythos*, S. 336f.
49 UA AS Bestand Axel Springer/Reden, Redemanuskript v. 29. Dezember 1972.
50 UA AS Bestand Axel Springer/Reden, Redemanuskript v. 29. Dezember 1972.

Verantwortung

1   Bergstermann: *Stammheim*, S. 73 u. *Deutsche Zeitung* v. 18. April 1963.
2   Es gab auch Spenden in unbekannter Höhe zugunsten der Angeklagten, die zumin-
    dest zeitweise der Anwalt Kurt Groenewold verwaltete; vgl. Ensslin: „*Zieht den Tren-
    nungsstrich*", S. 23 u. S. 63. Zu den Kosten vgl. *Kriminalistik* 8 (1977), S. 375.
3   Vgl. Anklageschrift 1 StE 1/74, S. 180–185 u. S. 277–281 (Sammlung Kellerhoff).
4   Vgl. Anklageschrift 1 StE 1/74, S. 212f, S. 219f., S. 226f., S. 230f., S. 265f. (Sammlung
    Kellerhoff).
5   Vgl. Anklageschrift 1 StE 1/74, S. 182 (Sammlung Kellerhoff).
6   Vgl. Anklageschrift 1 StE 1/74, S. 184 (Sammlung Kellerhoff).
7   Vgl. Anklageschrift 1 StE 1/74, S. 162, S. 184, S. 235f., S. 263 u. S. 292 (Sammlung
    Kellerhoff).
8   Vgl. Anklageschrift 1 StE 1/74, S. 289–291 u. S. 236 (Sammlung Kellerhoff).
9   Vgl. Anklageschrift 1 StE 1/74, S. 140f. (Sammlung Kellerhoff).
10 BArch Koblenz B 362/3074, Bl. 125.
11 Stammheim-Wortprotokoll, Bl. 1–2154; Anklagesatz ebd., Bl. 2155–2166.
12 Vgl. z. B. Stammheim-Wortprotokoll, Bl. 2092–2134.
13 Vgl. z. B. Stammheim-Wortprotokoll, Bl. 358.
14 Stammheim-Wortprotokoll, Bl. 9626 u. Bl. 2151.
15 Stammheim-Wortprotokoll, Bl. 3122.
16 Stammheim-Wortprotokoll, Bl. 2151f.
17 Vgl. Stammheim-Wortprotokoll, Bl. 3120, Bl. 3143 u. Bl. 5033.
18 Stammheim-Wortprotokoll, Bl. 11085.
19 Nach etwa zwölf Stunden Besetzung der Botschaft detonierte der von den Terroris-
    ten an den Türen angebrachte Sprengstoff aus ungeklärter Ursache. Ein Geiselneh-
    mer starb sofort, ein zweiter wurde so schwer verletzt, dass er wenig später seinen
    Wunden erlag. Vgl. Kellerhoff: *Eine kurze Geschichte der RAF*, S. 81–83.
20 Stammheim-Wortprotokoll, Bl. 163.
21 Vgl. Urteil des LG Hamburg gegen Christa Eckes u. a. (42/75) v. 28. September 1976,
    S. 35, S. 42–45 u. Urteil des OLG Stuttgart gegen Volker Speitel u. a. v. 14. Dezember
    1978 (2-1 StE 2/78), S. 7f. (beides Sammlung Kellerhoff).
22 Vgl. Stammheim-Wortprotokoll, Bl. 8902–9217.
23 *Springer aktuell* v. Mai 1996.
24 Stammheim-Wortprotokoll, Bl. 8946.
25 Vgl. Anklageschrift 1 StE 1/74, S. 264–294 (Sammlung Kellerhoff).
26 Vgl. Stammheim-Wortprotokoll, Bl. 9379–9424.

27 Stammheim-Wortprotokoll, Bl. 9448f.

28 Stammheim-Wortprotokoll, Bl. 9449.

29 Erst im Urteil würdigte das OLG Stuttgart ein knappes Jahr später die Bedeutung dieser Äußerung Ensslins; vgl. Urteil des OLG Stuttgart gegen Andreas Baader u. a. (2 StE 1/74) v. 28. April 1977, S. 91 (Sammlung Kellerhoff).

30 Vgl. Stammheim-Wortprotokoll, Bl. 9512f.

31 *BILD* v. 15. Mai 1976.

32 Oesterle: *Stammheim*, S. 133.

33 HIS Nachlass Alfred Klaus, KOK 07/006; vgl. Pflieger: *Die Rote Armee Fraktion*, S. 64.

34 Oesterle: *Stammheim*, S. 133.

35 *Spiegel* v. 23. August 1976.

36 Oesterle: *Stammheim*, S. 133.

37 Stammheim-Wortprotokoll, Bl. 10278–10281.

38 Stammheim-Wortprotokoll, Bl. 10716f.

39 Urteil des OLG Stuttgart gegen Andreas Baader u. a. (2 StE 1/74) v. 28. April 1977, S. 37–39 (Sammlung Kellerhoff).

40 Urteil des OLG Stuttgart gegen Andreas Baader u. a. (2 StE 1/74) v. 28. April 1977, S. 37–39 (Sammlung Kellerhoff).

41 Urteil des OLG Stuttgart gegen Andreas Baader u. a. (2 StE 1/74) v. 28. April 1977, S. 27f. (Sammlung Kellerhoff).

42 *Hamburger Abendblatt* v. 29. September 1976 sowie *Hamburger Abendblatt* v. 20. Dezember 1972 u. *Spiegel* v. 25. Dezember 1972.

43 *BILD* v. 22. Dezember 1977 u. *BILD AM SONNTAG* v. 24. April 1983.

Einkehr

1 *WELT* v. 6. August 1973 u. UA AS Materialsammlung Hans-Peter Schwarz/Ordner R.A.F.

2 CH-BAR E4320C#1994-121/520–28, Bl. 16.

3 Im März 2006 behauptete der Schweizer Schriftsteller Denis de Roulet, er habe das Feuer mit „zwei dicken roten Weihnachtskerzen (die seine Freundin liebte)" und einer „Tube Brennpaste" gelegt, um seine Freundin zu beeindrucken. Detailliert beschrieb er in einem schmalen Büchlein seine angebliche Tat. Vgl. https://www.spiegel.de/kultur/gesellschaft/spaetes-bekenntnis-wie-ich-axel-springers-haus-abfackelte-a-403911.html. Der Ermittlungsbericht der Schweizer Bundespolizei beweist jedoch, dass de Roulets Darstellung mit der Wirklichkeit inkompatibel ist. Er ist ein Lügner, der sich entweder fälschlich als Attentäter inszeniert hat oder über die Art des Brandlegens die Unwahrheit gesagt hat.

4 CH-BAR E4320C#1994-121/520–14, Bl. 1.

5 UA AS Materialsammlung Hans-Peter Schwarz/Ordner R.A.F.

6 *Neue Zürcher Zeitung* v. 10. Januar 2021.

7 UA AS Materialsammlung Hans-Peter Schwarz/Ordner R.A.F.

8 Schwarz: *Axel Springer*, S. 573 u. *Stern* v. 4. Dezember 1975; vgl. UA AS Bestand Axel Springer/Box 239.

9 UA AS Materialsammlung Hans-Peter Schwarz/Ordner R.A.F.

10 UA AS Materialsammlung Hans-Peter Schwarz/Ordner R.A.F.

11 UA AS Materialsammlung Hans-Peter Schwarz/Ordner R.A.F.

12 Vgl. zur Liste *Hamburger Abendblatt* v. 3. Juli 1975 u. *BILD AM SONNTAG* v. 13. Juli 1975; zu Springers Namen auf der Liste Jacobi: *Der Verleger*, S. 263 u. Jürgs: *Der Fall Axel Springer*, S. 313. Wolfgang Kraushaar weist allerdings darauf hin, dass in einem BKA-Bericht zu diesem Vorgang der Name Axel Springer nicht erwähnt werde. Vgl. Kraushaar: *Kleinkrieg*, S. 1107, Anm. 131.

13 AS UA Bestand Axel Springer/Box 239.

14 UA AS Materialsammlung Hans-Peter Schwarz/Ordner R.A.F.

15 UA AS Materialsammlung Hans-Peter Schwarz/Ordner R.A.F.

16 UA AS Materialsammlung Hans-Peter Schwarz/Ordner R.A.F.

17 *BILD* v. 29. April 1977.

18 *Hamburger Abendblatt* v. 29. April 1977.

19 UA AS Bestand Axel Springer/Box 323.

20 Am 17. März 1977 bestätigte der baden-württembergische Justizminister Traugott Bender, dass im April 1975 sowie von Dezember 1976 bis Ende Januar 1977 in Stammheim rechtswidrig einzelne Gespräche zwischen den Verteidigern und den RAF-Inhaftierten abgehört worden waren. Die Lauschaffäre brachte nicht nur den Prozess gegen Baader, Ensslin und Raspe ins Wanken, sondern sogar die Bundesregierung. Denn Bundesjustizminister Werner Maihofer musste eingestehen, schon einige Tage früher als die Öffentlichkeit davon gewusst zu haben. Die Regierung in Stuttgart berief sich auf rechtfertigenden Notstand. Vgl. *BILD*, *Frankfurter Allgemeine*, *Frankfurter Rundschau* u. *WELT* v. 18. bis 22. März 1977 sowie *Spiegel* v. 20. März 1977.

21 Schwarz: *Axel Springer*, S. 572f.

22 Kloepfer: *Friede Springer*, S. 87.

23 UA AS Bestand Axel Springer/Box 324.

24 UA AS Bestand Axel Springer/Box 324.

25 *BILD* v. 1. August 1977.

26 *Hamburger Abendblatt* v. 2. August 1977. Susanne Albrecht hatte seit 1973 mit Sigrid Sternebeck und Silke Maier-Witt in Hamburg in einer Wohngemeinschaft gelebt; alle drei gehörten 1977 zum harten Kern der RAF. Weitere in Hamburg radikalisierte Mitglieder der „zweiten Generation" der RAF waren Ralf Baptist Friedrich, Christian Klar, Günter Sonnenberg, Knut Folkerts, Adelheid Schulz, Lutz Taufer, Volker Speitel, Monika Helbing, Wolfgang Grams, Roland Mayer und Willy Peter Stoll.

27 UA AS Bestand Axel Springer/Box 180.

28 Springer: *Aus Sorge um Deutschland*, S. 265.

29 Springer: *Aus Sorge um Deutschland*, S. 276.

30   Springer: *Aus Sorge um Deutschland*, S. 268.
31   Springer: *Aus Sorge um Deutschland*, S. 273.
32   Springer: *Aus Sorge um Deutschland*, S. 277.
33   UA AS Bestand Axel Springer/Box 324.
34   UA AS Bestand Axel Springer/Box 324.
35   UA AS Bestand Axel Springer/Box 324.
36   UA AS Bestand Axel Springer/Box 324.
37   UA AS Bestand Axel Springer/Box 312.
38   Zit. n. Springer: *Aus Sorge um Deutschland*, S. 357.
39   UA AS Bestand Axel Springer/Box 312.
40   UA AS Bestand Axel Springer/Box 324.
41   UA AS Bestand Axel Springer/Box 312.
42   UA AS Bestand Axel Springer/Box 312.
43   Springer: *Aus Sorge um Deutschland*, S. 278.

Quellen und Literatur

1. Archivalien und Sammlungen

Axel Springer Syndication GmbH (Berlin):
Dossiers über Mitglieder und Unterstützer der RAF.
Dossiers über Anschläge der RAF.

Bundesamt für Verfassungsschutz (Köln):
Bestand 086–S–150654 (1/72).

Bundesarchiv (Koblenz):
Bestand B 362 – Generalbundesanwalt: 3072; 3074; 3247; 3248; 3249; 3250; 3251; 3252; 3254;
  3255; 3256; 3257; 3258; 3377; 3378; 3441; 3442; 3443; 3444; 3445; 3446; 3447; 3448; 3449;
  3450; 3451; 3452; 3453; 3454; 3455; 3456; 3457; 3458; 3459; 3476; 3477.

Bundesarchiv/ehemals BStU (Berlin)
Bestand MfS – Ministerium für Staatssicherheit, Hauptabteilung IX: 16906; 16909.

Hamburger Institut für Sozialforschung:
Anklageschriften und Urteile gegen Mitglieder sowie Unterstützer der RAF.
Nachlass Alfred Klaus: KOK 02/001; KOK 02/011; KOK 02/012; KOK 04/014; KOK 05/02; KOK 07/006.
Varia.

Sammlung Helmut R. (Hamburg):
Materialien zum Anschlag 1972.

Sammlung Sven Felix Kellerhoff (Berlin):
Pamphlete der RAF.
Bekennerschreiben der RAF.
Fahndungsplakate des BKA.
Anklageschrift 1 StE 1/74 v. 26. September 1974.
Urteil des OLG Stuttgart gegen Andreas Baader u. a. (2 StE 1/74) v. 28. April 1977 (Stammheim-Prozess).
Varia.

Schweizerisches Bundesarchiv (Bern)
Bestand E4320C#1994 – Bundespolizei: 121/520.

Staatsarchiv Ludwigsburg
Bestand PL 407 – Rechtsanwaltskanzlei Maixner: Wortprotokoll des Prozesses gegen Andreas Baader
   u. a. (2 StE 1/74) v. 28. April 1977 (Stammheim-Wortprotokoll).

Unternehmensarchiv der Axel Springer SE (Berlin):
Bestand Adam Vollhardt/Informationen 1969–1973.
Bestand Axel Springer/Box 48; 158; 159; 160; 161; 162; 163; 164; 170; 175; 176; 177;179; 180; 220;
   239; 312; 323; 324; 675.
Bestand Axel Springer/Reden.
Bestand Brandanschlag auf das Hamburger Verlagshaus am 19. Mai 1972 – Presseecho.
Bestand Dokumentation zum Anschlag vom 19. Mai 1972.
Bestand Hausmitteilungen/1971–1973.
Bestand Justiziar Edgar Kull.
Bestand Michael Ludwig Müller/Aufzeichnungen 1967/68.
Bestand Nachlass Ernst Cramer.
Bestand Peter Tamm/Redemanuskript v. 7. Juni 1972.
Bestand RAF-Sammlung.
Bestand Sitzungsprotokolle der Geschäftsführung.
Bestand Stabsabteilung Recht/Angriffe gegen unser Haus (SPD, KPD, Gewerkschaften – Vorwurf Volks-
   verhetzung 1968–1973).
Bestand WELT-Verlagsleitung/Ernst-Dietrich Adler: Sicherheit 1970–1983.
Materialsammlung Hans-Peter Schwarz/Ordner R.A.F.
Varia.

2. Zeitzeugengespräche

Ortwin B.; Heinz-Jörg B.; Lorenz B.; Hans G.; Klaus H.; Hans-Peter K.; Jürgen K.; Claus L.;
   Hans-Joachim L.; Heinrich M.; Michael Ludwig Müller (†); Arnd P.; Helmut R.;
   Michel R.; Dieter S.; Rudolf Sch.; Friede Springer; Peter Tamm (†); Peter Tamm jr.

3. Gedruckte Quellen

Abteilung Information Berlin (Hrsg.): *Das „Springer-Monopol". Eine Klarstellung.* Verlagshaus Axel Springer. Berlin o. J.

Axel Springer AG (Hrsg.): *Nachrichten.* Berlin 1972.

Axel Springer Inlandsdienst. Berlin 1972.

Der Baader-Meinhof-Report. Aus Akten des Bundeskriminalamtes, der Sonderkommission Bonn und des Bundesamtes für Verfassungsschutz. Mainz 1972.

Baumann, Michael „Bommi": *Wie alles anfing.* Neuausgabe Frankfurt/M., Amsterdam 1977.

Bundesministerium des Inneren (Hrsg.): *Dokumentation über Aktivitäten anarchistischer Gewalt-täter in der Bundesrepublik Deutschland.* O. O. o. J. [Bonn 1974].

Ensslin, Gudrun: *„Zieht den Trennungsstrich jede Minute". Briefe an ihre Schwester Christiane und ihren Bruder Gottfried aus dem Gefängnis 1972/73.* Hamburg 2005.

Enzensberger, Ulrich: *Die Jahre der Kommune I: Berlin 1967 bis 1969.* München 2006.

Hamburger Abendblatt (Hrsg.): *Hamburg 72. Porträt einer Weltstadt.* Hamburg 1973.

Internationale Untersuchungskommission (Hrsg.): *Der Tod Ulrike Meinhofs.* Tübingen 1979.

Klaus, Alfred: *Sie nannten mich Familienbulle. Meine Jahre als Sonderermittler gegen die RAF.* Hamburg 2008.

Plenarprotokoll der Bürgerschaft Hamburg. Hamburg 1972.

Powell, William: *Anarchist Cookbook.* o. O. 1969.

Röhl, Bettina: *So macht Kommunismus Spaß! Ulrike Meinhof, Klaus Rainer Röhl und die Akte Konkret.* Hamburg 2006.

Dies.: *„Die RAF hat Euch lieb". Die Bundesrepublik im Rausch von 68 – Eine Familie im Zentrum der Bewegung.* München 2018.

Scheicher, Günther: *60 Jahre Staatsschutz im Spannungsfeld zwischen Freiheit und Sicherheit, Rote Armee Fraktion – Die Herausforderung für das Bundeskriminalamt als zentrale Ermittlungsbehörde.* Wiesbaden 2011.

Springer, Axel: *Von Berlin aus gesehen. Zeugnisse eines engagierten Deutschen.* 5. Aufl. Stuttgart 1972.

Ders.: *Von Überläufern, Mitläufern und Leerläufern.* Rede in Lindau am 29. September 1972. Berlin 1972.

Ders.: *Aus Sorge um Deutschland. Zeugnisse eines engagierten Berliners.* Stuttgart 1980.

Ders.: *An meine Kinder und Kindeskinder.* Privatdruck. Berlin 1981.

Verlagshaus Axel Springer: *Die These von der „Enteignung des Axel-Springer-Verlages". Ihr Ursprung und ihre Verbreitung.* Typoskript Berlin 1967.

Wagenbach, Klaus: *Die Freiheit des Verlegers. Erinnerungen. Festreden. Seitenhiebe.* Berlin 2010.

4. Zeitungen und Zeitschriften

Berliner Morgenpost; Berliner Stimme; Berliner Zeitung; BILD; BILD AM SONNTAG; Capital; Deutsche Zeitung; Druck und Papier; Extra-Blatt; Extra-Dienst; Frankfurter Allgemeine; Frankfurter

Rundschau; Hamburger Abendblatt; Hamburger Morgenpost; Handelsblatt; Kölner Stadtanzeiger; Kölnische Rundschau; Konkret; Kriminalistik; Kursbuch; Mannheimer Morgen; Münchner Merkur; Neue Zeit; Neue Zürcher Zeitung; Neues Deutschland; Rote Fahne; Schwäbische Zeitung; Spiegel; Springer aktuell; Stern; Stuttgarter Nachrichten; Stuttgarter Zeitung; Süddeutsche Zeitung; Der Tagesspiegel; tz; WELT; WELT AM SONNTAG; Unsere Zeit; Zeit.

5. Literatur

Arnim, Tim von: *„Und dann werde ich das größte Zeitungshaus Europas bauen".* Der Unternehmer Axel Springer. Frankfurt/M. 2012.

Aßmann, Alex: *Gudrun Ensslin. Die Geschichte einer Radikalisierung.* Paderborn 2018

Aust, Stefan: *Der Baader-Meinhof-Komplex.* Neuausgabe Hamburg 2017.

Ders.: *Zeitreise. Die Autobiografie.* München – Zürich 2021.

Backhaus, Fritz u.a. (Hrsg.): *Bild Dir Dein Volk! Axel Springer und die Juden.* Göttingen 2012.

Bahnsen, Uwe: *Biografie Peter Tamm.* Hamburg 2022.

Balz, Hanno: *Von Terroristen, Sympathisanten und dem starken Staat. Die öffentliche Debatte über die RAF in den 1970er-Jahren.* Frankfurt/M. 2008.

Becker, Jilian: *Hitlers Kinder? Der Baader-Meinhof-Terrorismus.* Frankfurt/M. 1977.

Bergstermann, Sabine: *Stammheim. Eine moderne Haftanstalt als Ort der Auseinandersetzung zwischen Staat und RAF.* München 2016.

Diewald-Kerkmann, Gisela: *Die Rote Armee Fraktion im Original-Ton. Die Tonbandmitschnitte vom Stuttgarter Stammheim-Prozess.* In: *Zeithistorische Forschungen* 5 (2008), S. 299–312.

Dies.: *Frauen, Terrorismus und Justiz. Prozesse gegen weibliche Mitglieder der RAF und der Bewegung 2. Juni.* Düsseldorf 2009.

Gleichauf, Ingeborg: *Poesie und Gewalt. Das Leben der Gudrun Ensslin.* Stuttgart 2017.

Jacobi, Claus (Hrsg.): *50 Jahre Axel Springer Verlag 1946–1996.* Hamburg 1996.

Ders.: *Der Verleger Axel Springer. Eine Biographie aus der Nähe.* München 2005.

Jung, Dae Sung: *Der Kampf gegen das Presse-Imperium. Die Anti-Springer-Kampagne der 68er-Bewegung.* Bielefeld 2016.

Jürgs, Michael: *Der Fall Axel Springer. Eine deutsche Biografie.* München 1995.

Keil, Lars-Broder/Kellerhoff, Sven Felix: *„Isolationsfolter und Vernichtungshaft".* Baader-Meinhof im Gefängnis 1972 bis 1977. In: Dies.: *Fake News machen Geschichte. Gerüchte und Falschmeldungen im 20. und 21. Jahrhundert.* Berlin 2017, S. 133–160.

Kellerhoff, Sven Felix: *Die Stasi und der Westen. Der Kurras-Komplex.* Hamburg 2010.

Ders.: *Eine kurze Geschichte der RAF.* Stuttgart 2020.

Kloepfer, Inge: *Friede Springer. Die Biografie.* Hamburg 2005.

Knabe, Hubertus (Hrsg.): *West-Arbeit des MfS. Das Zusammenspiel von „Aufklärung" und „Abwehr".* Berlin 2. Aufl. 1999.

Ders.: *Die unterwanderte Republik. Stasi im Westen.* Neuausgabe München, Berlin 2001

Ders.: *Der diskrete Charme der SED. Stasi und Westmedien.* Neuausgabe Berlin 2002.

Koenen, Gerd: *Das Rote Jahrzehnt. Unsere kleine deutsche Kulturrevolution 1967–1977.* Köln 2001.

Ders.: *Vesper, Ensslin, Baader. Urszenen des deutschen Terrorismus.* Neuausgabe Frankfurt/M. 2005.

Kraushaar, Wolfgang/Wieland, Karin/Reemtsma, Jan Philipp: *Rudi Dutschke, Andreas Baader und die RAF.* Hamburg 2005.

Kraushaar, Wolfgang: *Kleinkrieg gegen einen Großverleger.* In: Ders. (Hrsg.): *Die RAF und der linke Terrorismus.* Hamburg 2006, Bd. 2, S. 1075–1116.

Ders.: *Verena Becker und der Verfassungsschutz.* Hamburg 2010.

Kruip, Gudrun: *Das „WELT"-„BILD" des Axel Springer Verlags. Journalismus zwischen westlichen Werten und deutschen Denktraditionen.* München 1999.

Naeher, Gerhard: *Mensch, Macht, Mythos. Axel Springer,* Erlangen, Bonn, Wien 1991

Oesterle: Kurt: *Stammheim. Die Geschichte des Vollzugsbeamten Horst Bubeck.* Tübingen 2003.

Peters, Butz: *Tödlicher Irrtum. Die Geschichte der RAF.* 3. Aufl. Berlin 2007.

Pflieger, Klaus: *Die Rote Armee Fraktion. 14. Mai 1970 bis 20. April 1998.* 2. Aufl. Baden-Baden 2006.

Schwarz, Hans-Peter: *Axel Springer. Die Biografie.* Berlin 2008.

Staadt, Jochen/Voigt, Tobias/Wolle, Stefan: *Feind-Bild Springer. Ein Verlag und seine Gegner.* Göttingen 2009.

6. Internetquellen

Alle Links wurden zuletzt geprüft am 27.2.2022.

https://www.focus.de/politik/deutschland/gericht-sah-stroebele-als-raf-aufbauhelfer-an-80er-jahre_id_1776606.html

https://www.Medienarchiv68.de

https://www.shz.de/regionales/schleswig-holstein/im-kugelhagel-der-raf-id285446.html

https://www.spiegel.de/kultur/gesellschaft/spaetes-bekenntnis-wie-ich-axel-springers-haus-abfackelte-a-403911.html

https://www.welt.de/geschichte/article175345305/Mythen-von-1968-Wie-der-Sturm-auf-das-Springer-Haus-wirklich-ablief.html

https://www.welt.de/geschichte/article231399485/Terror-gegen-Israel-Die-Waffen-versteckten-die-Moerder-in-Geigenkoffern.html.

https://www.welt.de/geschichte/raf/article232510247/Linker-Terror-So-starb-das-RAF-Mitglied-Petra-Schelm.html

https://www.welt.de/geschichte/raf/article234571322/Polizistenmord-der-RAF-1971-Der-Tod-des-Norbert-Schmid.html

https://www.welt.de/geschichte/raf/article235818176/Polizistenmord-der-RAF-Dubletten-Trick-der-Baader-Meinhof-Gruppe.html

https://www.welt.de/geschichte/raf/plus236151998/RAF-Heinrich-Boell-forderte-freies-Geleit-fuer-Ulrike-Meinhof.html

https://www.welt.de/regionales/berlin/article2453325/Im-Westen-Berlins-begann-der-Amoklauf-der-RAF.html

Bildnachweis

Seite 6: © UA AS
Seite 32: © UA AS
Seite 52: © BKA / Sammlung Kellerhoff
Seite 66: © BKA / Sammlung Kellerhoff
Seite 84: © UA AS
Seite 85: © UA AS/Simon
Seite 86/oben: © UA AS / Sven Simon
Seite 86/unten: © UA AS / Sven Simon
Seite 87/oben: © UA AS
Seite 87/unten: © UA AS
Seite 88/oben: © UA AS
Seite 89: © UA AS
Seite 90: © BKA / Sammlung Kellerhoff
Seite 91: © BKA / Sammlung Kellerhoff
Seite 92: © UA AS
Seite 93: © UA AS
Seite 94: © BKA / Sammlung Kellerhoff
Seite 95: © BKA / Sammlung Kellerhoff
Seite 97: © BKA / Sammlung Kellerhoff
Seite 98/oben: © UA AS
Seite 98/unten: © UA AS
Seite 99/oben: © UA AS
Seite 99/unten: © UA AS
Seite 100: © UA AS
Seite 101: © UA AS
Seite 102/oben: © UA AS
Seite 102/unten: © UA AS
Seite 103/oben: © UA AS
Seite 103/unten: © UA AS
Seite 104: © UA AS
Seite 105: © UA AS
Seite 106/oben: © UA AS
Seite 106/unten: © UA AS
Seite 107/oben: © UA AS
Seite 107/unten: © BKA / Sammlung
   Kellerhoff
Seite 108: © UA AS
Seite 109: © UA AS
Seite 110: © Sammlung Kellerhoff

Seite 111: © Sammlung Kellerhoff
Seite 112: © UA AS
Seite 113: © UA AS
Seite 114: © UA AS
Seite 115/oben: © UA AS
Seite 115/unten: © UA AS
Seite 116: © Sammlung Kellerhoff
Seite 122: © UA AS
Seite 146: © BKA / Sammlung Kellerhoff
Seite 166: © UA AS
Seite 182: © UA AS
Seite 196: © Picture-Alliance / dpa
Seite 208: © UA AS

Danksagung

Wenn von Terroranschlägen der linksextremen Rote Armee Fraktion die Rede ist, dreht es sich meistens um den „Deutschen Herbst" 1977 mit seinen Entführungen und Morden. Seltener wird von der Mai-Offensive 1972 gesprochen, bei der es ebenfalls Tote und Verletzte gab und die nicht minder für Angst und Schrecken in der bundesdeutschen Bevölkerung sorgte. In jenem Mai 1972 war auch das Hamburger Verlagshaus von Axel Springer Ziel eines Bombenanschlags.

Als sich Peter Tamm jr. im vergangenen Jahr mit der Frage an uns wandte, ob wir uns vorstellen könnten, ein Buch über dieses Ereignis zu schreiben, zögerten wir zunächst. Nicht, weil wir diesen Anschlag auf die Pressefreiheit nicht für wichtig erachteten, sondern weil wir nicht sicher waren, ob das recherchierbare Material für eine ausführliche Darstellung reichen würde. Als wir mit der Arbeit fertig waren, konnten wir nur mehr feststellen, wie viel wir unberücksichtigt lassen mussten, um den Rahmen eines vernünftigen Umfangs nicht zu sprengen.

Vielen Dank also an Peter Tamm jr. für die Idee zu diesem Buch und die Unterstützung in den Monaten danach.

Danken möchten wir den Zeitzeugen: den früheren – zum Teil beim Anschlag verletzten – Mitarbeiterinnen und Mitarbeitern des Axel Springer Verlages, die uns in Gesprächen und Korrespondenzen noch einmal an ihren Erlebnissen und Gefühlen teilhaben ließen. Aus archivrechtlichen Gründen mussten wir einen Großteil ihrer Namen abkürzen; daher können wir ihnen hier nur pauschal danken.

Verlegerin Friede Springer und Vorstandsvorsitzender Dr. Mathias Döpfner haben dieses Projekt über einen bedrückenden Einschnitt in der Geschichte der Axel Springer SE von Anfang an mitgetragen, ebenso Kommunikationschef Dr. Malte Wienker. Danken möchten wir von der Familie Springer auch Raimund Nicolaus Springer (†) und Sven Axel Springer für Korrespondenz und Gespräche.

Dr. Erik Lindner und Rainer Laabs, zwei profunde Kenner der Unternehmensgeschichte und ihrer Überlieferung, haben nicht nur das Manuskript gründlich durchgesehen, sondern so manchen wertvollen Hinweis oder Vorschlag für uns gehabt. Ebenso Dank an dieser Stelle an Anett Stelse und Grit Zschiesche. Thomas Schmid hat in seinem Nachwort in bewährt souveräner Weise einen ganz eigenen Blick auf die damaligen Ereignisse und seine Folgen geworfen und einen Bogen zur heutigen Situation eines kritischen Journalismus geschlagen. Danke an Hans-Wilhelm Saure, der sich wieder einmal als Meister der Recherche erwies und Unterlagen aus dem Bundesamt für Verfassungsschutz und dem Schweizerischen Bundesarchiv in Bern beschaffte. Ursula Weiß hat Kontakte zu Zeitzeugen hergestellt. Für das Bereitstellen mehrerer Gigabyte digitalisierter Dokumente danken wir Dr. Thekla Kleindienst vom Bundesarchiv in Koblenz, Dr. Peter Müller vom Staatsarchiv Ludwigsburg, dem Archiv des Hamburger Instituts für Sozialforschung sowie dem Parlamentarischen Informationsdienst der Bürgerschaft der Freien und Hansestadt Hamburg.

Ein besonderer Dank gebührt unserem Literaturagenten Ernst Piper. Beim Mittler Verlag haben sich Thomas Bantle, Kimberley Böse, Guido Sturmat und Sven Jeppsson sehr um das Projekt und die Autoren gekümmert. Annette Krüger übernahm das Lektorat.

Schließlich danken wir unseren Freunden und Familien für das geduldige Zuhören während der gesamten Arbeit an diesem Buch.

April 2022
Lars-Broder Keil
Sven Felix Kellerhoff